全国高等职业教育护理专业配套教材

病理学与病理生理学
学习指南与习题集

主　编　唐慧玲　张　忠　宋维芳
副主编　张　薇　杨少芬　王　红　杨桂玲　卢化爱
编　委（按姓氏拼音排序）

韩丽华（沈阳医学院）	徐万宇（攀枝花学院医学院）
贺岭风（宁夏师范学院医学院）	徐义荣（山西医科大学汾阳学院）
李慧平（菏泽医学专科学校）	杨桂玲（宁夏师范学院医学院）
卢化爱（宁夏医科大学高职学院）	杨少芬（广州医学院从化学院）
师　婷（山西医科大学汾阳学院）	岳联革（黑龙江农垦职业学院）
宋维芳（山西医科大学汾阳学院）	张丽艳（沈阳医学院）
唐慧玲（淄博职业学院）	张婉霞（辽源职业技术学院医药分院）
王　红（吉林职工医科大学）	张　薇（仙桃职业学院医学院）
王艳宁（沈阳医学院）	张　忠（沈阳医学院）

北京大学医学出版社

BINGLIXUE YU BINGLISHENGLIXUE XUEXI ZHINAN YU XITIJI

图书在版编目（CIP）数据

病理学与病理生理学学习指南与习题集/唐慧玲，张忠，宋维芳主编. —北京：北京大学医学出版社，2013.5（2019.12重印）
全国高等职业教育护理专业教材
ISBN 978-7-5659-0569-8

Ⅰ. ①病… Ⅱ. ①唐… ②张… ③宋… Ⅲ. ①病理学－高等职业教育－教学参考资料 ②病理生理学－高等职业教育－教学参考资料 Ⅳ. ①R36

中国版本图书馆 CIP 数据核字（2013）第 082339 号

病理学与病理生理学学习指南与习题集

主　　编：唐慧玲　张　忠　宋维芳
出版发行：北京大学医学出版社
地　　址：(100191)北京市海淀区学院路38号　北京大学医学部院内
电　　话：发行部 010-82802230；图书邮购 010-82802495
网　　址：http://www.pumpress.com.cn
E-mail：booksale@bjmu.edu.cn
印　　刷：北京溢漾印刷有限公司
经　　销：新华书店
责任编辑：韩忠刚　张立峰　　责任校对：金彤文　　责任印制：罗德刚
开　　本：787mm×1092mm　1/16　印张：12.25　字数：313千字
版　　次：2013年5月第1版　2019年12月第4次印刷
书　　号：ISBN 978-7-5659-0569-8
定　　价：25.00元

版权所有，违者必究

(凡属质量问题请与本社发行部联系退换)

前 言

本书为全国高等职业教育护理专业教材《病理学与病理生理学》的配套辅导用书，目的在于强化学生对理论知识的熟练掌握与灵活运用，对实践技能的感性认识与深刻理解。书中内容以《病理学与病理生理学》主教材为基础，紧密结合护理专业特点和职业岗位需求，注重知识与能力的综合训练，注重贴近执业护士资格考试，注重对同类经典学习指南与习题集的借鉴。

全书涵盖重点与难点解析、习题和实训指导三部分。其中，重点与难点解析部分主要是对各章节学习内容的高度概括与侧重辅导。习题部分包括：名词解释、选择题（单项选择题和多项选择题）、填空题和简答题，题后附有参考答案，并对选择题加以解析，内容覆盖面广，重点突出，应用性强。实训指导部分由实验目的、大体标本、病理切片、药品与器材、实验动物、实验方法或步骤、注意事项、思考题等内容组成，较好地为实践技能培训提供了有力支撑。

因为时间仓促和编者能力有限，错误之处在所难免，恳请广大师生在使用过程中批评指正，以便重印或再版时修订。

编　者

目　录

第一篇　病理学

第一章　组织细胞的损伤与修复 …………… 1
一、重点与难点解析 …………… 1
二、习题 …………… 2
参考答案 …………… 6

第二章　局部血液循环障碍 …………… 11
一、重点与难点解析 …………… 11
二、习题 …………… 11
参考答案 …………… 14

第三章　炎症 …………… 18
一、重点与难点解析 …………… 18
二、习题 …………… 19
参考答案 …………… 23

第四章　肿瘤 …………… 29
一、重点与难点解析 …………… 29
二、习题 …………… 30
参考答案 …………… 33

第五章　心血管系统疾病 …………… 38
一、重点与难点解析 …………… 38
二、习题 …………… 39
参考答案 …………… 43

第六章　呼吸系统疾病 …………… 48
一、重点与难点解析 …………… 48
二、习题 …………… 49
参考答案 …………… 51

第七章　消化系统疾病 …………… 56
一、重点与难点解析 …………… 56
二、习题 …………… 56
参考答案 …………… 61

第八章　泌尿系统疾病 …………… 67
一、重点与难点解析 …………… 67
二、习题 …………… 67
参考答案 …………… 71

第九章　传染病和寄生虫病 …………… 77
一、重点与难点解析 …………… 77
二、习题 …………… 77
参考答案 …………… 82

第二篇　病理生理学

第一章　疾病概论 …………… 89
一、重点与难点解析 …………… 89
二、习题 …………… 90
参考答案 …………… 93

第二章　水、电解质代谢紊乱 …………… 97
一、重点与难点解析 …………… 97
二、习题 …………… 98
参考答案 …………… 101

第三章　酸碱平衡紊乱 …………… 106
一、重点与难点解析 …………… 106
二、习题 …………… 107
参考答案 …………… 111

第四章　缺氧 …………… 116
一、重点与难点解析 …………… 116
二、习题 …………… 117
参考答案 …………… 119

第五章　发热 …………… 124
一、重点与难点解析 …………… 124
二、习题 …………… 124
参考答案 …………… 127

第六章　弥散性血管内凝血 …………… 131
一、重点与难点解析 …………… 131
二、习题 …………… 131
参考答案 …………… 132

第七章　休克 …………… 135
一、重点与难点解析 …………… 135

二、习题 ………………………… 135
　　　参考答案 ……………………… 137
第八章　呼吸功能不全 …………… 140
　　一、重点与难点解析 …………… 140
　　二、习题 ………………………… 141
　　　参考答案 ……………………… 144
第九章　心功能不全 ……………… 148
　　一、重点与难点解析 …………… 148
　　二、习题 ………………………… 148

　　　参考答案 ……………………… 152
第十章　肝性脑病 ………………… 156
　　一、重点与难点解析 …………… 156
　　二、习题 ………………………… 156
　　　参考答案 ……………………… 158
第十一章　肾功能不全 …………… 161
　　一、重点与难点解析 …………… 161
　　二、习题 ………………………… 161
　　　参考答案 ……………………… 164

实训指导

病理学部分

实验一　组织细胞的损伤与修复 …… 170
实验二　局部血液循环障碍 ………… 172
实验三　炎症 ………………………… 174
实验四　肿瘤 ………………………… 176
实验五　心血管系统疾病 …………… 178

实验六　呼吸系统疾病 ……………… 180
实验七　消化系统疾病 ……………… 182
实验八　泌尿系统疾病 ……………… 183
实验九　传染病与寄生虫病 ………… 185

病理生理学部分

实验一　实验性肺水肿 ……………… 186
实验二　失血性休克 ………………… 187
实验三　呼吸功能障碍 ……………… 188
　　一、急性窒息 ……………………… 188
　　二、人工气胸 ……………………… 188
　　三、开放性气胸 …………………… 189

第一篇 病理学

第一章 组织细胞的损伤与修复

一、重点与难点解析

（一）组织、细胞的损伤

组织、细胞损伤的形态变化根据损伤程度可分为变性和坏死。

1. 变性 属于轻微损伤变化，主要体现在细胞内和细胞间质出现异常物质或正常物质数量显著增多，以发生在细胞内的变性常见，包括细胞水肿、脂肪变性，属于可复性改变。而发生在细胞间质的变性多数较难恢复正常。

2. 坏死 属于严重损伤变化，病变不可逆。细胞坏死的形态学标志主要体现在细胞核的变化，包括核固缩、核碎裂及核溶解。

（1）坏死的类型：根据病因和组织成分的不同可分为凝固性坏死、液化性坏死、坏疽及纤维蛋白样坏死。其中干酪样坏死是凝固性坏死的特殊类型，脂肪坏死是液化性坏死的特殊类型。

（2）坏死的结局：主要根据坏死灶的大小可分为溶解吸收、分离排出（可形成糜烂、溃疡、空洞）、机化（肉芽组织长入并取代）、包裹（纤维组织将其包绕局限）及钙化（钙盐沉积）。坏死发生过程中常伴有明显的炎症性反应（组织肿胀、疼痛、发热等）。凋亡是指活体组织内单个细胞或少量细胞的死亡，死亡的细胞不发生自溶和炎症反应。应与坏死加以区别。

（二）组织、细胞的修复

1. 修复 是指组织、细胞或器官损伤后，由周围健康的组织、细胞对缺损进行修补恢复的过程。修复的基础是组织、细胞的再生。再生可分为生理性再生和病理性再生，病理性再生又分为完全再生和不完全再生，完全再生是指损伤组织由周围健康的同种细胞分裂增生进行修复的过程，损伤组织修复后其形态结构及功能可恢复正常。常发生于损伤范围小、再生能力强的组织。不完全再生是指损伤组织不能由原有的组织、细胞增生修补，而由纤维结缔组织来修复，最后形成瘢痕，又称纤维性修复，其结构及功能不能恢复正常。常发生于损伤严重、再生能力弱或缺乏再生能力的组织。

2. 纤维性修复 是机体组织、细胞发生严重损伤后，不能通过原有组织、细胞增生修补缺损的重要修复方式。其基础组织成分主要是肉芽组织，肉芽组织是一种幼稚的、增生旺盛的结缔组织，主要由大量新生的毛细血管和成纤维细胞构成，伴有炎细胞浸润。组织内无神经纤维生长，一般在2～3天，由缺损组织底部及边缘开始生长并逐渐填满伤口。

生长良好的肉芽组织呈鲜红色、柔软湿润、细颗粒状。生长不良的肉芽组织则呈粉红或苍白色，有明显水肿，表面有脓性渗出物，颗粒不均匀，应及早清除，否则会导致感染及伤口不易愈合。肉芽组织经改建成熟形成瘢痕组织。瘢痕组织呈灰白色、质地较硬、缺乏弹性；镜下观由大量胶原纤维束组成，毛细血管减少、闭合，炎细胞减少、消失。瘢痕组织具有保持缺损组织器官的完整性和牢固性的作用。但也会出现有腔器官的狭窄或组织粘连，甚至器官的硬化等不利方面的表现，影响组织器官的功能。肉芽组织与瘢痕组织是同种组织在不同阶段的表现形式，二者不可相互转化。

二、习题

（一）名词解释

1. 萎缩 2. 化生 3. 坏死 4. 坏疽 5. 机化 6. 变性

（二）填空题

1. 化生主要发生于_____，也可见于_____。
2. 细胞坏死时细胞核的改变有_____、_____和_____。
3. 玻璃样变性有_____、_____、_____三类。
4. 常见的坏疽类型有_____、_____、_____三类。
5. 再生时如果完全恢复了原组织的_____和_____，则称为完全再生。
6. 血管的再生是以_____方式来完成的。
7. 肉芽组织成分有_____、_____和_____组成。
8. 肉芽组织中没有_____，故无感觉。
9. 瘢痕组织是指_____经改建成熟形成的纤维结缔组织。
10. 创伤愈合的类型有_____、_____、_____。
11. 坏死的结局有_____、_____、_____和_____。
12. 适应的形态学表现有_____、_____、_____和_____。

（三）选择题

单项选择题

1. 下列哪项属于病理性肥大
   A. 妊娠期子宫肥大
   B. 哺乳期乳腺肥大
   C. 高血压引起的心肌肥大
   D. 运动员的肌肉肥大
   E. 以上都不正确
2. 萎缩的细胞内出现下列哪种色素
   A. 疟色素
   B. 胆色素
   C. 脂褐素
   D. 黑色素
   E. 含铁血黄素
3. 下列哪种病变**不属于**细胞、组织的适应性变化
   A. 萎缩
   B. 肥大
   C. 钙化
   D. 增生
   E. 化生
4. 全身性营养不良时，最早发生萎缩的器官或组织是
   A. 平滑肌
   B. 脑
   C. 肝
   D. 脂肪组织
   E. 心肌
5. 下列哪项**不属于**萎缩
   A. 脑动脉粥样硬化时脑体积变小
   B. 晚期原发性高血压病人的肾
   C. 老年女性的卵巢或老年男性的睾丸
   D. 截瘫病人的双下肢
   E. 空洞型肾结核时变薄的肾实质
6. 下述叙述中哪项为代偿性肥大
   A. 甲状腺功能亢进患者的甲状腺肿大
   B. 妊娠子宫

C. 一侧肾切除，对侧肾增大
D. 哺乳期乳腺
E. 体积增大的骨骼肌是由于纤维、脂肪和血管增生所致
7. 下述哪种情况**不属于**化生
   A. 柱状上皮变为移行上皮
   B. 移行上皮变为鳞状上皮
   C. 胃黏膜上皮变为肠上皮
   D. 成纤维细胞变为骨母细胞
   E. 成纤维细胞变为纤维细胞
8. 化生不可能发生于
   A. 膀胱黏膜上皮
   B. 支气管黏膜上皮
   C. 神经纤维
   D. 纤维组织
   E. 鼻黏膜上皮
9. 鳞状上皮化生不发生于
   A. 支气管黏膜上皮
   B. 胆囊黏膜上皮
   C. 胃黏膜上皮
   D. 脑室管膜上皮
   E. 肠黏膜上皮
10. 重度细胞水肿可发展为
    A. 凝固性坏死
    B. 干酪样坏死
    C. 溶解性坏死
    D. 凋亡
    E. 纤维蛋白样坏死
11. 气球样变的细胞最常见于
    A. 心
    B. 肝
    C. 肾
    D. 脑
    E. 骨骼肌
12. 最易发生脂肪变性的器官或组织是
    A. 脑
    B. 肝
    C. 脾
    D. 肺
    E. 脂肪组织

13. 下列关于脂肪变性的说法，哪种**不正确**
    A. 严重贫血可致心肌细胞脂肪变性
    B. 严重贫血可致肾小管上皮细胞脂肪变性
    C. 慢性肝淤血可致肝细胞脂肪变性
    D. 磷中毒可致肝细胞脂肪变性
    E. 长期摄入脂肪过多可致心肌细胞脂肪变性
14. 心肌脂肪变性累及下列哪一项时其表现为"虎斑心"
    A. 左心房及左心耳内膜下心肌
    B. 右心房及右心耳内膜下心肌
    C. 左心室内膜下心肌及乳头肌
    D. 右心室内膜下心肌及乳头肌
    E. 全部心肌
15. "虎斑心"是指心肌细胞已发生下列哪种病变的肉眼形态改变
    A. 水肿
    B. 脂肪变性
    C. 黏液变性
    D. 淀粉样变性
    E. 色素蓄积
16. 细动脉壁透明变性的发生机制可能是
    A. 增生性动脉内膜炎
    B. 动脉中层钙化
    C. 动脉内膜下胆固醇蓄积
    D. 动脉壁内蛋白质蓄积
    E. 动脉周围炎
17. 细动脉壁的透明变性又称
    A. 微小动脉瘤形成
    B. 细动脉栓塞
    C. 细动脉透明血栓形成
    D. 细动脉硬化
    E. 细动脉破裂
18. 含铁血黄素是在下列哪种细胞内形成的
    A. 中性粒细胞
    B. 嗜碱性粒细胞

C. 嗜酸性粒细胞
D. 单核-巨噬细胞
E. 红细胞

19. 光镜下判断细胞坏死的主要标志是
    A. 细胞内细胞器形态
    B. 细胞核形态
    C. 细胞质形态
    D. 核仁形态
    E. 染色质形态

20. 最能代表细胞坏死的三种改变是
    A. 核膜破裂、核碎裂、胞质浓缩
    B. 核溶解、胞质少和胞膜破裂
    C. 核溶解、胞质浓缩和胞膜破裂
    D. 核固缩、胞质固缩、细胞膜皱缩
    E. 核固缩、核碎裂、核溶解

21. 干酪样坏死是下列哪种疾病的特征性病变
    A. 伤寒
    B. 麻风
    C. 结核
    D. 风湿病
    E. 阿米巴病

22. 干酪样坏死的本质是下列哪项病变
    A. 纤维素样坏死
    B. 脂肪坏死
    C. 液化性坏死
    D. 彻底的凝固性坏死
    E. 干性坏疽

23. 下列关于干性坏疽的描述，哪项不正确
    A. 常呈黑褐色
    B. 与周围组织分界清楚
    C. 病变处皮肤皱缩
    D. 常见于四肢末端
    E. 全身中毒症状明显

24. 下列关于湿性坏疽的叙述，哪项不正确
    A. 全身中毒症状不明显
    B. 新鲜标本有恶臭
    C. 坏死组织与周围分界不清

D. 常是局部的动脉、静脉循环均有障碍
E. 常见于肠、胆囊及子宫

25. 下列关于气性坏疽的叙述，哪项是正确的
    A. 干性坏疽合并厌氧菌感染所致
    B. 表皮擦伤合并腐败菌感染所致
    C. 湿性坏疽合并厌氧菌感染所致
    D. 深在性开放性创伤合并厌氧产气菌感染所致
    E. 气胸合并感染所致

26. 在下列器官中，湿性坏疽多见于与外界相通的哪些器官
    A. 食管、胃、肠
    B. 胆囊、肝、胰
    C. 肾、输尿管、膀胱
    D. 输卵管、子宫、阴道
    E. 小肠、阑尾、结肠

27. 足趾严重冻伤可致下列哪种坏死
    A. 干性坏疽
    B. 纤维素样坏死
    C. 气性坏疽
    D. 干酪样坏死
    E. 出血性梗死

28. 脂褐素多见于下列哪种细胞内
    A. 萎缩细胞
    B. 肥大细胞
    C. 增生细胞
    D. 化生细胞
    E. 坏死细胞

29. 肠扭转可致肠管发生
    A. 干性坏疽
    B. 湿性坏疽
    C. 气性坏疽
    D. 纤维素样坏死
    E. 干酪样坏死

30. 下列哪项属病理性再生
    A. 子宫内膜的周期性脱落、增生、修复
    B. 消化道黏膜上皮的更新

C. 皮肤缺损后由周围的被覆上皮增生修复

D. 血细胞的更新

E. 以上均不是

31. 下列细胞中哪种细胞的再生能力最强
    A. 肝细胞
    B. 唾液腺细胞
    C. 心肌细胞
    D. 消化道黏膜上皮细胞
    E. 神经细胞

32. 由周围健康细胞分裂、增生来完成修复的过程称为
    A. 再生
    B. 化生
    C. 机化
    D. 增生
    E. 以上均不是

33. 不稳定细胞是指
    A. 不容易受损伤的细胞
    B. 损伤后容易完全再生的细胞
    C. 损伤后不能再生的细胞
    D. 损伤后不容易完全再生的细胞
    E. 损伤后细胞变化大

34. 瘢痕修复过程中最重要的细胞成分是
    A. 上皮细胞
    B. 中性粒细胞
    C. 巨噬细胞
    D. 成纤维细胞
    E. 血管内皮细胞

35. 肉芽组织抗感染的主要成分是
    A. 毛细血管
    B. 成纤维细胞
    C. 炎细胞
    D. 细胞外基质
    E. 肌成纤维细胞

36. 创伤一期愈合和二期愈合的差异主要是
    A. 是否为手术切口
    B. 是否经过清创术
    C. 是否有大量肉芽组织形成
    D. 创面是否有出血
    E. 创面是否结痂

37. 易发生干性坏疽的器官
    A. 肺
    B. 阑尾
    C. 膀胱
    D. 四肢末端
    E. 子宫

38. 肉芽组织变为瘢痕组织时所见到的变化是
    A. 胶原纤维数量减少
    B. 炎细胞增多
    C. 毛细血管减少
    D. 质地较软
    E. 富有弹性

39. 肉芽组织的基本成分是
    A. 成纤维细胞和炎细胞
    B. 肌成纤维细胞和毛细血管
    C. 纤维细胞和毛细血管
    D. 炎细胞和毛细血管
    E. 成纤维细胞和毛细血管

多项选择题

40. 肉芽组织中包括下列哪些成分
    A. 成纤维细胞
    B. 神经纤维
    C. 血管内皮细胞
    D. 表皮细胞
    E. 炎细胞

41. 属于可复性病变的是
    A. 萎缩
    B. 脂肪变性
    C. 血管壁玻璃样变
    D. 干性坏疽
    E. 结缔组织化生软骨

42. 细胞坏死时核的改变有
    A. 核的多形性
    B. 核固缩
    C. 核淡染
    D. 核碎裂
    E. 核溶解

43. 常由生物性因素引起的坏死是
    A. 肾梗死
    B. 脓肿
    C. 干酪样坏死
    D. 脑软化
    E. 湿性坏疽

44. 下列哪些小范围组织损伤后可以完全性再生
    A. 胃黏膜损伤
    B. 脑软化
    C. 血液丢失
    D. 结缔组织损伤
    E. 心肌损伤

(四) 简答题

1. 举例解释化生的概念。
2. 简述肉芽组织的成分及形态结构特点。
3. 比较一、二期愈合的特点。
4. 简述脂肪变性的病理变化。
5. 简述萎缩器官的基本病理变化。
6. 干性坏疽与湿性坏疽的区别。

参考答案

(一) 名词解释

1. 萎缩：发育正常的器官或组织，由于实质细胞体积变小或数目减少，使其体积缩小。
2. 化生：一种分化成熟的组织转化为另一种分化成熟组织的过程。
3. 坏死：活体内局部组织细胞的死亡。
4. 坏疽：大片组织坏死并继发腐败菌感染。
5. 机化：由肉芽组织逐渐取代坏死组织、血栓、血凝块等异物的过程。
6. 变性：是指由于组织细胞代谢障碍，在细胞质内或细胞间质内出现异常物质或原有正常物质数量增多的一类形态变化。

(二) 填空题

1. 上皮组织、结缔组织
2. 核固缩、核碎裂、核溶解
3. 结缔组织玻璃样变、血管壁玻璃样变、细胞内玻璃样变
4. 干性坏疽、湿性坏疽、气性坏疽
5. 结构、功能
6. 生芽
7. 新生的毛细血管、成纤维细胞、炎细胞
8. 神经纤维
9. 肉芽组织
10. 一期愈合、二期愈合、痂下愈合
11. 溶解吸收、分离排出、机化、包裹和钙化
12. 萎缩、肥大、增生、化生

第一章　组织细胞的损伤与修复

（三）选择题

单项选择题

1. C

解析：其余的为生理性肥大。

2. C

解析：长期活动减少和变小的实质细胞内，常见到许多溶酶体性残存小体，即脂褐素颗粒。

3. C

解析：其余四种为组织适应性反应。

4. D

解析：脂肪是机体能量储存方式，当全身营养不良时，通过脂肪分解来供能，所以先引起脂肪组织的消耗变少而萎缩。

5. E

解析：是由于结核病变引起肾实质破坏导致的，而不是因肾实质细胞的功能活动降低、血液及营养物质供应不足及神经或内分泌刺激减少而引起的。

6. C

解析：代偿性肥大是由于器官的功能负荷加重引起的，所以一侧肾摘除，则引起另一侧肾的负荷加重，代偿性增大。

7. E

解析：成纤维细胞与纤维细胞是同一种细胞不同阶段的形态，而不是另外一种细胞。

8. C

解析：神经纤维本身不属于细胞。

9. D

解析：脑室管膜上皮细胞属于神经胶质细胞，而化生一般发生在上皮组织和结缔组织中。

10. C

解析：由于细胞水肿严重，可导致细胞内溶酶体膜损伤，水解酶逸出，引起细胞溶解坏死。

11. B

解析：由于肝细胞代谢旺盛，胞质中线粒体和内质网丰富，当病毒感染引起肝细胞膜损伤，胞质中出现颗粒状物质（电镜下为肿胀的线粒体和断裂的内质网），使肝细胞胞质疏松淡染，严重时胞浆空亮，使细胞膨胀如气球，故称气球样变。

12. B

解析：肝是脂肪代谢的重要器官，当肝出现脂肪代谢障碍时，就易引起脂肪在肝内蓄积而导致脂肪变性。

13. E

解析：心肌细胞的脂肪变性是因为心肌严重贫血而导致的脂肪代谢障碍。

14. C

解析：由于左心室内膜下心肌和乳头肌比其他部位的心肌代谢旺盛、线粒体丰富，严重贫血时比其他部位心肌更易发生脂肪变性。

15. B

解析：是由于脂肪变性的心肌（黄色）与正常心肌（红色）相间排列，形似虎皮斑纹，故称虎斑心。

16. D

解析：由于细动脉持续痉挛，使内膜通透性增高，血浆蛋白渗入内膜凝固成无结构红染物质。

17. D

解析：细动脉透明变性可使细动脉管壁增厚、变硬，管腔狭窄，又称细动脉硬化。

18. E

解析：含铁血黄素是红细胞内血红蛋白的主要成分。

19. B

解析：细胞核的改变是细胞坏死的主要形态学变化。

20. E

解析：细胞坏死时，细胞核的改变包括核固缩、核碎裂及核溶解。

21. C

解析：是由于结核分枝杆菌引起的超敏反应，使坏死组织分解彻底，同时由于坏死组织含有较多的脂质（来自崩解的粒细胞和结核分枝杆菌），质地松软，状似奶酪，故称干酪样坏死。

22. D

解析：干酪样坏死是凝固性坏死的特殊类型。

23. E

解析：干性坏疽病变较局限，感染较轻，故全身中毒症状不明显。

24. A

解析：湿性坏疽感染重，病变发展快，坏死组织中有害物质和细菌产生的毒素被吸收，可引起严重的全身中毒症状。

25. D

解析：产气厌氧菌感染时，细菌分解组织并产生大量气体，使坏死组织内含气泡呈蜂窝状。

26. E

解析：湿性坏疽易发生在与外界相通的器官，并且器官结构疏松、含水分多，适合腐败菌生长繁殖，小肠、阑尾和结肠具有这样的结构特点，易发生湿性坏疽。

27. A

解析：足冻伤易引起足背动脉闭塞（该动脉位置表浅），而足静脉吻合支多，不易发生回流障碍，符合干性坏疽发生的特点。

28. A

解析：长期活动减少和变小萎缩的实质细胞内，常见到许多溶酶体性残存小体，即脂褐素颗粒。

29. B

解析：肠扭转易导致动、静脉同时闭塞，且与外界相通，其结构疏松、含水分较多，易发生湿性坏疽。

第一章 组织细胞的损伤与修复

30．C

解析：病理性再生是指在病理状态下，细胞、组织缺损后发生的再生。其余的为生理性再生。

31．D

解析：消化道黏膜上皮细胞属于不稳定细胞，故再生能力最强，其余为稳定细胞和永久性细胞。

32．A

解析：再生的定义。

33．B

解析：不稳定细胞是再生能力最强的一类细胞，所以损伤后易完全再生。

34．D

解析：瘢痕组织中的主要成分是胶原纤维，而胶原纤维是由成纤维细胞形成的。

35．C

解析：肉芽组织中的炎细胞，如中性粒细胞、巨噬细胞等具有溶解和吞噬作用，可将体内微小的异物、坏死组织产物及病原菌加以吞噬分解，所以具有抗感染的功能。

36．C

解析：二期愈合组织缺损大，只有伤口周围和底部长出多量的肉芽组织才能将伤口填平。

37．D

解析：供应四肢末端的动脉多为小动脉且数目少，动脉之间的吻合支相对较少，一旦动脉受压和动脉内形成血栓，就能导致动脉血供应中断而引起组织坏死；而四肢末端的静脉多，吻合支也多，不易发生静脉回流障碍，符合干性坏疽发生的特点。

38．C

解析：瘢痕组织的特点是质地硬韧缺乏弹性，组织以胶原纤维为主，毛细血管减少，炎细胞减少或消失。

39．E

解析：肉芽组织是由新生的毛细血管和成纤维细胞构成的幼稚的结缔组织。

多项选择题

40．ACE

解析：肉芽组织的组织结构主要包括成纤维细胞、毛细血管及数量不等的炎细胞，毛细血管主要由血管内皮细胞构成，白细胞渗出进入组织内形成炎细胞。

41．AB

解析：萎缩属于组织、细胞的适应性反应，脂肪变性属于轻微的细胞损伤，二者细胞结构基本完整，所以消除病因，细胞可恢复正常形态。

42．BDE

解析：细胞坏死时，细胞核的改变包括核固缩、核碎裂及核溶解。

43．BCE

解析：脓肿是由化脓菌引起的液化性坏死，干酪样坏死是由结核菌感染引起的特殊的凝固性坏死，湿性坏疽是由腐败菌感染引起的坏死，而肾梗死和脑软化主要由动脉阻塞引起的缺血性坏死。

9

44. ACD

解析：胃黏膜上皮、血细胞、结缔组织的再生能力较强，小范围损伤可完全再生；而心肌和脑神经细胞再生能力极差，不易再生。

（四）简答题

1. 举例解释化生的概念。

一种分化成熟的组织转化为另一种分化成熟组织的过程称为化生。化生仅限于同源组织之间，如：慢性支气管炎时，原有的纤毛柱状上皮被鳞状上皮所取代称为鳞状上皮化生。而不能转化为结缔组织。

2. 简述肉芽组织的成分及形态结构特点。

由新生的毛细血管和成纤维细胞组成的幼稚结缔组织，并伴有炎细胞浸润，镜下可见大量由内皮细胞增生形成的实性细胞条索及扩张的毛细血管，与创面垂直生长，并以小动脉为轴心，在周围形成袢状弯曲的毛细血管网。

3. 比较一、二期愈合的特点。

一期愈合：组织损伤小，创缘整齐，对合严密，无感染或异物，愈合时间短，瘢痕小。

二期愈合：组织损伤大，创缘不整齐，对合不严密，有感染或异物，愈合时间长，瘢痕大。

4. 简述脂肪变性的病理变化。

肉眼观：器官体积肿大，包膜紧张，颜色淡黄，有油腻感。

镜下：细胞胞质中出现大小不等的圆形空泡。

5. 简述萎缩器官的基本病理变化。

肉眼观：器官体积缩小，重量减轻，包膜皱缩，表面血管迂曲，颜色变深。

镜下观：实质细胞数量明显减少，体积缩小，细胞器减少，胞质中可见脂褐素颗粒。

6. 干性坏疽与湿性坏疽的区别。

干性坏疽：多见于动脉阻塞而静脉回流通畅，病变组织干燥，与正常组织分界明显，病变进展缓慢的肢体末端，全身感染症状较轻。

湿性坏疽：多见于动、静脉同时阻塞并与外界相通的内脏器官（如肺、肠等），组织含水量多，湿润，与正常组织分界不清，病变进展快，全身感染症状严重。

（岳联革）

第二章 局部血液循环障碍

一、重点与难点解析

（一）淤血、血栓形成和血栓、栓塞、栓子、梗死的概念

1. 淤血　由于静脉血液回流受阻，血液淤积在小静脉和毛细血管内，使局部组织或器官的含血量增多，称为静脉性充血或淤血。

2. 血栓形成和血栓　在活体的心腔或血管内，血液中某些成分析出、黏集或血液发生凝固，形成固体质块的过程，称为血栓形成。所形成的固体质块，称为血栓。

3. 栓塞、栓子　在循环血液中出现不溶于血液的异常物质，随血流运行，阻塞于某部血管腔的现象，称为栓塞。阻塞血管腔的异常物质称为栓子。

4. 梗死　器官或局部组织由于血流阻断，侧支循环不能迅速建立而引起的坏死，称为梗死。

（二）淤血的病理变化及后果

发绀、体表淤血处温度降低。镜下观：淤血区小静脉和毛细血管扩张，充满血液。后果：①淤血性水肿；②实质细胞可发生萎缩、变性甚至坏死；③淤血性硬化。

血栓形成的条件和机制：①心血管内膜的损伤；②血流状态的改变；③血液凝固性增高。

血栓的类型：白色血栓、红色血栓、混合血栓、透明血栓。

二、习题

（一）名词解释

1. 充血　2. 淤血　3. 槟榔肝　4. 心力衰竭细胞　5. 血栓形成　6. 混合血栓　7. 栓塞　8. 栓子　9. 梗死　10. 贫血性梗死　11. 出血性梗死。

（二）填空题

1. 充血分为_____和_____两类。
2. 引起淤血的原因有_____、_____和心力衰竭。
3. 肝和肺的慢性淤血可引起组织内网状纤维胶原化和纤维组织增生，而导致_____。
4. 心血管内皮细胞的损伤、血流状态的改变及血液凝固性增高是_____的三个条件。
5. 透明血栓主要由_____构成。
6. 引起肺动脉栓塞的血栓主要来自_____。

（三）选择题

单项选择题

1. 关于肝淤血的叙述，下列哪一项是**错误**的？
   A. 肝窦扩张
   B. 小叶间静脉扩张
   C. 中央静脉扩张
   D. 肝细胞脂肪变性
   E. 肝细胞萎缩

2. 关于肺淤血的叙述，下列哪一项是**错误**的？

A. 肺泡腔内有水肿液
B. 肺泡壁毛细血管扩张
C. 肺泡腔内有中性粒细胞渗出
D. 可见心力衰竭细胞
E. 肺泡腔内有漏出的红细胞

3. 心力衰竭细胞是指肺淤血时肺内出现的
   A. 吞噬尘埃的巨噬细胞
   B. 含脂褐素的心肌细胞
   C. 吞噬黑色素的巨噬细胞
   D. 含有含铁血黄素的巨噬细胞
   E. 吞噬脂质的巨噬细胞

4. 门静脉回流受阻时，易发生淤血的脏器是
   A. 肝
   B. 脾
   C. 脑
   D. 肾
   E. 肺

5. 下列哪种因素与血栓形成无关？
   A. 血流缓慢
   B. 涡流形成
   C. 纤溶酶增加
   D. 心血管内皮损伤
   E. 血小板数量增多

6. 构成血栓头部的主要成分是
   A. 纤维蛋白
   B. 红细胞
   C. 中性粒细胞
   D. 血小板
   E. 淋巴细胞

7. 混合血栓可见于
   A. 毛细血管内
   B. 延续性血栓的尾部
   C. 动脉血栓的头部
   D. 疣状心内膜炎
   E. 心室内附壁血栓

8. 由肉芽组织取代血栓的过程是
   A. 机化
   B. 钙化

C. 溶解
D. 再通
E. 吸收

9. DIC 时，可见
   A. 红色血栓
   B. 透明血栓
   C. 混合血栓
   D. 白色血栓
   E. 层状血栓

10. 左心的附壁血栓脱落后可引起
    A. 股静脉栓塞
    B. 门静脉栓塞
    C. 脑动脉栓塞
    D. 肺动脉栓塞
    E. 肝静脉栓塞

11. 最常见的栓塞类型是
    A. 脂肪栓塞
    B. 羊水栓塞
    C. 氮气栓塞
    D. 血栓栓塞
    E. 肿瘤细胞栓塞

12. 门静脉内的血栓随血流运行，首先栓塞于
    A. 肾
    B. 肠
    C. 肺
    D. 脑
    E. 肝

13. 肺动脉栓塞的血栓主要来自
    A. 门静脉
    B. 下肢静脉
    C. 上肢静脉
    D. 上腔静脉
    E. 头颈静脉

14. 脂肪栓塞易发生于
    A. 外伤骨折时
    B. 静脉注射时
    C. 输血时
    D. 潜水作业时
    E. 分娩时

15. 羊水栓塞的病理诊断依据是
    A. 全身微循环小血管内透明血栓形成
    B. 肺小血管和毛细血管内有角化上皮
    C. 肺广泛出血
    D. 肺泡内有角化上皮
    E. 肺泡内透明膜形成
16. 潜水员从深水快速升到水面时易发生
    A. 脂肪栓塞
    B. 血栓栓塞
    C. 氮气栓塞
    D. 肿瘤细胞栓塞
    E. 羊水栓塞
17. 贫血性梗死常发生于
    A. 肾、心、脾
    B. 脾、肝、肺
    C. 脾、肾、肠
    D. 肠、脑、心
    E. 肺、肾、脑
18. 出血性梗死易发生于
    A. 肝
    B. 心
    C. 肺
    D. 肾
    E. 脑
19. 肠扭转可使肠壁发生
    A. 液化性坏死
    B. 出血性梗死
    C. 贫血性梗死
    D. 干性坏疽
    E. 气性坏疽
20. 肺、肾、脾等器官所形成的梗死灶多呈
    A. 节段性
    B. 不规则形
    C. 囊状
    D. 点灶状
    E. 锥体形

多项选择题

21. 肺梗死常为出血性梗死，其原因是
    A. 双重血循环
    B. 组织疏松
    C. 淤血
    D. 动脉树枝状分布
    E. 组织结构致密
22. 血管内膜损伤容易形成血栓，其原因是
    A. 损伤内皮细胞释放组织因子
    B. 损伤内皮释放二磷腺苷
    C. 裸露的胶原纤维吸附血小板
    D. 裸露的胶原纤维激活第Ⅻ因子
    E. 裸露的胶原纤维激活第Ⅹ因子
23. 淤血的病理变化及后果是
    A. 淤血性水肿
    B. 淤血性出血
    C. 实质细胞变性
    D. 血压降低
    E. 淤血性硬化
24. 脾贫血性梗死的肉眼形态
    A. 梗死灶为灰白色
    B. 切面呈扇形或楔形
    C. 梗死灶尖向脾门，底向器官的表面
    D. 梗死灶周围有充血出血带
    E. 梗死灶暗红色

(四) 简答题

1. 简述慢性肺淤血的镜下病变特点。
2. 简述血栓形成的条件。
3. 简述血栓的类型及构成。
4. 简述栓子的运行途径。
5. 简述血栓的结局。
6. 简述血栓对机体的影响。
7. 血栓形成、栓塞及梗死之间有何联系？

参考答案

（一）名词解释

1. 充血：器官或组织因动脉输入血量的增多而发生的充血。
2. 淤血：静脉血液回流受阻，血液淤积在小静脉和毛细血管内，使局部组织或器官的含血量增多，称为静脉性充血或淤血。
3. 槟榔肝：严重肝淤血可引起切面呈红（淤血区）、黄（肝细胞脂肪变性）相间的条纹，如同槟榔的切面，故称为槟榔肝。
4. 心力衰竭细胞：心力衰竭时肺内出现含有含铁血黄素颗粒的巨噬细胞，称为心力衰竭细胞。
5. 血栓形成：在活体的心腔或血管腔内，血液中某些成分析出、黏集或血液发生凝固，形成固体质块的过程，称为血栓形成。
6. 混合血栓：由析出性血栓（白色血栓）和凝固性血栓（红色血栓）不断交替构成的红白相间的血栓，称为混合血栓。
7. 栓塞：在循环血液中出现不溶于血液的异常物质，随血流运行，阻塞于某部血管腔的现象，称为栓塞。
8. 栓子：阻塞血管腔的异常物质称为栓子。
9. 梗死：器官或局部组织由于血流阻断，侧支循环不能迅速建立而引起的坏死，称为梗死。
10. 贫血性梗死：多发生于组织结构致密、侧支循环不丰富的实质器官，如肾、脾、心肌，也可发生于脑。这些器官的梗死灶含血量少，色灰白，故称贫血性梗死。
11. 出血性梗死：梗死区有显著出血，呈红色，称为出血性梗死，或红色梗死。常发生在组织结构疏松、有双重动脉血液供应或吻合支丰富的器官，如肺、肠。

（二）填空题

1. 动脉性充血、静脉性充血
2. 静脉受压、静脉管腔阻塞
3. 淤血性硬化
4. 血栓形成
5. 纤维素
6. 下肢深部静脉

（三）选择题

单项选择题

1. B

解析：肝淤血是肝小叶中央静脉及其附近的肝血窦高度扩张淤血。

2. C

解析：肺淤血时肺泡腔内有红细胞漏出。

3. D

解析：肺淤血时漏出的红细胞被巨噬细胞吞噬，在巨噬细胞胞质内形成含铁血黄素。心力衰竭时肺内出现这种含有含铁血黄素颗粒的巨噬细胞，称为心力衰竭细胞

4. B

解析：脾静脉汇入门静脉。

5. C

解析：与血栓形成有关的因素是：心血管内膜的损伤、血液凝固性的增高以及血流状态的改变。

6. D

解析：血栓头部指的是白色血栓，主要成分是血小板。

7. E

解析：析出性血栓和凝固性血栓不断交替构成的红白相间的血栓，称为混合血栓。心室内附壁血栓为混合血栓。

8. A

解析：血栓内的纤维蛋白溶酶活性增高及白细胞崩解释放的蛋白水解酶均可使血栓溶解，称为血栓软化。

9. B

解析：透明血栓多发生于微循环的毛细血管、微静脉内，主要由纤维素构成的均匀红染的小血栓，称为透明血栓。因其只能在显微镜下见到，故又称微血栓。见于弥散性血管内凝血。

10. C

解析：来自左心的栓子，随血流运行阻塞于各器官的小动脉内。常见于心、脑等处的动脉分支。

11. D

解析：由脱落的血栓引起的栓塞称为血栓栓塞，是各种栓塞中最为常见的一种。

12. E

解析：来自门静脉系统的栓子，随血流进入肝内，阻塞于肝内门静脉分支。

13. B

解析：肺栓塞90％的血栓栓子来自下肢深部静脉。

14. A

解析：循环血液中出现的脂肪滴阻塞于微循环及小血管内，称为脂肪栓塞。多见于严重创伤，如长骨骨折、皮下脂肪组织重度挫伤或烧伤时脂肪细胞破裂，脂肪游离出来经破裂的血管入血而引起栓塞。

15. B

解析：羊水中含有胎儿脱落的角化上皮、毳毛、胎粪等物质，在尸检标本中，可在母体的肺毛细血管或小动脉内检见。

16. C

解析：减压病可发生于深海潜水员过快浮上水面时。

17. A

解析：贫血性梗死多发生于组织结构致密、侧支循环不丰富的实质器官，如肾、脾、心。

18. C

解析：出血性梗死常发生在组织疏松，有双重动脉血液供应或吻合支丰富的器官，如肺、肠。

19. B

解析：肠出血性梗死在肠扭转时由于肠系膜静脉先受压发生淤血，继而肠系膜动脉受压阻塞而造成出血性梗死。

20. E

解析：贫血性梗死灶的形状，取决于该器官的血管分布，如肾、脾的动脉呈锥形分支，故梗死灶也呈锥形，锥尖指向阻塞的血管。

多项选择题

21. ABC

解析：出血性梗死，常发生在组织疏松、有双重动脉血液供应或吻合支丰富的器官，如肺、肠。但肺、肠梗死还需有严重淤血的先决条件。

22. ACD

解析：心血管内膜损伤是血栓形成的最重要的因素。内膜损伤，内皮下胶原暴露可发挥强烈的促凝作用，它能激活Ⅻ因子，启动内源性凝血系统，还能促使血小板易于黏集在损伤的内膜表面，促发血小板释放ADP，ADP又进一步使更多的血小板黏集；胶原还可刺激血小板合成更多的血栓素A2（TXA2），后者又进一步加强血小板的互相黏集。此外，损伤内膜能释放组织因子，激活外源性凝血系统，从而引起局部血液凝固，导致血栓形成。

23. ABCE

解析：淤血后果包括：（1）淤血性水肿，漏出性出血。（2）器官实质细胞损伤。（3）间质纤维组织增生，称为淤血性硬化。

24. ABCD

解析：贫血性梗死颜色为灰白色，是由于梗死区组织致密而容纳血液少，又因梗死区组织崩解，局部胶体渗透压高，吸收水分使局部压力增高将血液挤出梗死区所致。梗死灶的形状，取决于该器官的血管分布，如肾、脾的动脉呈锥形分支，故梗死灶也呈锥形。

（四）简答题

1. 简述慢性肺淤血的镜下病变特点。

（1）镜下可见肺泡壁毛细血管扩张充血，严重时肺泡腔内含有大量水肿液与红细胞。

（2）若漏出的红细胞被巨噬细胞吞噬，在巨噬细胞胞质内形成含铁血黄素。心力衰竭时肺内出现这种含有含铁血黄素颗粒的巨噬细胞，称为心力衰竭细胞。

2. 简述血栓形成的条件。

（1）心血管内膜的损伤。（2）血流状态的改变。（3）血液凝固性增高。

3. 简述血栓的类型及构成。

（1）白色血栓：主要由血小板黏集而成，构成延续性血栓的头部。镜下：珊瑚状血小板小梁，表面有白细胞。（2）红色血栓：又称凝固性血栓，构成延续性血栓的尾部。镜下：纤维素网眼中充满红细胞。（3）混合性血栓：由白色和红色血栓交错构成，构成延续性血栓的体部。（4）透明血栓：又称微血栓，主要由纤维素构成，见于DIC。

4. 简述栓子的运行途径。

（1）来自体静脉及右心的栓子，随血流运行常栓塞于肺动脉或其分支内。（2）来自左心及动脉系统的栓子，随血流运行阻塞于各器官的小动脉内。（3）来自门静脉系统的栓子，随血流进入肝内，阻塞于肝内门静脉分支。

5. 简述血栓的结局。

（1）软化溶解吸收：纤溶系统激活及蛋白水解酶释放，致血栓溶解吸收。（2）脱落栓塞：血栓软化后脱落，形成血栓栓子并随血流运行而致血栓栓塞。（3）机化再通：肉芽组织取代血栓的过程称机化。血栓中出现新生血管使血流得以部分恢复。（4）钙化：血栓中出现固体钙盐的沉积称钙化。表现为静脉石和动脉石。

6. 简述血栓对机体的影响。

有利：堵塞裂口，阻止出血及防止炎症扩散。

不利：阻塞血管，影响血流；脱落形成栓子，并发栓塞；心瓣膜变形而致心瓣膜病；出血，见于DIC。

7. 血栓形成、栓塞及梗死之间有何联系？

答案要点：血栓形成→血栓→栓塞→梗死（无足够侧支循环时发生）。

（徐万宇）

第三章 炎 症

一、重点与难点解析

（一）炎症的定义

炎症是指具有血管系统的活体组织，对各种致炎因子引起的损伤所发生的以防御反应为主的病理过程。

（二）炎症局部的基本病理变化

1. 变质　炎症局部组织所发生的变性和坏死称为变质。变质主要是致炎因子的直接损伤作用，变质既可发生在实质细胞，也可见于间质细胞。包括：局部组织的形态学改变和代谢变化。

2. 渗出　炎症局部组织血管内的液体和细胞成分通过血管壁进入组织间隙、体腔、黏膜表面和体表的过程称为渗出。渗出是炎症最重要的病理改变，在局部发挥着重要的防御作用。急性炎症反应的特征是血管变化和渗出性改变，有三个相互关联的过程：①血流动力学的改变；②血管壁通透性增高及液体渗出；③白细胞游出和聚集。

3. 增生　是在致炎因子、组织崩解产物等刺激下，炎区组织实质和间质细胞增殖，细胞数目增多，称为炎性增生。增生的细胞主要有成纤维细胞、血管内皮细胞、上皮细胞及巨噬细胞等。增生反应通常在急性炎症的后期和慢性炎症较明显，但少数疾病在炎症初期即见明显增生，炎性增生也是一种重要的防御性反应。其增生的肉芽组织成分有利于炎症局灶化和损伤组织的修复；巨噬细胞增生能增进吞噬病原体和清除异物的功能。但过度增生，也会造成原有组织的破坏，影响器官的功能。

（三）炎性渗出（液体、细胞）的机制和意义

1. 炎性液体渗出的机制　炎症时，由于血管内皮细胞收缩、损伤、穿胞作用增强、新生毛细血管的高通透性等，均可导致血管壁通透性增加，血管内流体静压增高和组织渗透压升高，导致液体外渗。

2. 炎症时液体渗出具有重要的防御意义　①渗出液能稀释毒素和有害物质，减轻毒素对局部的损伤作用；②渗出液中含有抗体、补体等，可增强防御能力，消灭病原体；③给炎症灶带来葡萄糖、氧等营养物质，并带走代谢产物；④渗出的纤维蛋白原转变成纤维素，交织成网，能限制病原菌扩散，使病灶局限，并有利于吞噬细胞发挥吞噬作用。后期还可作为组织修复的支架。但过多的液体渗出，也可对机体造成不利的影响。

白细胞通过血管壁游出到血管外的过程称为白细胞渗出。渗出的白细胞称为炎细胞。白细胞具有吞噬、消灭病原体，降解坏死组织和异己抗原的作用；同时，也会通过释放化学介质、自由基和酶，介导组织损伤。因此，白细胞的渗出构成炎症反应的主要防御环节，是炎症反应最重要的特征。白细胞的渗出及其在局部的防御作用是极为复杂的连续过程，主要包括白细胞边集、附壁、游出、趋化作用和吞噬作用。

（四）炎症常见的组织学类型及病变特点

1. 变质性炎　以局部组织细胞变性、坏死为主，而渗出和增生变化较轻。常见于肝、

肾、心、脑等实质性器官，多为重症感染、中毒及变态反应等时，由于组织器官实质细胞变性、坏死明显，常引起相应器官功能障碍。

2. 渗出性炎　依据渗出成分的不同，常见：

（1）浆液性炎：以浆液渗出为主，主要为血清和少量白细胞、纤维素等。好发于皮肤、浆膜、黏膜、滑膜和疏松结缔组织等处。

（2）纤维素性炎：是以渗出物中含有大量纤维素为特征的渗出性炎症。常发生于黏膜、浆膜和肺。又称为假膜性炎。气管处形成的假膜容易脱落，引起窒息。心包的纤维素性炎，形成绒毛心。大叶性肺炎时，肺泡腔内有大量的纤维素以及中性粒细胞等，导致肺实变。

（3）化脓性炎：最为常见。以大量中性粒细胞渗出为主，伴有不同程度组织坏死和脓液形成为特征。常由葡萄球菌、链球菌、脑膜炎奈瑟菌、大肠埃希菌等化脓性细菌感染引起。化脓性炎症的类型有：表面化脓和积脓、蜂窝织炎、脓肿。

3. 增生性炎：在炎症病变中，局部组织、细胞以增生性改变为主，而变质和渗出性病变比较轻微。多呈慢性炎症，但也可呈急性经过，可分为：一般增生性炎、炎性肉芽肿、炎性息肉、炎性假瘤。

二、习题

（一）名词解释

1. 炎症　2. 渗出　3. 炎细胞浸润　4. 假膜性炎　5. 化脓性炎　6. 脓肿　7. 窦道　8. 瘘管　9. 蜂窝织炎　10. 炎性息肉　11. 肉芽肿性炎

（二）填空题

1. 炎症的原因有_____、_____、_____、_____。

2. 炎症时常见渗出的炎细胞有_____、_____、_____、_____。

3. 炎症的局部临床表现有_____、_____、_____、_____、_____。

4. 炎症局部基本病理变化为_____、_____、_____。

5. 变质性炎主要发生在_____、_____、_____等实质性器官。

6. 增生性炎可分为_____、_____、_____、_____。

7. 白细胞渗出包括_____、_____、_____、_____作用。

8. 化脓性炎是以渗出_____为主，根据发生原因和部位分为_____、_____、_____。

9. 假膜性炎是发生在_____上的，渗出的_____、_____、_____共同在黏膜表面形成一层灰白色膜状物。

10. 变质性炎的病变是以_____为主要特征，_____较轻微。

（三）选择题

单项选择题

1. 引起炎症最常见的原因是
   A. 营养因素
   B. 遗传因素
   C. 生物性因素
   D. 环境因素
   E. 先天性因素

2. 变质是指
   A. 变性
   B. 坏死
   C. 变性和坏死
   D. 坏疽
   E. 凋亡

3. 下列哪一种炎症属于增生性炎

A. 皮肤Ⅱ度烧伤
B. 病毒性肝炎
C. 肺炎
D. 肉芽肿性炎
E. 脓肿

4. 以淋巴细胞、单核细胞渗出为主的炎症是
   A. 化脓性炎
   B. 慢性炎症
   C. 浆液性炎症
   D. 超敏反应性炎
   E. 纤维素性炎

5. 白细胞在炎症区集中的现象称
   A. 炎细胞浸润
   B. 炎细胞游出
   C. 阿米巴样运动
   D. 白细胞渗出
   E. 化脓

6. 关于炎性渗出液，下列哪一项是正确的
   A. 黏蛋白试验阴性
   B. 不能自凝
   C. 澄清
   D. 比重＞1.018
   E. 蛋白质含量＜25g/L

7. 下列哪一种炎症细胞无吞噬能力
   A. 中性粒细胞
   B. 单核细胞
   C. 嗜酸性粒细胞
   D. 淋巴细胞
   E. 巨噬细胞

8. 下列哪种炎症细胞吞噬能力较强并能吞噬较大物质
   A. 中性粒细胞
   B. 单核细胞
   C. 嗜酸性粒细胞
   D. 淋巴细胞
   E. 浆细胞

9. 参与体液免疫的细胞是
   A. T淋巴细胞
   B. B淋巴细胞
   C. 单核细胞
   D. 中性粒细胞
   E. 嗜酸性粒细胞

10. 临床出现高热、寒战等全身中毒症状，但血液中查不到细菌称为
    A. 菌血症
    B. 毒血症
    C. 败血症
    D. 脓毒败血症
    E. 肉芽肿性炎

11. 下列哪一种炎症红、肿、热、痛、功能障碍表现较明显
    A. 黏膜慢性炎
    B. 黏膜急性炎
    C. 体表慢性炎
    D. 体表急性炎
    E. 肉芽肿性炎

12. 下列哪一项是炎症时疼痛的主要原因
    A. 组织增生压迫
    B. 组织分解增强
    C. 组织变性坏死
    D. 肿胀压迫和炎性介质刺激神经末梢
    E. 局部充血

13. 炎症局部的基本病理变化是
    A. 变质、渗出和增生
    B. 坏死、渗出和增生
    C. 变性、渗出和增生
    D. 变质、水肿和增生
    E. 变性、坏死和增生

14. 炎性肉芽肿的主要成分是
    A. 淋巴细胞
    B. 巨噬细胞
    C. 浆细胞
    D. 中性粒细胞
    E. 单核细胞

15. 纤维素性炎不易发生于下列哪个部位
    A. 黏膜
    B. 肺
    C. 浆膜
    D. 皮肤

E. 黏膜和肺
16. 下列哪项**不是**炎症的全身反应
   A. 发热
   B. 血中白细胞变化
   C. 单核巨噬细胞增生
   D. 血管扩张
   E. 实质器官病变
17. 溶血性链球菌感染常引起
   A. 纤维素性炎
   B. 蜂窝织炎
   C. 出血性炎
   D. 脓肿
   E. 浆液性炎
18. 变质性炎常见部位是
   A. 肝、脑
   B. 黏膜、浆膜
   C. 胆囊、输卵管
   D. 皮肤、阑尾
   E. 胃、肠
19. 窦道是指
   A. 单个毛囊、所属皮脂腺及其周围的化脓性炎
   B. 有一个开口的病理性管道
   C. 多个疖的融合而成
   D. 有两个以上开口的病理性管道
   E. 内脏器官的管道
20. "绒毛心"见于
   A. 浆液性炎
   B. 纤维素性炎
   C. 出血性炎
   D. 卡他性炎
   E. 化脓性炎
21. 慢性炎症时，黏膜组织过度增生及肉芽组织增生向黏膜表面形成带蒂的小肿物称
   A. 炎性息肉
   B. 炎性假瘤
   C. 感染性肉芽肿
   D. 异物性肉芽肿
   E. 增生的肉芽组织

22. 下列关于炎症描述**错误**的是
   A. 急性炎症无增生性病变
   B. 急性炎症以变质、渗出为主
   C. 慢性炎症以增生为主
   D. 慢性炎症可急性发作
   E. 急性炎症病程较短
23. 炎症的本质是
   A. 以渗出为主的病变
   B. 以变质为主的病变
   C. 以防御为主的病变
   D. 以增生为主的病变
   E. 以损伤为主的病变
24. 急性炎症早期和化脓性炎症时渗出的炎细胞主要是
   A. 嗜酸性粒细胞
   B. 中性粒细胞
   C. 嗜碱性粒细胞
   D. 浆细胞
   E. 单核细胞
25. 体内有寄生虫感染，主要是哪种炎细胞增多
   A. 淋巴细胞
   B. 单核细胞
   C. 嗜酸性粒细胞
   D. 浆细胞
   E. 中性粒细胞
26. 炎症时，最具有防御意义的改变是
   A. 炎症介质形成
   B. 组织分解代谢增强
   C. 白细胞渗出
   D. 炎性水肿
   E. 炎性充血
27. 病毒感染灶内，最常见的炎细胞是
   A. 巨噬细胞
   B. 淋巴细胞
   C. 中性粒细胞
   D. 嗜酸性粒细胞
   E. 嗜碱性粒细胞
28. 脓细胞是指
   A. 化脓性炎中的细胞

B. 吞噬细菌的白细胞
C. 单核巨噬细胞
D. 变性、坏死的中性粒细胞
E. 坏死的嗜酸性粒细胞

29. 下列哪一种疾病可形成炎性肉芽肿
    A. 病毒性肝炎
    B. 肾炎
    C. 结核病
    D. 阿米巴病
    E. 出血性炎

30. 局限性化脓性炎是指
    A. 纤维素性炎
    B. 蜂窝织炎
    C. 出血性炎
    D. 脓肿
    E. 浆液性炎

多项选择题

31. 属于化脓性炎的疾病有
    A. 急性肾盂肾炎
    B. 蜂窝织性阑尾炎
    C. 流行性脑脊髓膜炎
    D. 支气管肺炎
    E. 细菌性痢疾

32. 下列病变中哪些属于感染性肉芽肿
    A. 结核结节
    B. 伤寒小结
    C. 梅毒树胶肿
    D. 胶质细胞结节
    E. 异物性肉芽肿

33. 某患者，39岁，患痢疾志贺菌肠炎5天，取直肠黏膜活组织检查，证实假膜形成，其组成成分为
    A. 混杂坏死的黏膜上皮
    B. 大量中性粒细胞浸润
    C. 大量淋巴细胞
    D. 大量纤维素，呈网状分布
    E. 新生毛细血管及成纤维细胞

34. 下列属急性炎症特点的是
    A. 起病急骤，有明显发热
    B. 病程较短，可转变为慢性炎症
    C. 体表急性炎症红、肿、热、痛、功能障碍明显
    D. 病变常以增生为主，有时以变质或渗出为主
    E. 血中白细胞明显增多

35. 炎症的结局可有
    A. 吸收消散
    B. 机化
    C. 迁延不愈、蔓延扩散
    D. 包绕、钙化
    E. 转变为肿瘤

36. 患者男性，25岁，因急性阑尾炎穿孔出现明显全身反应，具体有
    A. 发热
    B. 单核巨噬细胞系统增生
    C. 实质器官的实质细胞变性、坏死
    D. 贫血
    E. 血中白细胞增多

37. 急性炎症体表局部肿胀是由于
    A. 血管扩张充血
    B. 富于蛋白的液体进入组织内
    C. 局部组织、细胞增生
    D. 动脉血流增多
    E. 前列腺素

38. 炎症反应的化学介质有
    A. 组胺
    B. 前列腺素
    C. 缓激肽
    D. 补体 C3a、C5a
    E. 白细胞三烯

39. 渗出液的特点是
    A. 蛋白含量在 25g/L 以上，黏蛋白试验阳性
    B. 比重 >1.020
    C. 细胞数目 $>1000\times10^6$/L
    D. 澄清、透明
    E. 可发生自凝

40. 炎症介质可引起
    A. 小血管扩张、充血
    B. 血管壁通透性增高

C. 局部疼痛
D. 趋化作用
E. 局部氢离子浓度增高

(四) 简答题
1. 渗出液与漏出液有何区别？
2. 炎性渗出物在炎症过程中有何意义？
3. 常见的渗出性炎症有哪些？
4. 体表急性炎症局部表现有哪些？

参考答案

(一) 名词解释

1. 炎症：是指具有血管系统的活体组织，对各种致炎因子引起的损伤所发生的以防御反应为主的病理过程。

2. 渗出：炎症局部组织血管内的液体和细胞成分通过血管壁进入组织间隙、体腔、黏膜表面和体表的过程称为渗出。

3. 炎细胞浸润：白细胞在炎症区集中的现象称炎细胞浸润。

4. 假膜性炎：黏膜的纤维素性炎，在黏膜表面常覆盖由纤维素、中性粒细胞、坏死脱落的黏膜上皮细胞及病原体等混合组成的灰白色膜状物，称假膜，故发生在黏膜的纤维素性炎又称为假膜性炎。

5. 化脓性炎：以大量中性粒细胞渗出为主，并伴有不同程度组织坏死和脓液形成为特征的炎症。

6. 脓肿：指组织内局限性化脓性炎症，常因组织发生坏死、溶解，形成充满脓液的脓腔为主要特征。

7. 窦道：深部脓肿如向体表或自然管道穿破，形成只有一个开口的病理盲管。

8. 瘘管：深部脓肿如向体表或自然管道穿破，形成连接于体外或有腔器官之间或两个腔道之间的有两个或以上开口的病理性管道。

9. 蜂窝织炎：指疏松组织的弥漫性化脓性炎。

10. 炎性息肉：黏膜的慢性炎症，局部黏膜上皮、腺上皮及肉芽组织过度增生，常形成带蒂的小肿物突出于黏膜表面，称为炎性息肉。

11. 肉芽肿性炎：炎症局部以巨噬细胞及其演变的细胞增生为主，形成境界清楚的结节状病灶。

(二) 填空题

1. 生物性因素、物理性因素、化学性因素、超敏反应性因素
2. 中性粒细胞、单核细胞、嗜酸性粒细胞、淋巴细胞和浆细胞
3. 红、肿、热、痛、功能障碍
4. 变质、渗出、增生
5. 心、肝、肾、脑
6. 一般增生性炎、炎性肉芽肿、炎性息肉、炎性假瘤
7. 边集、附壁、游出、趋化
8. 中性粒细胞、表面化脓和积脓、蜂窝织炎、脓肿

9. 黏膜、纤维素、坏死组织、白细胞

10. 细胞变性坏死、增生

（三）选择题

单项选择题

1. C

解析：引起炎症的原因有生物性因素、物理性因素、化学性因素、超敏反应性因素等，其中生物性因素，尤其细菌和病毒引起炎症最常见。

2. C

解析："变质"是炎症局部组织所发生的变性和坏死。

3. D

解析：局部组织细胞以增生性改变为主，而变质和渗出性病变比较轻微。

4. B

解析：淋巴细胞多见于慢性炎症和病毒感染；单核细胞多见于急性炎症的后期和慢性炎症；中性粒细胞多见于急性炎症尤其是化脓性炎症；嗜酸性和嗜碱性粒细胞多见于过敏反应和寄生虫感染。

5. A

解析：白细胞在炎症区集中的现象称"炎细胞浸润"。

6. D

解析：炎性渗出液外观混浊、蛋白含量 30g/L 以上、比重 ＞ 1.018、有核细胞数 ＞ $1000×10^6$/L、黏蛋白试验阳性、能自凝。

7. D

解析：巨噬细胞吞噬能力最强，其次中性粒细胞、单核细胞、嗜酸性粒细胞吞噬能力较差，淋巴细胞无吞噬能力。

8. B

解析：单核细胞运动及吞噬能力很强，能吞噬各种细菌、较大的坏死组织碎片和抗原－抗体复合物，释放致热源和炎症介质；参与免疫反应。

9. B

解析：参与免疫防御反应，T 淋巴细胞参与细胞免疫；B 淋巴细胞参与体液免疫。

10. B

解析：毒血症是指细菌毒素及其代谢产物被吸收入血。临床上出现高热、寒战等全身中毒症状，同时伴有实质器官的变性和坏死等，但血细菌培养阴性。

11. D

解析：红、肿、热、痛、功能障碍局部临床表现，在体表急性炎症时较明显。

12. D

解析：导致炎症局部疼痛的原因有：炎症局部肿胀，组织张力增加，压迫或牵拉神经末梢引起。另外，炎症局部分解代谢增强，造成 H^+、K^+ 等增多刺激神经末梢；炎症介质如前列腺素 E_2 的刺激等也可引起疼痛。

13. A

解析：炎症局部基本病理变化：变质、渗出、增生。

14. B

解析：炎性肉芽肿局部以巨噬细胞及其演变的细胞增生为主。

15．D

解析：纤维素性炎好发部位有：黏膜、肺，少数也可见于浆膜，所以不易发生在皮肤。

16．D

解析：炎症的全身反应有：发热、血液白细胞的变化、单核—巨噬细胞系统增生、实质器官病变。血管扩张是炎症局部发生的病理改变。

17．B

解析：蜂窝织炎以溶血性链球菌为主要致病菌，该菌能产生透明质酸酶和链激酶，分解结缔组织基质中的透明质酸，溶解纤维素，使炎症容易在组织内蔓延扩散。

18．A

解析：变质性炎常发生于肝、肾、心、脑等实质性器官。

19．B

解析：深部脓肿如向体表或自然管道穿破，形成只有一个开口的病理盲管，称为窦道。

20．B

解析：心包的纤维素性炎，由于心脏不断跳动，使渗出在心外膜上的纤维素形成绒毛状物，称为绒毛心。

21．A

解析：黏膜的慢性炎症，局部黏膜上皮、腺上皮及肉芽组织过度增生，常形成带蒂的小肿物突出于黏膜表面，称为炎性息肉。

22．A

解析：急性炎症的局部常以变质、渗出为主，而增生比较轻微，并不是无增生性病变。

23．C

解析：炎症是指具有血管系统的活体组织，对各种致炎因子引起的损伤所发生的以防御反应为主的病理过程。所以本质是以防御反应为主的病变。

24．B

解析：中性粒细胞多见于急性炎症尤其是化脓性炎症。

25．C

解析：嗜酸性粒细胞和嗜碱性粒细胞多见于超敏反应性疾病和寄生虫感染。

26．C

解析：炎症时，最具有防御意义的改变是白细胞渗出。

27．B

解析：淋巴细胞多见于慢性炎症和病毒感染；单核细胞多见于急性炎症的后期和慢性炎症，非化脓性炎。

28．D

解析：脓细胞是指变性、坏死的中性粒细胞。

29．C

解析：根据典型的肉芽肿形态特点，可作出病因诊断，对疾病的确诊具有重要的意义。如风湿病形成风湿性肉芽肿、结核病形成结核性肉芽肿等。

30．D

解析：组织内局限性化脓性炎症，称为脓肿，常因组织发生坏死、溶解，形成充满脓液的腔。

多项选择题

31. ABCD

解析：急性肾盂肾炎、蜂窝织性阑尾炎、流行性脑脊髓膜炎、支气管肺炎均属细菌引起的以中性粒细胞渗出为主的化脓性炎。细菌性痢疾虽有脓血便，但病变性质属于纤维素性炎。

32. ABC

解析：肉芽肿是炎症局部以巨噬细胞以及演变的细胞增生为主，形成境界清楚的结节状病灶。包括感染性肉芽肿和异物性肉芽肿。结核结节、伤寒小节和梅毒树胶肿均为生物因素引起的感染性肉芽肿，具有诊断意义。

33. ABD

解析：细菌性痢疾是发生在肠黏膜上的纤维素性炎，因有假膜形成，又称假膜性炎。假膜主要是由纤维素、中性粒细胞、坏死脱落的黏膜上皮细胞及病原体等混合组成的灰白色膜状物。

34. ABCE

解析：急性炎症的特点是起病急，症状明显，病程一般数天至一个月，局部病变以变质和渗出为主，灶内常有大量的中性粒细胞浸润，而增生相对较轻。发热、血中白细胞数目增多等全身中毒症状和体表红、肿、热、痛、功能障碍表现明显。

35. ABCD

解析：炎症的结局包括：痊愈（溶解吸收、机化、包裹、钙化）、迁延不愈（转为慢性）、蔓延扩散（局部蔓延、淋巴道扩散、血道扩散）。

36. ABCE

解析：急性炎症的全身表现比较明显，主要有发热、血中白细胞增多、单核巨噬细胞系统增生、实质器官的实质细胞变性、坏死。急性阑尾炎穿孔可出现上述症状但不会引起贫血。

37. ABE

解析：急性炎症体表局部肿胀的原因可有炎性充血、富于蛋白的液体进入组织内引起的炎性水肿、前列腺素等局部产生的炎性介质，可引起局部血管扩张充血。慢性炎症时因组织、细胞增生引起肿胀。动脉血流增多不是动脉血管扩张不会引起局部肿胀。

38. ABCDE

解析：组胺、前列腺素、缓激肽、补体 C3a 和 C5a、白细胞三烯都是在致炎因子的作用下，由局部组织或血浆产生和释放，参与或诱导炎症发生、发展的化学活性物质，即炎症介质。

39. ABCE

解析：渗出液的特点：见于炎症性疾病、外观混浊、蛋白量在 30g/L 以上、比重 >1.018、有核细胞数 > 1000×10^6/L、黏蛋白试验阳性、能自凝。

40. ABCD

解析：炎症介质的主要作用是促进局部血管扩张、血管壁通透性增加及白细胞趋化和渗出的作用。此外，某些炎症介质还能引起发热、疼痛、组织损伤和参与免疫反应等。

(四) 简答题

1. 渗出液与漏出液有何区别？

	渗出液	漏出液
原因	炎症	非炎症
外观	混浊	澄清
蛋白量	30g/L 以上	25g/L 以下
比重	>1.018	<1.018
有核细胞数	>1000×10^6/L	<300×10^6/L
黏蛋白试验	阳性	阴性
凝固性	能自凝	不自凝

2. 炎性渗出物在炎症过程中有何意义？

渗出液在炎症过程中的意义：①渗出液能稀释毒素和有害物质，减轻毒素对局部的损伤作用；②渗出液中含有抗体、补体等，可增强细胞防御能力，消灭病原体；③给炎症灶带来葡萄糖、氧等营养物质，带走代谢产物；④渗出的纤维蛋白原转变成纤维素，交织成网，能限制病原菌扩散，使病灶局限，并有利于吞噬细胞发挥吞噬作用。后期还可作为组织修复的支架。但过多的液体渗出，也可对机体造成不利的影响：①会造成压迫和阻塞器官，影响其正常功能。如肺泡腔内渗出液可影响换气功能，心包积液可压迫心脏等；②渗出液中大量纤维素不能完全被吸收时，最终发生机化粘连，影响器官功能，如心包粘连可影响心脏的舒缩功能。

炎细胞在炎症过程中意义：白细胞具有吞噬、消灭病原体，降解坏死组织和异己抗原的作用；同时，也会通过释放化学介质、自由基和酶，介导组织损伤。因此，白细胞的渗出构成炎症反应的主要防御环节，是炎症反应最重要的特征。

3. 常见的渗出性炎症有哪些？

(1) 浆液性炎：以浆液渗出为主，主要为血清和少量白细胞、纤维蛋白等。好发于皮肤、浆膜、黏膜、滑膜和疏松结缔组织等处。

(2) 纤维素性炎：是以渗出物中含有大量纤维蛋白为特征的渗出性炎症。常发生于黏膜、浆膜和肺。又称为假膜性炎。气管处形成的假膜容易脱落，引起窒息。心包的纤维素性炎，形成绒毛心。大叶性肺炎时，肺泡腔内有大量的纤维素以及中性粒细胞等，导致肺实变。

(3) 化脓性炎：最为常见。以大量中性粒细胞渗出为主，并伴有不同程度组织坏死和脓液形成为特征。常由葡萄球菌、链球菌、脑膜炎奈瑟菌、大肠埃希菌等化脓性细菌感染引起。化脓性炎症的类型有：表面化脓和积脓、蜂窝织炎、脓肿。

4. 体表急性炎症局部表现有哪些？

(1) 红：炎症初期由于动脉性充血，局部呈鲜红色；后期因静脉性充血，转为暗红色。

(2) 肿：急性炎症时由于炎性充血、炎性水肿使局部明显肿胀；慢性炎症时因组织细胞增生引起肿胀。

(3) 热：由于动脉性充血，血流加快，组织代谢增强，产热增多所致。

（4）痛：主要是炎症局部肿胀，组织张力增加，压迫或牵拉神经末梢引起。另外，炎症局部分解代谢增强，造成 H^+、K^+ 等增多刺激神经末梢；炎症介质如前列腺素 E_2 的刺激等也可引起疼痛。

（5）功能障碍：①实质细胞变性、坏死，代谢障碍；②渗出物压迫、阻塞；③局部疼痛的保护。均可导致组织器官功能障碍。

（王　红）

第四章 肿 瘤

一、重点与难点解析

（一）肿瘤性增生与非肿瘤性增生的区别

	肿瘤性增生	非肿瘤性增生
克隆性	单克隆性	多克隆性
分化程度	不同程度上失去分化成熟的能力	分化成熟
调节控制	不受机体调控，无接触抑制	受机体调控，有接触抑制
机体影响	与机体不协调，有害无益	与机体协调，符合机体需要

（二）肿瘤的异型性

1. 肿瘤组织结构的异型性

是指肿瘤组织在空间排列方式上的紊乱性。良性肿瘤不明显，恶性肿瘤组织结构异型性明显。

2. 肿瘤细胞的异型性

（1）细胞的多形性：肿瘤细胞体积增大，大小不一，形态不规则，出现瘤巨细胞。少数分化很差的肿瘤，肿瘤细胞反而较正常小、圆形、大小也比较一致。

（2）细胞核的多形性：肿瘤细胞核大小不一，形态不规则，核大。细胞核与细胞浆的比例从正常的1∶4～1∶5增至1∶2或1∶1。出现多核、巨核、畸形核瘤细胞。细胞核深染、核染色质呈粗大颗粒状，常靠近核膜，致核膜增厚，核仁大，数目多。核分裂象多见，并可出现病理性核分裂，即不对称性、多极性和顿挫性三种。

3. 肿瘤的生长方式

（1）膨胀性生长：为多数良性肿瘤的生长方式。

（2）外生性生长：良、恶性肿瘤均可。

（3）浸润性生长：为多数恶性肿瘤的生长方式。

4. 肿瘤的扩散

（1）直接蔓延：肿瘤细胞沿着组织间隙、淋巴管、血管或神经束衣等浸润、破坏邻近正常器官或组织，并继续生长（连续不断地）。

（2）转移：肿瘤细胞从原发部位侵入淋巴管、血管或体腔，迁徙到他处继续生长，形成与原发瘤同样类型的肿瘤，这个过程称为转移。形成的肿瘤称为继发瘤或转移瘤。

良性肿瘤不转移，恶性肿瘤常发生转移。

常见的转移途径：

①淋巴道转移：癌的主要转移方式

②血行转移：肉瘤的主要转移方式。最常见部位是肺，其次为肝。

③种植性转移：体腔内器官的肿瘤蔓延至器官表面时，瘤细胞可以脱落，并像播种一样

种植在体腔内各器官的表面，形成多数转移瘤。

5. 良性肿瘤与恶性肿瘤的区别

良性肿瘤生长缓慢，细胞异型性小，膨胀性生长，术后很少复发，不转移，对机体影响小。恶性肿瘤生长快，细胞异型性大，浸润性生长，术后易复发，易转移，对机体影响大。良、恶性肿瘤的区别点中分化和转移是鉴别要点，肿瘤细胞的分化和转移是判断良、恶性肿瘤的最重要标准。

6. 癌前病变　指某些具有癌变的潜在可能性的病变，如长期存在即有可能转变为癌。并非所有癌前病变都能转变为癌，常见的癌前病变有：黏膜白斑；慢性子宫颈炎；结肠、直肠的息肉状腺瘤；乳腺纤维囊性病；慢性萎缩性胃炎及胃溃疡；慢性溃疡性结肠炎；皮肤慢性溃疡；肝硬化。

7. 非典型性增生　指增生的上皮细胞形态呈现一定程度的异型性，但还不足以诊断为癌。根据其异型性程度及累及范围可分为轻、中、重三级。轻度不典型增生累及上皮层下部 1/3，中度则累及上皮层下部 2/3，重度则超过上皮层下部 2/3、但未累及全层。轻度和中度不典型增生，病因去除后可恢复正常，重度不典型增生较难逆转，常转变为癌。

8. 上皮内瘤变　将轻、中、重度非典型性增生分别称为上皮内瘤变Ⅰ、Ⅱ、Ⅲ级，原位癌也列入上皮内瘤变Ⅲ级内。

9. 原位癌　是早期癌，癌细胞局限于黏膜上皮层内或皮肤表皮层内，已累及上皮全层，但尚未突破基底膜向下浸润生长者。

10. 癌与肉瘤的区别　癌是来源于上皮组织的恶性肿瘤，质较硬、色灰白、较干燥，癌细胞多形成癌巢，实质与间质界清，网状纤维围绕癌巢，癌细胞间多无网状纤维，多经淋巴道转移；肉瘤较少见，多见于青少年，肿瘤质软、色灰红、湿润、鱼肉状，肉瘤细胞多弥漫分布，实质与间质分界不清，间质内血管丰富，肉瘤细胞间多有网状纤维，多经血行转移。

二、习题

（一）名词解释

1. 肿瘤　2. 异型性　3. 癌症　4. 肉瘤　5. 癌前病变　6. 原位癌　7. 恶病质　8. 副肿瘤综合征　9. 上皮内瘤变

（二）填空题

1. 肿瘤的异型性主要表现为_____的异型性和_____的异型性。异型性越显著，_____越低。

2. 恶性肿瘤根据分化程度的高低，一般分为三级：Ⅰ级为_____、Ⅱ级为_____、Ⅲ级为_____。

3. 肿瘤的生长方式有_____、_____和_____三种。

4. 常见的肿瘤转移途径有_____、_____和_____三种。_____多经血行转移，_____多经淋巴道转移。

5. 血行转移途径与栓子的运行途径相同，胃肠道肿瘤常转移至_____，下肢骨肉瘤常转移到_____。

6. 黏液细胞癌的癌细胞内_____聚集，将细胞核挤向一侧，呈_____状，又称_____癌。

7. 低分化腺癌，癌细胞不形成腺体而成实性细胞团，称为_____。癌巢小而少，间质结缔组织增多，质地硬，称为_____。癌巢大而多，间质结缔组织较少，质软如脑髓，称为_____。

8. 移行上皮癌好发于_____、_____和_____。

（三）选择题

单项选择题

1. 以下哪项是诊断恶性肿瘤最可靠的依据
   A. 肿瘤边界清
   B. 体积较大
   C. 出现转移
   D. 出血坏死
   E. 肿瘤多发

2. 以下哪种是恶性肿瘤
   A. 软骨肉瘤
   B. 骨瘤
   C. 尖锐湿疣
   D. 神经纤维瘤
   E. 肺炎性假瘤

3. 以下哪种**不是**良性肿瘤的组织学特点
   A. 核仁明显
   B. 细胞核增多
   C. 细胞异型性小
   D. 病理性核分裂
   E. 黏液分泌增多

4. 癌前病变是指
   A. 炎性假瘤
   B. 早期癌
   C. 黏膜内癌
   D. 一定会发展成癌的病变
   E. 有可能癌变的良性病变

5. 确定胃肠早期癌的依据是
   A. 肿瘤体积小，直径＜4cm
   B. 肿瘤体积小，直径＜5cm
   C. 仅个别淋巴结发生转移
   D. 肿瘤穿透肌层但未穿透外膜
   E. 肿瘤局限于黏膜层或黏膜下层

6. 骨肉瘤的主要诊断依据，以下哪项是错的
   A. 易发生血行转移
   B. 发生于长骨干骺端
   C. 肿瘤细胞异型性明显
   D. 好发于老年人
   E. 出现肿瘤性成骨

7. 下列哪种是恶性肿瘤
   A. 纤维瘤
   B. 软骨瘤
   C. 血管瘤
   D. 精原细胞瘤
   E. 脂肪瘤

8. 如下哪种肿瘤常分泌激素
   A. 移行上皮癌
   B. 基底细胞癌
   C. 腺癌
   D. 绒毛膜上皮癌
   E. 鳞状细胞癌

9. 下列哪种形态，癌的可能性最大
   A. 灰白色
   B. 肿块大
   C. 质硬
   D. 乳头状
   E. 火山口状溃疡

10. 下列哪项**不是**肿瘤
    A. 淋巴瘤
    B. 血管瘤
    C. 脂肪瘤
    D. 畸胎瘤
    E. 动脉瘤

11. 以下哪项是原位癌的主要特征
    A. 是一种早期癌
    B. 发生于子宫颈黏膜上皮
    C. 发生于胃黏膜
    D. 癌变波及上皮全层，但基底膜完整
    E. 发生转移

12. 下列哪一项**不符合**毛细血管瘤的特征?
    A. 包膜形成

B. 多为先天性发生

C. 成年后停止发展,甚至可自行消退

D. 多位于皮肤

E. 儿童常见的良性肿瘤

13. 下列哪一项**不符合**硬癌的特征?

    A. 可弥漫性浸润,不形成明显肿块

    B. 癌巢小而少,间质纤维组织多

    C. 癌巢呈实体性,无腺腔形成

    D. 发生于柱状上皮或腺上皮

    E. 分化较好,转移较少

14. 在恶性肿瘤患者血液中见恶性肿瘤细胞,说明

    A. 有可能发生转移

    B. 即将发生转移

    C. 已是恶性肿瘤晚期

    D. 并发白血病

    E. 已发生血行转移

15. 下述哪种病毒与鼻咽癌关系密切?

    A. EB 病毒

    B. 单纯疱疹病毒

    C. 乙型肝炎病毒

    D. 人乳头瘤病毒

    E. 人 T 细胞淋巴瘤病毒

多项选择题

16. 发生在皮肤、黏膜的肿瘤多呈

    A. 菜花状

    B. 溃疡状

    C. 息肉状

    D. 结节状

    E. 乳头状

17. 良性肿瘤的一般特征为

    A. 分化程度高

    B. 不转移

    C. 膨胀性生长

    D. 浸润性生长

    E. 生长缓慢

18. 癌前期病变有

    A. 慢性胃溃疡

    B. 肝硬化

    C. 黏膜白斑

    D. 膀胱乳头状瘤

    E. 纤维囊性乳腺病

19. 恶性肿瘤的一般特征为

    A. 浸润性生长

    B. 分化程度低

    C. 转移

    D. 生长快

    E. 常见出血坏死

20. 下列哪些是恶性肿瘤

    A. 葡萄胎

    B. 黑色素瘤

    C. 精原细胞瘤

    D. 畸胎瘤

    E. 淋巴瘤

21. 肉瘤的特点是

    A. 来源于间叶组织

    B. 早期血行转移

    C. 鱼肉状

    D. 老年人多见

    E. 网状纤维在瘤细胞之间

22. 鳞状细胞癌可发生于

    A. 皮肤

    B. 食管

    C. 子宫颈

    D. 肺

    E. 膀胱

23. 肿瘤脱落细胞学检查常用于

    A. 脂肪瘤

    B. 食管癌

    C. 肺癌

    D. 胃癌

    E. 子宫颈癌

24. 下述因素哪些与癌有关

    A. 吸烟

    B. 华支睾吸虫

    C. 电离辐射

    D. 乙型肝炎病毒

    E. 免疫缺陷

25. 恶性肿瘤对机体的危害是

    A. 破坏组织

B. 出血、感染
C. 恶病质
D. 剧烈疼痛
E. 脏器功能障碍

26. 下列肿瘤哪些是间叶组织肿瘤
A. 脂肪瘤
B. 纤维瘤
C. 骨瘤
D. 乳头状瘤
E. 多形性腺瘤

27. 手术取得腹腔淋巴结，质硬，切面灰白。镜检：癌细胞呈柱状，排列呈腺管状，腺体大小不一，细胞核大染色深，见病理性核分裂。可能的原发部位是

A. 膀胱
B. 肝
C. 胃
D. 结肠
E. 直肠

28. 患者，男，60 岁，咳嗽、多痰 20 余年。近一年来咳嗽加剧，并有咯血症状，日见消瘦。有吸烟史 30 余年。疑肺癌。手术前常用哪些检查可确诊
A. CT 检查
B. 细胞培养
C. X 线检查
D. 脱落细胞学检查
E. 支气管镜活组织检查

（四）简答题

1. 简述恶性肿瘤的异型性。
2. 简述良性肿瘤、上皮组织、间叶组织恶性肿瘤的一般命名原则。
3. 常见肿瘤的扩散方式有哪些？
4. 何谓癌前病变？请举例 5 种癌前病变。
5. 比较良性、恶性肿瘤的区别。
6. 比较癌与肉瘤的区别。

参考答案

（一）名词解释

1. 肿瘤：机体在各种致瘤因素的长期作用下，局部组织细胞在基因水平上失去对其生长的正常调控，导致克隆性异常增生而形成的新生物。这种新生物常表现为肿块。

2. 异型性：肿瘤组织在细胞形态和组织结构上与其起源组织有不同程度的差异，这种差异称为异型性。

3. 癌症：起源于上皮组织的恶性肿瘤。但民间通常泛指所有的恶性肿瘤。

4. 肉瘤：来源于间叶组织的恶性肿瘤。

5. 癌前期病变：具有潜在癌变可能的良性病变。

6. 原位癌：癌变限于上皮层内未突破基底膜（未发生浸润）的癌。

7. 恶病质：恶性肿瘤晚期所出现的严重消瘦、无力、贫血和全身衰竭症状。

8. 副肿瘤综合征：非内分泌腺发生的恶性肿瘤产生"异位激素"或激素类物质引起的内分泌症状或异常。

9. 上皮内瘤变：即由非典型增生发展为原位癌的过程。

（二）填空题

1. 细胞形态、组织结构、分化

2. 高分化、中分化、低分化
3. 膨胀性生长、侵袭性生长、外生性生长
4. 淋巴道转移、血行转移、种植性转移、肉瘤、癌
5. 肝、肺
6. 黏液、印戒、印戒细胞
7. 实性癌、硬癌、髓样癌
8. 膀胱、肾盂、输尿管

(三) 选择题

单项选择题

1. C

解析：良性肿瘤不转移。

2. A

解析：肉瘤是由间叶组织来源的恶性肿瘤。

3. D

解析：良性肿瘤无病理性核分裂。

4. E

解析：癌前病变是指具有癌变潜在可能性的良性病变。

5. E

解析：胃肠早期癌是指黏膜内癌或黏膜下癌，无转移。

6. D

解析：骨肉瘤好发于青少年。

7. D

解析：精原细胞瘤是由生殖细胞来源的恶性肿瘤。

8. D

解析：绒毛膜上皮癌可分泌 HCG。

9. E

解析：良性溃疡边缘较整齐。

10. E

解析：动脉瘤是血管壁向外膨出形成的，不是真正的肿瘤。

11. D

解析：原位癌是指局限于黏膜上皮层内，未突破基底膜，无转移的早期癌。

12. A

解析：血管瘤浸润性生长，无包膜。

13. A

解析：硬癌多为质硬的肿块。

14. A

解析：确定转移一定要找到转移灶。

15. A

解析：目前已经证实。

多项选择题

16. ABCE

解析：发生于深部组织和器官的良性肿瘤常呈结节状。

17. ABCE

解析：浸润性生长是恶性肿瘤的主要生长方式。

18. ABCDE

解析：慢性胃溃疡与胃癌；肝硬化与肝癌；黏膜白斑与鳞癌；膀胱乳头状瘤与移行细胞癌；纤维囊性乳腺病与乳腺癌。

19. ABCDE

解析：恶性肿瘤无包膜，边界不清。

20. BCE

解析：黑色素瘤又称恶性黑色素瘤，是一种能产生黑色素的高度恶性肿瘤；精原细胞瘤是来源于睾丸生殖细胞的恶性肿瘤；淋巴瘤又称恶性淋巴瘤，是来源于淋巴结或淋巴结外组织或器官的恶性肿瘤。

21. ABCE

解析：肉瘤多见于青少年。

22. ABCDE

解析：鳞癌常发生于有鳞状上皮覆盖的部位，如皮肤、口腔、唇、子宫颈、阴道、食管、喉、阴茎等处，也可以发生在有鳞状上皮化生的其他非鳞状上皮覆盖的部位，如支气管、胆囊、膀胱、肾盂。

23. BCDE

解析：脱落细胞学是采集病变部位的细胞，或抽取体腔积液经过离心后制成细胞学涂片，通过显微镜观察，了解病变性质，常用于体表或体腔与外界相通的器官的肿瘤。脂肪瘤位于皮下，与外界不相通。

24. ABCDE

解析：吸烟可致肺癌。华支睾吸虫感染刺激胆管上皮细胞增生，可导致胆管细胞癌。电离辐射主要包括 X 线、γ 射线和放射性粒子辐射，通过损伤细胞染色体，激活原癌基因和灭活肿瘤抑制基因而导致肿瘤的发生，长期接触 X 线可致皮肤癌。乙型肝炎病毒与肝癌的发生密切相关。免疫缺陷（如艾滋病）或使用免疫抑制剂，癌症患病率明显升高。

25. ABCDE

解析：恶性肿瘤对机体的影响除压迫、阻塞症状外，还可以引起更严重的后果：①继发性改变：恶性肿瘤可继发出血、坏死、穿孔、感染及病理性骨折；②疼痛；③恶病质；④副肿瘤综合征。

26. ABC

解析：脂肪瘤、纤维瘤、骨瘤是由间叶组织（脂肪组织、纤维组织、骨组织）来源的良性肿瘤。乳头状瘤是由上皮组织来源的良性肿瘤。多形性腺瘤由腺上皮、肌上皮、鳞状上皮、黏液样及软骨样组织等多种成分混合组成。

27. CDE

解析：盆腔淋巴结内癌细胞呈柱状，排列呈腺管状，腺体大小不一，细胞核大染色深，见病理性核分裂，考虑为淋巴结转移性管状腺癌，好发于胃肠道，可能来源于胃、结肠、直肠。膀胱癌多为移行细胞癌；肝癌多为肝细胞癌或胆管上皮细胞癌。

28. DE

解析：脱落细胞学检查（痰细胞学检查）找到癌细胞、支气管镜活组织检查看到癌细胞均可触诊。

（四）简答题

1. 简述恶性肿瘤的异型性。

恶性肿瘤的异型性明显，组织结构极度紊乱，与起源组织相差甚远。表现为：

（1）细胞的多形性：细胞大小、形态不一致。

（2）细胞核的多形性：核大，可出现双核、多核，核分裂象增多，并出现病理性核分裂象。

（3）胞浆多呈嗜碱性。

2. 简述良性肿瘤、上皮组织、间叶组织恶性肿瘤的一般命名原则。

良性肿瘤的命名：一般在起源组织名称之后加"瘤"字。即为肿瘤名称，如脂肪瘤。少数结合形态命名，如乳头状瘤。

恶性肿瘤的命名：（1）起源于上皮组织的恶性肿瘤，起源组织后加"癌"，如腺癌。

（2）起源于间叶组织的恶性肿瘤，起源组织后加"肉瘤"，如纤维肉瘤。

3. 恶性肿瘤的扩散方式有哪些。

（1）直接蔓延。（2）转移，包括：淋巴道转移、血行转移、种植性转移。

4. 何谓癌前病变？请举例5种癌前病变。

某些有潜在癌变可能的良性病变，长久不愈即可能转变为癌。（1）黏膜白斑；（2）肝硬化；（3）结肠腺瘤性息肉病；（4）慢性子宫颈炎；（5）慢性萎缩性胃炎和胃溃疡。

5. 比较良性、恶性肿瘤的区别。

	良性肿瘤	恶性肿瘤
组织分化程度	分化好，异型性小，与起源组织的形态相似	分化低，异型性大，与起源组织的形态差别大
核分裂象	无或稀少，无病理性核分裂象	多见，并可见病理性核分裂象
生长速度	缓慢	迅速

续表

	良性肿瘤	恶性肿瘤
继发变化	较少见	常发生坏死、出血、溃疡、感染等
生长方式	膨胀性或外生性生长	浸润性或外生性生长
转移	不转移	常有转移
复发	手术后很少复发	手术等治疗后易复发
对机体影响	较小，主要为局部压迫或阻塞	除压迫、阻塞外，还可破坏原发处引起坏死、出血、感染、恶病质

6. 比较癌与肉瘤的区别。

	癌	肉瘤
组织起源	上皮组织	间叶组织
发病率及年龄	较高，多为40岁以上	较低，多见于青少年
组织学特点	癌细胞形成癌巢	肉瘤细胞弥散分布
网状纤维	癌细胞间无网状纤维	瘤细胞间有网状纤维
免疫组化	上皮细胞性标记物阳性	上皮细胞性标记物阴性
大体特点	质硬、灰白、干燥	质软、灰红、湿润、鱼肉状
转移	淋巴道转移为主	血行转移为主

（李慧平　杨桂玲）

第五章 心血管系统疾病

一、重点与难点解析

（一）动脉粥样硬化

是一种与血脂异常及血管壁成分改变有关的动脉疾病。病变特征是血中脂质沉积在动脉内膜中，引起内膜灶性纤维性增厚及粥样斑块形成，并使动脉壁变硬，管腔狭窄。目前被视为危险因素的有血脂异常、高血压、吸烟、糖尿病和高胰岛素血症等。动脉粥样硬化主要发生于大、中动脉。

（二）冠状动脉粥样硬化及冠状动脉硬化性心脏病

冠状动脉粥样硬化以左冠状动脉前降支发生率最高。冠心病是冠状动脉供血不足和心脏耗氧剧增，而冠状动脉供血不能相应增加。心绞痛是冠状动脉供血不足和（或）心肌耗氧量骤增致使心肌急剧性暂时性缺血、缺氧引起的临床综合征。心肌梗死可分为心内膜下和透壁性梗死。心肌梗死尤其是透壁性梗死可合并乳头肌功能失调、室壁瘤、附壁血栓形成、急性浆液性纤维素性心包炎和心源性休克。

（三）原发性高血压

是一种原因不明，以体循环动脉压升高为主要表现的独立性全身性疾病。其基本病变为全身细动脉硬化。高血压分为原发性和继发性两种，原发性高血压又可分为良性（缓进型）和恶性（急进型）。良性高血压的病因目前认为与遗传因素、饮食因素、职业因素和社会心理应激等因素有关。良性高血压可分为三期：①功能紊乱期：基本病变为全身细动脉痉挛，无器质性病变；②动脉系统病变期：表现为全身细小动脉硬化；③内脏病变期：表现为心脏向心性肥大、颗粒性固缩肾和脑出血等改变。

（四）风湿病

是一种与A组乙型溶血性链球菌感染有关的超敏反应性炎症性疾病。主要侵犯全身结缔组织，最常累及心脏和关节，以形成风湿小体为其病理特征。风湿病的病理变化按其发展可分为三期：①变质渗出期：结缔组织发生黏液样变性和纤维蛋白样坏死；②增生期：形成特征性风湿细胞和主要由风湿细胞构成的风湿小体，具有诊断意义；③纤维化期：风湿小体纤维化最终成为梭形小瘢痕。

风湿性心脏病包括风湿性心内膜炎、风湿性心肌炎和风湿性心外膜炎。风湿性心内膜炎病变主要侵犯二尖瓣，其次为二尖瓣和主动脉瓣联合受累。风湿性心肌炎常表现为心肌间质内小血管附近出现风湿小体，该小体多见于室间隔和左室后壁上部；风湿性心包炎突出的特征是纤维素和浆液渗出，如渗出的纤维素不能完全被吸收，可形成"绒毛心"，进一步可发展成缩窄性心包炎。

（五）感染性心内膜炎

是由细菌感染引起的心内膜炎。可分为急性和亚急性两种。急性是由致病力强的化脓菌引起的，其中大多为金黄色葡萄球菌。多发生在原无病变的心瓣膜，主要累及二尖瓣或主动脉瓣，在瓣膜表面形成巨大疣赘物。亚急性最常由致病力弱的草绿色链球菌引起，常侵犯有病变的心瓣膜。

(六) 心瓣膜病

是指心瓣膜因先天性发育异常或后天性疾病造成的器质性病变,表现为瓣膜口狭窄或关闭不全,可单独存在,亦可合并存在。要掌握其血流动力学和心脏变化。

二、习题

(一) 名词解释

1. 动脉粥样硬化 2. 动脉瘤 3. 冠心病 4. 心绞痛 5. 原发性高血压 6. 高血压脑病 7. 风湿病 8. 风湿小体 9. 心瓣膜病

(二) 填空题

1. 与动脉粥样硬化发病有关的因素有_____、_____、_____、_____、_____等。

2. 动脉粥样硬化主要累及_____、_____。病变部位在_____。

3. 动脉粥样硬化基本病变可分为脂纹、_____、_____及_____。

4. 动脉粥样硬化复合性病变有_____、_____、_____、_____、_____。

5. 冠状动脉粥样硬化最常累及的动脉是_____。

6. 心肌梗死病理上属于_____梗死,其梗死形态为_____,一般_____小时后肉眼才能辩认。

7. 良性高血压病,病理改变按病变发展过程大致可分为_____、_____、_____。

8. 脑出血是高血压病最严重的并发症,常发生于_____、_____。

9. 风湿病基本病变是_____,病变特点分三期,分别为_____、_____、_____。

10. 诊断风湿病的特征性病变为_____。

11. 心瓣膜病主要表现为_____和_____。

(三) 选择题

单项选择题

1. 动脉粥样硬化主要发生在
   A. 细、小动脉
   B. 大、中动脉
   C. 细、小静脉
   D. 大、中静脉
   E. 毛细血管

2. 对动脉粥样硬化的描述,下列哪一项是**错误**的
   A. 动脉粥样硬化主要累及大、中动脉
   B. 吸烟是动脉粥样硬化的危险因素之一
   C. 动脉粥样硬化多见于中、老年人
   D. 女性在绝经前动脉粥样硬化的发病率高于同年龄组男性
   E. 动脉粥样硬化病变处易合并血栓形成

3. 对动脉粥样硬化的粥样斑块描述**错误**的是
   A. 有胆固醇结晶
   B. 有钙盐沉积
   C. 有坏死物
   D. 有肉芽组织
   E. 该处中膜平滑肌细胞肥大增生

4. 在下列描述中,哪一项**不符合**高血压的病理变化
   A. 细小动脉硬化
   B. 左心室肥大

C. 肾大瘢痕性萎缩
D. 脑出血
E. 视乳头水肿、出血

5. 下列哪种细胞最早迁入内膜，形成动脉粥样硬化的早期病变？
   A. 平滑肌细胞
   B. 淋巴细胞
   C. 嗜中性粒细胞
   D. 嗜碱性粒细胞
   E. 单核细胞

6. 动脉粥样硬化脂纹病变中主要的细胞成分是
   A. 单核细胞
   B. T淋巴细胞
   C. 泡沫细胞
   D. 平滑肌细胞
   E. 中性粒细胞

7. 下列哪项**不属于**动脉粥样硬化复合病变
   A. 动脉壁纤维化
   B. 斑块内出血
   C. 钙化
   D. 斑块破裂
   E. 动脉瘤形成

8. 下列哪项因素与动脉粥样硬化发生关系最为密切
   A. 吸烟
   B. 高脂血症
   C. 高血压
   D. 肥胖
   E. 遗传因素

9. 具有抗动脉粥样硬化作用的脂类是
   A. 三酰甘油（甘油三酯）
   B. 胆固醇
   C. HDL
   D. LDL
   E. VLDL

10. 高血压病最常累及的血管是
    A. 全身小静脉
    B. 全身细小动脉

C. 全身中、小动脉
D. 大动脉
E. 中动脉

11. 下述有关高血压脑病的描述中，哪项是**不正确**的
    A. 脑内可有小软化灶形成
    B. 脑内可有微小动脉瘤形成
    C. 脑出血是常见的致死原因
    D. 基底节、内囊是出血的常见部位
    E. 脑动脉栓塞多见

12. 高血压病时，细动脉硬化的病理改变是
    A. 动脉壁纤维化
    B. 动脉壁水肿
    C. 动脉壁玻璃样变性
    D. 动脉壁纤维素样坏死
    E. 动脉壁脂质沉着

13. 高血压脑出血最易发生的部位是
    A. 大脑白质
    B. 小脑
    C. 丘脑区域
    D. 桥脑
    E. 内囊及基底节区域

14. 高血压性心脏病代偿期的主要特征是
    A. 左心室向心性肥大
    B. 左心室扩张
    C. 左心房扩张
    D. 弥漫性心肌纤维化
    E. 右心室肥大

15. 冠状动脉粥样硬化的好发部位是
    A. 左旋支
    B. 左前降支
    C. 右冠状动脉后降支
    D. 右冠状动脉
    E. 左冠状动脉主干

16. 心肌梗死最常见部位是
    A. 室间隔后1/3
    B. 左心室前壁
    C. 右心房
    D. 左心房

E. 二尖瓣

17. 引起脑萎缩的最常见原因是
   A. 脑水肿
   B. 脑外伤
   C. 脑动脉粥样硬化
   D. 脑脓肿
   E. 脑结核

18. 高血压病脑出血破裂的血管多为
   A. 大脑中动脉
   B. 大脑基底动脉
   C. 豆纹动脉
   D. 内囊动脉
   E. 大脑前动脉

19. 风湿病最具诊断意义的病变是
   A. 心肌局灶性变性、坏死
   B. 心内膜纤维组织增生
   C. 胶原纤维的纤维素样变性
   D. Aschoff 小体形成
   E. 心外膜纤维素渗出

20. 光镜下见病灶中央为纤维素样坏死，周围有增生的 Aschoff 细胞，该病灶应称为
   A. 结核结节
   B. 假结核结节
   C. 伤寒小结
   D. 风湿小体
   E. 小胶质细胞结节

21. 下列有关风湿病的描述，哪项是**错误**的
   A. 属于超敏反应性疾病
   B. 与溶血性链球菌感染有关
   C. 心脏病变的后果最为严重
   D. 可累及全身结缔组织
   E. 风湿性关节炎常导致关节畸形

22. 风湿性心肌炎病变主要累及
   A. 心肌细胞
   B. 心肌间质结缔组织
   C. 心肌间质的小血管
   D. 心肌间质神经组织
   E. 心肌间质的嗜银纤维

23. 风湿性心内膜炎常累及的心瓣膜是
   A. 三尖瓣
   B. 二尖瓣
   C. 肺动脉瓣
   D. 主动脉瓣
   E. 二尖瓣和肺动脉瓣

24. 急性感染性心内膜炎的最常见的病原体是
   A. 金黄色葡萄球菌
   B. 白假丝酵母菌（白色念珠菌）
   C. 肠球菌
   D. 溶血性链球菌
   E. 草绿色链球菌

25. 亚急性细菌性心内膜炎的赘生物脱落后最易引起栓塞的部位是
   A. 皮肤
   B. 心脏
   C. 肾
   D. 脾
   E. 脑

26. 二尖瓣狭窄早期血液动力学改变
   A. 左房大、左室大
   B. 右房大、右室大
   C. 左房小、左室小
   D. 左房大、左室小
   E. 左房小、左室大

多项选择题

27. 动脉粥样硬化的病变有
   A. 脂斑、脂纹
   B. 纤维帽
   C. 泡沫细胞形成
   D. 内皮细胞明显增生
   E. 粥瘤形成

28. 动脉粥样硬化的复合病变有
   A. 斑块内出血
   B. 斑块破裂
   C. 血栓形成
   D. 钙化
   E. 动脉瘤形成

29. 动脉粥样硬化可发生于

A. 大动脉
B. 中动脉
C. 小动脉
D. 细动脉
E. 毛细血管

30. 主动脉粥样硬化好发的部位是
A. 腹主动脉
B. 升主动脉
C. 动脉后壁
D. 动脉分支开口处
E. 动脉前壁

31. 脑动脉粥样硬化发生的部位是
A. 大脑中动脉
B. 脑底动脉环
C. 豆纹动脉
D. 基底动脉
E. 脑细小动脉

32. 高血压与下列哪些因素有关
A. 血脂增高
B. 遗传因素
C. 低钠饮食
D. 社会心理应激
E. 环境因素

33. 良性高血压脑出血的原因是
A. 微小动脉瘤破裂出血
B. 大脑中动脉破裂出血
C. 脑底动脉环动脉瘤破裂出血
D. 豆纹动脉直角分支破裂出血
E. 酸性代谢产物堆积，红细胞漏出性出血

34. 能导致高血压的饮食因素有
A. 高钠
B. 高钾
C. 高钙
D. 低钾
E. 低钙

35. 良性高血压的病理变化有
A. 颗粒性固缩肾
B. 细动脉纤维素样变性
C. 细动脉玻璃样变性
D. 肾肌型小动脉增生性内膜炎
E. 心脏向心性肥大

36. 高血压脑病的病变可表现为
A. 脑萎缩
B. 脑出血
C. 脑积水
D. 脑水肿
E. 脑软化

37. 冠心病心肌梗死的原因和诱发因素有
A. 冠状动脉阻塞
B. 过度劳累
C. 冠状动脉痉挛
D. 冠状动脉扩张
E. 冠状动脉血栓形成

38. Aschoff 小体的成分有
A. 结缔组织黏液样变性
B. 胶原纤维纤维素样坏死
C. 较多枭眼细胞
D. 渗出的淋巴细胞、单核细胞
E. 纤维组织增生

39. 二尖瓣狭窄时可出现的病理改变有
A. 左心室大小接近正常或心肌略萎缩
B. 二尖瓣膜增厚，腱索增粗
C. 肺淤血
D. 左心房增大
E. 左心房容积变小

40. 关于心脏瓣膜病的改变可有
A. 心瓣膜狭窄或关闭不全
B. 狭窄和闭锁不全常同时存在
C. 二尖瓣最常受累，其次是主动脉瓣
D. 两个以上的瓣膜不会同时受累
E. 心室改变明显，心房变化不明显

（四）简答题

1. 简述动脉粥样硬化的基本病变、发生发展过程及继发性病变及其后果。
2. 简述缓进型高血压的分期及各期的病变特点。
3. 简述风湿病基本病变的分期及特点。

4. 简述二尖瓣狭窄时血流动力学及心脏改变。

参考答案

（一）名词解释

1. 动脉粥样硬化：是一种与血脂异常及血管壁成分改变有关的动脉疾病。
2. 动脉瘤：严重的粥样斑块可引起中膜平滑肌发生不同程度的萎缩和弹性下降，在血管内压力的作用下，动脉壁局限性扩张，形成动脉瘤。
3. 冠心病：是指由于冠状动脉粥样硬化，导致心肌缺血、缺氧而引起的心脏病，故又称缺血性心脏病。
4. 心绞痛：是由于心肌急性暂时性缺血、缺氧所引起的一种临床综合征。
5. 原发性高血压：是以体循环动脉血压持续升高，收缩压≥140mmHg（18.4kPa）和（或）舒张压≥90mmHg（12.0kPa）为主要临床表现的独立性全身性疾病。
6. 高血压脑病：由于高血压脑血管病变或血管痉挛，血压急剧升高、脑水肿加重，出现中枢神经系统功能障碍为主要表现的疾病。
7. 风湿病：是一种与A组乙型溶血性链球菌感染有关的超敏反应性疾病。
8. 风湿小体：又称风湿性肉芽肿，其中央为纤维素样坏死灶，周围聚集数量不等的Aschoff细胞，外围有少量成纤维细胞、淋巴细胞和单核细胞。是风湿病的特征性病变，具有诊断意义。
9. 心瓣膜病：是指心瓣膜受到各种致病因素损伤后或先天性发育异常造成的器质性病变，表现为瓣膜口狭窄和（或）关闭不全，最后常导致心功能不全，引起全身血液循环障碍。

（二）填空题

1. 高脂血症、高血压、吸烟、糖尿病、遗传因素
2. 弹力型动脉（大动脉）、弹力肌型动脉（中动脉）、血管弯曲的凸面
3. 纤维斑块期、粥样硬化期、复合性病变
4. 斑块内出血、斑块破裂、血栓形成、钙化、动脉瘤形成
5. 左冠状动脉前降支
6. 贫血性、不规则、6
7. 功能紊乱期、动脉系统病变期、内脏病变期
8. 基底核、内囊
9. 肉芽肿性炎、变质渗出期、增生期/肉芽肿期、瘢痕期/愈合期
10. 风湿小体
11. 瓣膜狭窄、关闭不全

（三）选择题

单项选择题

1. B

解析：动脉粥样硬化主要累及大、中型动脉（即弹力型动脉和弹力肌型动脉）。

2. D

解析：女性在绝经前动脉粥样硬化的发病率低于同年龄组男性。

3. E

解析：中膜平滑肌细胞受压萎缩、变薄。

4. C

解析：肾的大瘢痕性萎缩常见于动脉粥样硬化引起的肾改变。细动脉玻璃样变性、左心室肥大、肾颗粒性萎缩、脑出血、视乳头水肿和出血都是高血压的常见病变。

5. E

解析：LDL（低密度脂蛋白）透过内皮细胞深入内皮细胞间隙，单核细胞迁入内膜，此即最早期。

6. C

解析：动脉粥样硬化脂纹病变镜下观，病灶处内膜下有大量泡沫细胞聚集。

7. A

解析：略

8. B

解析：略

9. C

解析：低密度脂蛋白（LDL）含胆固醇最多，高密度脂蛋白（HDL）具有清除胆固醇、抗动脉粥样硬化的作用。

10. B

解析：原发性高血压，多见于中老年人，是以全身细小动脉硬化为病变特征的全身性疾病。

11. E

解析：高血压脑病脑出血属于高血压病常见的致死原因，一般发生于基底节、内囊处，脑内小软化灶、微小动脉瘤形成是脑出血的基本病变，但脑动脉栓塞少见。

12. C

解析：高血压病时，细动脉玻璃样变为主要的病变特征。

13. E

解析：脑出血是高血压病最严重的并发症。出血主要发生在大脑基底节和内囊，常见的出血血管是豆纹动脉。

14. A

解析：高血压性心脏病代偿期是由于血压长期升高，外周阻力增大，左心室逐渐发生代偿性肥大。

15. B

解析：略

16. B

解析：略

17. C

解析：脑动脉粥样硬化使脑组织长期供血不足而逐渐发生萎缩，严重者可有智力减退，甚至痴呆。

18. C

解析：略

19. D

解析：略

20. D

解析：风湿小体是由纤维素样坏死，成团的风湿细胞及伴随的淋巴细胞、单核细胞等共同构成的特征性肉芽肿。

21. E

解析：风湿性关节炎多数痊愈，一般不留后遗症，预后良好。

22. B

解析：风湿性心肌炎病变主要累及心肌间质小血管周围的结缔组织。

23. B

解析：风湿性心内膜炎病变主要侵犯心瓣膜，以二尖瓣最多见，其次为二尖瓣和主动脉瓣同时受累，三尖瓣和肺动脉瓣一般不被累及。

24. A

解析：略

25. E

解析：亚急性细菌性心内膜炎的赘生物脱落后，进入血流引起器官的栓塞。动脉性栓塞最多见于脑动脉，其次是肾动脉、脾动脉和心脏。

26. D

解析：二尖瓣狭窄时，舒张期血液从左心房流入左心室受阻，以致舒张末期仍有部分血液滞留于左心房内，加上来自肺静脉的血液，使左心房的血容量比正常增多，导致左心房扩张。

多项选择题

27. ABCE

解析：脂纹是动脉粥样硬化的早期病变，病灶处内膜下有大量泡沫细胞聚集；纤维斑块期表面是一层纤维帽，粥样斑块亦称粥瘤及继发性改变。

28. ABCDE

解析：动脉粥样硬化的复合病变有斑块内出血、血栓形成、斑块破裂、钙化和动脉瘤形成。

29. AB

解析：略

30. ACD

解析：主动脉粥样硬化病变好发于主动脉的后壁及其分支开口处，以腹主动脉病变最为严重。

31. ABD

解析：脑动脉粥样硬化的病变部位在脑底动脉环及其分支，尤以大脑中动脉及基底动脉为重。

32. BDE

解析：高血压的危险因素有遗传因素、社会—心理因素、高钠饮食、肥胖、吸烟、饮酒、年龄增长等。

33. ADE

解析：当脑内小动脉痉挛时，局部组织缺血，酸性代谢产物积聚，由于局部组织中毒及缺氧，细小动脉的通透性增加，同时管内血液压力增加，而引起漏出性出血，或细、小动脉管壁破裂出血。高血压患者脑内小动脉、细动脉管壁变性、变脆，局部膨出分别形成小动脉瘤和微小动脉瘤。由于血压不断升高，小动脉瘤可发生破裂出血。大脑出血多发生在基底节区域，供养该区的豆纹动脉从大脑中动脉呈直角分出，受的压力较大，易于破裂。

34. ADE

解析：高血压病要忌的饮食因素有控制食盐量；戒烟限酒；忌"三高"食物即高脂肪、高蛋白质、高热量等，而高钙和高钾饮食可降低高血压的发病率。

35. ACE

解析：良性高血压的病理变化以细动脉玻璃样变为主要的病变特征；心脏病变主要表现为左心室肥大，为向心性肥大。失代偿期时心肌收缩力降低，心腔扩张，称为离心性肥大；肾的病变表现为原发性颗粒性固缩肾；高血压时，由于脑内细动脉的痉挛和病变，患者可出现不同程度的高血压脑病等。

36. BDE

解析：高血压病时，由于脑细、小动脉痉挛和硬化，常引起脑水肿、脑软化和脑出血等病变。

37. ABCE

解析：心肌梗死90%以上是在冠状动脉粥样硬化病变基础上形成血栓而引起的，较少见于冠状动脉痉挛。心肌梗死的发生常有一些诱因，包括过劳、情绪激动、大出血、休克、脱水、外科手术或严重心律失常等。

38. ABCD

解析：略

39. ABCD

解析：二尖瓣狭窄时，舒张期血液从左心房流入左心室受阻，以致舒张末期仍有部分血液滞留于左心房内，导致左心房扩张；当左心房代偿失调，造成左心房淤血，使肺静脉回流受阻，导致肺淤血。腱索、乳头肌亦有增厚、粘连、缩短等病变。左心室无变化或轻度缩小。

40. ABC

解析：心瓣膜病表现为瓣膜口狭窄和（或）关闭不全，最多见于二尖瓣，其次是主动脉瓣；病变可累及一个瓣膜，也可两个瓣膜同时或先后受累，称为联合瓣膜病。

(四) 简答题

1. 简述动脉粥样硬化的基本病变、发生发展过程及继发性病变及其后果。

答：基本病变：主要累及大、中型动脉（即弹力型动脉和弹力肌型动脉），其病变特点是血脂沉积于动脉内膜下形成粥样斑块，导致动脉壁增厚、变硬，管腔狭窄。

病变发生、发展经历四个阶段：

(1) 脂纹期：脂纹是一种可逆性病变，及时消除病因，脂纹就可能不进一步发展；

(2) 纤维斑块期：纤维斑块呈瓷白色，如蜡滴状；

(3) 粥样斑块期：粥样斑块是动脉粥样硬化的典型病变，呈灰黄色；

(4) 继发病变期。

继发病变包括：

(1) 斑块内出血：导致急性供血中断，相应器官出现缺血性病变；
(2) 斑块破裂：可遗留溃疡而导致血栓形成；
(3) 血栓形成：血栓脱落形成栓塞，导致相应器官出现缺血性病变；
(4) 钙化：加重血管硬化，使其易于破裂；
(5) 动脉瘤形成：破裂可导致大出血。

2. 简述缓进型高血压的分期及各期的病变特点。

答：缓进型高血压分为三期：

(1) 功能紊乱期：基本病变为全身细小动脉间歇性痉挛，无动脉器质性病变；
(2) 动脉病变期：主要的病变特征是细动脉硬化，其表现为细动脉玻璃样变。另外大、小动脉均有病变；
(3) 内脏病变期：心脏、肾、脑和视网膜是主要受累器官。心脏病变主要表现为左心室肥大。肾病变表现为原发性颗粒性固缩肾和细动脉性肾硬化。脑病变表现为脑水肿、脑出血、高血压脑病和脑软化等。视网膜病变表为视网膜渗出和出血、视乳头水肿等。

3. 简述风湿病基本病变的分期及特点。

答：典型病变分为三期：

(1) 变质渗出期：即结缔组织黏液样变性和纤维蛋白性坏死；
(2) 增生期（肉芽肿期）：即由纤维蛋白样坏死物、Aschoff 细胞、成纤维细胞、淋巴细胞及单核细胞构成的 Aschoff 小体；
(3) 纤维化期（愈合期）。

4. 简述二尖瓣狭窄时血流动力学改变、心脏改变及临床表现。

答：血液动力学改变、心脏的变化及临床表现：

(1) 早期在心脏舒张期左心房血液流入左心室受阻，左心房代偿性扩张肥大，使血液在加压情况下迅速通过狭窄瓣口，并引起漩涡和震动，产生心尖区舒张期隆隆样杂音。
(2) 当左心房失代偿后，左心房的血液不能完全排入左心室，造成左心房淤血，肺静脉回流受阻，引起肺淤血、肺水肿或漏出性出血。临床上可出现呼吸困难、发绀、咳嗽和咳带血的泡沫痰等左心房衰竭的表现。
(3) 由于持久的肺循环压力增高，造成肺动脉高压，增加了右心室的负荷，导致右心室代偿性肥大。当失代偿后，右心室扩张，最终引起右心房及体循环静脉淤血，临床上出现颈静脉怒张、肝淤血肿大、下肢水肿、浆膜腔积液等右心衰竭的表现。
(4) 当狭窄严重时，左心室可相对缩小或轻度缩小，X 线显示为梨形心。

（卢化爱）

第六章 呼吸系统疾病

一、重点与难点解析

(一)慢性支气管炎、肺气肿、慢性肺源性心脏病、肺肉质变、小叶性肺炎的概念

1. **慢性支气管炎** 是指因反复感染,长期的物理、化学性刺激,引起的气管、支气管黏膜及其周围组织的慢性非特异性炎症。临床上以咳嗽、咳痰或伴有喘息等反复发作为主要症状,每年持续3个月,连续2年以上。

2. **肺气肿** 是末梢肺组织(呼吸性细支气管、肺泡管、肺泡囊和肺泡)因含气量过多伴肺泡间隔破坏,肺组织弹性减弱,导致肺体积膨大、功能降低。

3. **慢性肺源性心脏病** 简称肺心病,是因慢性肺疾病、肺血管及胸廓的病变引起肺循环阻力增加,肺动脉压升高而导致以右心室壁肥厚、心腔扩大甚或发生右心衰竭的心脏病。

4. **肺肉质变** 亦称机化性肺炎。由于肺内炎性病灶中中性粒细胞渗出过少,释放的蛋白酶量不足以溶解渗出物中的纤维素,大量未能被溶解吸收的纤维素即被肉芽组织取代而机化。病变肺组织呈褐色肉样外观,故称肺肉质变。

5. **小叶性肺炎** 是以肺小叶为病变的急性化脓性炎症。病变常以细支气管为中心,故又称支气管肺炎。主要发生于小儿、体弱老人及久病卧床者。

(二)慢性支气管炎、肺气肿、肺炎的病变特点

1. 慢性支气管炎

(1)黏膜上皮病变:纤毛粘连、倒伏、脱失。上皮细胞变性、坏死脱落,杯状细胞增多,并可发生鳞状上皮化生。

(2)黏液腺肥大、增生,分泌亢进,浆液腺发生黏液化。

(3)管壁充血,淋巴细胞、浆细胞浸润。

(4)管壁平滑肌束断裂、萎缩,软骨变性、萎缩,钙化或骨化。

2. **肺气肿** 病变肺组织体积显著膨大,色灰白,边缘钝圆,柔软而缺乏弹性,指压后压痕不易消退。切面因肺气肿类型不同,所见囊腔的大小、分布的部位及范围均有所不同。镜下见肺泡扩张,肺泡间隔变窄并断裂,相邻肺泡融合成较大的囊腔。肺泡间隔内毛细血管床数量减少,间质内肺小动脉内膜纤维性增厚。肺泡中央型肺气肿的气囊壁上常可见柱状或低柱状的呼吸上皮及平滑肌束的残迹。全肺泡型肺气肿的囊泡壁上偶见残存的平滑肌束片段,而较大的囊泡腔内有时还可见间质和肺小动脉构成的悬梁。后期由于肺泡间隔毛细血管床受压迫及数量减少,使肺循环阻力增加,肺动脉压升高,最终导致慢性肺源性心脏病。

3. **大叶性肺炎** 病变分四期:

(1)充血水肿期:肺泡腔内有大量浆液性渗出物,混有少数红细胞、中性粒细胞和巨噬细胞,并含有大量细菌。

(2)红色肝样变期:肺泡腔内有大量红细胞、纤维素、少量中性粒细胞、巨噬细胞。病变肺叶暗红色,质实如肝。此期患者可有铁锈色痰、纤维素性胸膜炎。

(3)灰色肝样变期:肺泡腔内充满纤维素、中性粒细胞、巨噬细胞的量增多,病变肺叶

质实如肝，明显肿胀，重量增加，呈灰白色。

(4) 溶解消散期。

4. 小叶性肺炎　病灶散布于两肺各叶，尤以背侧和下叶较多。病灶大小不一，形态不规则，灰黄、质实。严重者，病灶互相融合，形成融合性支气管肺炎。镜下观：病灶中支气管、细支气及其周围的肺泡腔内充满脓性渗出物。

5. 间质性肺炎　病变肺组织呈暗灰色，无明显实变。镜下观：肺泡间隔明显增宽，可见充血、水肿，炎性细胞浸润。肺泡内无明显渗出。

二、习题

(一) 名词解释

1. 肺肉质变　2. 肺心病　3. 燕麦细胞癌　4. 红色肝样变期　5. 中央型肺癌　6. 肺气肿　7. 肺透明膜　8. 小叶性肺炎　9. 病毒包涵体

(二) 填空题

1. 大叶性肺炎病变分为＿＿＿＿、＿＿＿＿、＿＿＿＿、＿＿＿＿四期。
2. 肺癌的肉眼类型有＿＿＿＿、＿＿＿＿、＿＿＿＿。
3. 肺心病的原因有＿＿＿＿、＿＿＿＿、＿＿＿＿。
4. 根据病理学变化，大叶性肺炎为＿＿＿＿炎症，小叶性肺炎为＿＿＿＿炎症。
5. 肺癌的主要组织学类型有＿＿＿＿、＿＿＿＿、＿＿＿＿。
6. 鼻咽癌最常见的组织学类型是＿＿＿＿。
7. 小叶性肺炎的主要病变特征是以＿＿＿＿炎症。

(三) 选择题

单项选择题

1. 慢性支气管炎病人咳痰多的病变基础是
   A. 支气管黏膜上皮变性、坏死脱落
   B. 支气管黏膜上皮鳞状化生
   C. 支气管黏膜充血水肿
   D. 支气管壁黏液腺增生、肥大，浆液腺黏液化生
   E. 管壁各层大量炎细胞浸润

2. 肺气肿时肺泡间隔的病变主要是
   A. 肺泡间隔破坏
   B. 纤维化
   C. 炎细胞浸润
   D. 肺泡间隔增宽
   E. 肺泡间隔水肿

3. 下列哪种疾病易发展成肺心病
   A. 小叶性肺炎
   B. 慢性支气管炎
   C. 大叶性肺炎
   D. 肺脓肿
   E. 肺癌

4. 大叶性肺炎病人咳铁锈色痰，说明其病变已处于
   A. 充血水肿期
   B. 红色肝样变期
   C. 灰色肝样变期
   D. 溶解消散期
   E. 中毒性休克

5. 肺癌最常见的组织学类型是
   A. 鳞状细胞癌
   B. 小细胞癌
   C. 腺癌
   D. 大细胞癌
   E. 类癌

6. 下列哪项**不符合**小叶性肺炎
   A. 多由致病力弱的肺炎链球菌引起
   B. 好发于老人、儿童、久病卧床者
   C. 以细支气管为中心的纤维素性炎症
   D. 常作为其他疾病的并发症出现

E. 病灶可互相融合
7. 鼻咽癌的常见组织学类型
　　A. 小细胞癌
　　B. 泡状核细胞癌
　　C. 未分化癌
　　D. 腺癌
　　E. 低分化鳞癌
8. 大叶性肺炎的病变性质是
　　A. 纤维素性炎
　　B. 超敏反应性炎
　　C. 化脓性炎
　　D. 浆液性炎
　　E. 出血性炎
9. 鼻咽癌常发生在
　　A. 鼻咽后部
　　B. 鼻咽顶部
　　C. 鼻咽侧壁
　　D. 鼻咽前壁
　　E. 鼻咽底部
10. 肺源性心脏病最常见的原因是
　　A. 支气管哮喘
　　B. 支气管扩张
　　C. 慢性支气管炎
　　D. 肺结核病
　　E. 硅沉着病（矽肺）
11. 小叶性肺炎的病变范围
　　A. 以呼吸性细支气管为中心
　　B. 以终末细支气管为中心
　　C. 以细支气管为中心
　　D. 以支气管为中心
　　E. 以肺泡管为中心
12. 某患者尸检发现，肺体积增大，边缘钝圆，色灰白，质软而缺乏弹性，指压后遗留压痕，此人可能死于
　　A. 肺癌
　　B. 肺结核
　　C. 肺气肿
　　D. 硅沉着病
　　E. 肺心病
13. 肺心病发病的主要环节是

　　A. 慢性支气管炎
　　B. 慢性阻塞性肺气肿
　　C. 肺纤维化
　　D. 肺血管床减少
　　E. 肺循环阻力增加和肺动脉高压
14. 大叶性肺炎的肉质变是由于
　　A. 中性粒细胞渗出过多
　　B. 中性粒细胞渗出过少
　　C. 纤维蛋白原渗出过多
　　D. 红细胞漏出过多
　　E. 红细胞漏出过少
15. 小叶性肺炎的病变性质多为
　　A. 出血性纤维素性炎症
　　B. 卡他性炎症
　　C. 增生性炎症
　　D. 化脓性炎症
　　E. 变质性炎症

多项选择题
16. 小叶性肺炎的病理变化可包括
　　A. 肺泡腔内可有中性粒细胞浸润
　　B. 病灶小但可累及两肺各叶
　　C. 伴有脓肿形成
　　D. 可有代偿性肺气肿
　　E. 胸膜面有纤维素性或脓性渗出
17. 小叶性肺炎的常见并发症有
　　A. 肺脓肿
　　B. 脓胸
　　C. 呼吸衰竭
　　D. 脓毒败血症
　　E. 心力衰竭
18. 慢性支气管炎的主要病理变化是
　　A. 管壁纤维组织增生
　　B. 管壁腺体增生、肥大，支气管黏膜上皮杯状细胞增多
　　C. 支气管黏膜上皮变性、坏死
　　D. 管壁软骨细胞增生
　　E. 管壁大量中性粒细胞浸润
19. 大叶性肺炎的病理变化有
　　A. 肺组织大面积广泛实变
　　B. 支气管常受累

C. 常无肺泡壁的结构破坏
D. 可合并纤维素性胸膜炎
E. 可合并中毒性休克
20. 下列哪些肺部疾病可引起慢性肺源性心脏病？
A. 大叶性肺炎的肺肉质变
B. 慢性纤维空洞性肺结核
C. 支气管扩张症
D. 慢性支气管炎
E. 硅沉着病
21. 肺源性心脏病心血管病变的主要形态学特点包括
A. 右心室肥大
B. 左心室肥大
C. 肺体积增大

D. 肺动脉圆锥膨胀
E. 心肌变性、坏死
22. 下列哪些疾病可出现肺透明膜？
A. 腺病毒肺炎
B. 大叶性肺炎
C. 新生儿呼吸窘迫综合征
D. 成人呼吸窘迫综合征
E. 吸入某些刺激性气体
23. 中央型肺癌常有哪些组织学类型？
A. 鳞状细胞癌
B. 腺癌
C. 细支气管肺泡癌
D. 基底细胞癌
E. 小细胞癌

（四）简答题

1. 简述大叶性肺炎灰色肝样变期的病理变化。
2. 简述小叶性肺炎的镜下病理改变。
3. 试述大叶性肺炎与小叶性肺炎的区别。
4. 患者，男性，30岁，因外出淋雨受寒后出现发热、畏寒、胸痛，痰呈铁锈色，查体：体温39.5℃，X线示右下肺大片均匀致密的阴影。请问该患者最可能患有何种疾病？属哪一期？请写出该期的病理变化（肉眼、镜下）
5. 简述慢性支气管炎的病理变化。

参考答案

（一）名词解释

1. 肺肉质变：某些患者嗜中性粒细胞渗出过少，其释出的蛋白酶不足以溶解和消除肺泡腔内的纤维素等渗出物，则由肉芽组织予以机化。肉眼观：病变肺组织成褐色肉样纤维组织。
2. 肺心病：是因慢性肺疾病、肺血管及胸廓的病变引起肺循环阻力增加，肺动脉压力升高而引起的以右心室肥厚、扩大甚至发生右心室衰竭的心脏病。
3. 燕麦细胞癌：肺癌中小细胞癌的一种，癌细胞呈燕麦形或梭形，胞质少，似裸核，癌细胞弥漫分布或呈片状、条索状排列。
4. 红色肝样变期：大叶性肺炎发病后第3～4天，肉眼观：病变肺叶肿大，呈暗红色，质地变实，切面灰红，似肝。
5. 中央型肺癌：肺癌中最多见的一种肉眼分型，发生于主支气管或叶支气管，在肺门部形成肿块。
6. 肺气肿：是指呼吸性细支气管、肺泡管、肺泡囊和肺泡因过度充气呈持久性扩张，并伴有肺泡间隔破坏，以致肺组织弹性减弱，容积增大的一种病理状态。

7. 肺透明膜：呼吸窘迫综合征时，在肺呼吸性细支气管、肺泡管及肺泡的内表面可见薄层红染的膜状物，称透明膜，主要成分为血浆蛋白及坏死的肺泡上皮碎屑。

8. 小叶性肺炎：主要由化脓菌感染引起，形成以肺小叶为单位的急性化脓性炎症。

9. 病毒包涵体：病毒性肺炎时，在增生的上皮细胞和多核巨细胞胞质内可见约红细胞大小、呈嗜酸性染色、均质或细颗粒状，其周围常有一清晰透明晕的球形结构。

（二）填空题

1. 充血水肿期、红色肝样变期、灰色肝样变期、溶解消散期
2. 中央型、周围型、弥漫型
3. 肺疾病、胸廓运动障碍性疾病、肺血管疾病
4. 纤维素性、化脓性
5. 鳞状细胞癌、小细胞癌、腺癌
6. 低分化鳞状细胞癌
7. 嗜中性粒细胞渗出为主的化脓性

（三）选择题

单项选择题

1. D

解析：杯状细胞、黏液腺体增多，分泌物增多。

2. A

解析：呼吸性细支气管以下的末梢肺组织因弹性下降、残气量增多而呈持久的扩张以及肺泡隔破坏，容积增大。

3. B

解析：慢性阻塞性肺疾患→肺小动脉，毛细血管床减少、闭塞→肺动脉高压→肺心病。

4. B

解析：红色肝样变期，肺泡壁毛细血管扩张、充血，肺泡腔大量 RBC→巨噬细胞吞噬、崩解：含铁血黄素→铁锈色痰。

5. A

解析：肺癌—鳞状细胞癌最常见，大支气管，中央型。

6. C

解析：小叶性肺炎的病变特征是以细支气管为中心的肺组织化脓性炎症。

7. E

解析：低分化性鳞状细胞癌为鼻咽癌中最常见类型，且与 EB 病毒感染关系密切。

8. A

解析：大叶性肺炎是主要由肺炎链球菌引起的以肺泡内弥漫性纤维素渗出为主的炎症，病变从肺泡开始，累及肺大叶的全部或大部，也称肺泡性肺炎。

9. B

解析：鼻咽癌最常发生于鼻咽顶部，其次是外侧壁和咽隐窝，前壁最少见。

10. C

解析：最常引起肺心病的是慢性阻塞性肺疾病，其中又以慢性支气管炎并发阻塞性肺气肿最常见，占 80%～90%。

11. C

解析：小叶性肺炎是主要由化脓性细菌引起，以肺小叶为病变单位的急性化脓性炎症。病变常以细支气管为中心，故又称支气管肺炎。

12. C

解析：肺体积增大，边缘钝圆，色灰白，质软而缺乏弹性，指压后遗留压痕，为肺气肿的病理变化。

13. E

解析：肺心病是因慢性肺疾病、肺血管及胸廓的病变引起肺循环阻力增加，肺动脉压升高而导致以右心室壁肥厚、心腔扩大甚或发生右心衰竭的心脏病。

14. B

解析：由于肺内炎性病灶中中性粒细胞渗出过少，释放的蛋白酶量不足以溶解渗出物中的纤维素，大量未能被溶解吸收的纤维素被肉芽组织机化，病变肺组织呈褐色肉样外观，故称肺肉质变。

15. D

解析：小叶性肺炎是主要由化脓性细菌引起，以肺小叶为病变单位的急性化脓性炎症。

多项选择题

16. ABCD

解析：小叶性肺炎时镜下可见受累的细支气管壁充血水肿，嗜中性粒细胞浸润，黏膜上皮细胞坏死脱落，管腔内充满大量嗜中性粒细胞、浆液、脓细胞、脱落崩解的黏膜上皮细胞；典型的小叶性肺炎双肺出现散在分布的多发性实变病灶，病灶大小不等，一般直径在1cm左右，尤以两肺下叶及背侧较多。

17. ABCDE

解析：小叶性肺炎的并发症远较大叶性肺炎多见，尤其是年老体弱者更易出现，且预后较差，严重者可危及生命。常见的并发症有心力衰竭、呼吸衰竭、肺脓肿、脓胸、脓气胸、脓毒败血症，支气管壁破坏较重且病程长者，可继发支气管扩张。

18. ABC

解析：慢性支气管炎病变常起始于较大的支气管，各级支气管均可受累。主要病变为黏膜上皮损伤与修复性改变，支气管黏膜腺体肥大、增生，黏液腺化生以及支气管壁其他组织的慢性炎性损伤。

19. ACDE

解析：大叶性肺炎的病变主要为肺泡内的纤维素性渗出性炎症，常波及一个肺段或整个肺叶，病变在肺泡。典型的自然发展过程大致可分为充血水肿期、红色肝变期、灰色肝变期和溶解消散期；大叶性肺炎病灶肺组织逐渐净化，肺泡重新充气，由于炎症未破坏肺泡壁结构，无组织坏死，故最终肺组织可完全恢复正常的结构和功能。

20. BCDE

解析：慢性肺源性心脏病是由慢性肺疾病、肺血管疾病及胸廓运动障碍性疾病引起肺循环阻力增加、肺动脉压力增高、右心室肥厚及扩张为特征的心脏病。凡能引起肺循环阻力增加、肺动脉压力增高的疾病均可发展成为慢性肺源性心脏病，以慢性支气管炎并发阻塞性肺气肿最常见，其次为支气管哮喘、支气管扩张、尘肺、弥漫性肺间质纤维化、慢性纤维空洞型肺结核、结节病等。

21. ADE

解析：肺心病以右心室的病变为主，心室壁肥厚，心室腔扩张，扩大的右心室占据心尖部，外观钝圆。心脏重量增加，可达850g。右心室前壁肺动脉圆锥显著膨隆，右心室内乳头肌和肉柱显著增粗，室上嵴增厚。通常以肺动脉瓣下2cm处右心室前壁肌层厚度超过5mm（正常3～4mm）作为诊断肺心病的病理形态标准。

22. ACDE

解析：病毒性肺炎主要表现为肺间质的炎症。由流感病毒、麻疹病毒和腺病毒引起的肺炎，其肺泡腔内渗出的浆液性渗出物常浓缩成薄层红染的膜状物贴附于肺泡内表面，即透明膜形成。

23. AE

解析：肺癌组织学类型有鳞状细胞癌、腺癌、腺鳞癌、小细胞癌、大细胞癌和肉瘤样癌等6种，鳞状细胞癌为肺癌中最常见的病理类型。

（四）简答题

1. 简述大叶性肺炎灰色肝样变期的病理变化。

肉眼观：病变肺叶肿胀，灰白色，切面干燥，颗粒状，质实如肝。

镜下观：肺泡腔内纤维素性渗出物继续增多，肺泡腔内压增高，压迫肺泡壁毛细血管，病变肺组织呈贫血状态。肺泡腔内红细胞逐渐被巨噬细胞吞噬而消失，但仍充满纤维素和大量中性粒细胞。

2. 简述小叶性肺炎的镜下病理改变。

镜下观：病变特点以小叶为单位，以细支气管为中心的肺组织化脓性炎症。病灶中央或周边常有一病变的细支气管，管壁充血、水肿并有大量中性粒细胞浸润，管腔内充满中性粒细胞以及脱落崩解的黏膜上皮细胞。

3. 试述大叶性肺炎与小叶性肺炎的区别。

	大叶性肺炎	小叶性肺炎
病原菌	肺炎链球菌	多种细菌，常见毒力弱的肺炎链球菌
发病年龄	青壮年	小儿、老人、体弱久病卧床者
炎症特点	急性纤维蛋白性炎症	急性化脓性炎症
病变范围	一般发生在单侧肺，多见于左肺或右肺下叶	以细支气管为中心的小叶性病灶、大小不一、病变多发、散在于两肺
结局	绝大多数痊愈	多数痊愈，少数体弱者预后差，常并发呼吸衰竭、心力衰竭

4. 患者，男性，30岁，因外出淋雨受寒后出现发热、畏寒、胸痛、痰呈铁锈色，查体：体温39.5℃，X线示右下肺大片均匀致密的阴影。请问该患者最可能患有何种疾病？属哪一期？请写出该期的病理变化（肉眼、镜下）

属大叶性肺炎红色肝样变期。

肉眼观：病变肺叶肿胀，重量增加，色暗红，质地变实如肝，切面呈粗颗粒状，相应部位之胸膜面也有纤维素渗出物被覆（纤维素性胸膜炎）。镜下：肺泡壁毛细血管仍扩张充血，肺泡腔内充满大量连接呈网状的纤维素和红细胞，并有一定数量的中性粒细胞和少量巨噬细胞。有的纤维素可穿过肺泡间孔与相邻肺泡中的纤维素相连接。

5. 简述慢性支气管炎的病理变化。

慢性支气管炎的基本病变是以黏液腺增生为特征的慢性炎症，早期主要累及气管和大、中支气管，晚期病变沿支气管分支方向纵深发展，引起小、细支气管及其周围炎症。

（1）变质性改变：纤毛粘连、倒伏、脱失，严重时上皮细胞变性坏死。病变可向管壁和周围蔓延，破坏平滑肌、弹力纤维和软骨。

（2）渗出性改变：黏膜、黏膜下充血、水肿、淋巴细胞等炎症细胞浸润，合并感染则见较多中性粒细胞，黏膜表面常被覆黏液和脓性渗出物。

（3）增生性改变：黏膜上皮再生修复，反复发作，可发生鳞状上皮化生；黏膜上皮杯状细胞增多，黏膜下黏液腺增生肥大、浆液腺黏液化。这是慢性支气管炎的形态学特征。反复发作管壁纤维结缔组织增生、管壁纤维化，瘢痕形成。

（贺岭风）

第七章 消化系统疾病

一、重点与难点解析

（一）消化性溃疡的好发部位、基本病理变化与并发症

消化性溃疡包括胃及十二指肠溃疡，二者的好发部位不同，大小有区别，疼痛的时间不一致。溃疡的基本特征几乎一致，包括肉眼所见及镜下所见，肉眼所见注意与溃疡型胃癌的区别，镜下所见注意溃疡底部的四个层次。四个并发症中最常见为出血，此外胃溃疡有癌变的可能，十二指肠溃疡几乎不发生癌变。

（二）消化性溃疡和溃疡型胃癌的肉眼鉴别

注意从外观、大小、深度、底部、边缘、周围黏膜几方面进行鉴别比较。

（三）病毒性肝炎中几种变性坏死的概念

变性包括水变性和嗜酸性变。水变性进一步发展可为气球样变，之后发展为溶解性坏死，可包括点状或灶性坏死、碎片状坏死、桥接坏死、大块坏死。嗜酸性变进一步发展为嗜酸性坏死，形成嗜酸性小体，属于细胞凋亡。

（四）门脉性肝硬化的病理变化与临床病理联系

门脉性肝硬化肉眼能看到大小几乎一致的小结节，镜下注意描述假小叶，包括里面的肝细胞团（坏死的肝细胞、再生的肝细胞及中央静脉的情况）和纤维间隔。临床病理联系需从门脉高压症和肝功能不全两方面描述：前者包括脾肿大、胃肠淤血、水肿、腹水、侧支循环形成；后者包括出血倾向、对激素的灭活作用减弱、血浆蛋白变化、黄疸、肝性脑病（肝昏迷）。

（五）早期肝癌与革囊胃的概念

肝癌的早期和中晚期之分与其他消化道肿瘤不同，是以肿瘤大小来分的，注意癌肿的数目和直径。革囊胃是进展期（中晚期）胃癌出现弥漫浸润时，胃壁和胃腔出现变化。

二、习题

（一）名词解释

1.假幽门腺化生　2.肠上皮化生　3.气球样变　4.嗜酸性坏死　5.点状或灶性坏死　6.碎片状坏死　7.早期肝癌　8.大块坏死　9.毛玻璃样肝细胞　10.肝硬化　11.假小叶　12.革囊胃　13.桥接坏死

（二）填空题

1.慢性胃炎的类型包括_____、_____、_____、_____。

2.慢性萎缩型胃炎腺上皮化生主要有_____、_____。

3.胃溃疡和十二指肠溃疡的好发部位分别为_____和_____。

4.溃疡的底部由浅至深可分为_____、_____、_____、_____。

5.溃疡病的并发症有_____、_____、_____、_____。

6.在我国_____和_____型病毒性肝炎易引起肝硬化。

7. 病毒性肝炎，肝细胞的变性包括_____、_____，坏死包括_____、_____、_____、_____、_____。

8. 肝硬化是_____、_____、_____三种病变反复交错进行，使肝小叶结构改变和血液循环途径改建。

9. 门脉性肝硬化镜下病变特点是_____形成。

10. 门脉高压症的主要临床表现为_____、_____、_____、_____。

11. 肝功能不全的主要临床表现为_____、_____、_____、_____、_____。

12. 门脉高压症的侧支循环包括_____、_____、_____。

13. 食管癌、胃癌、大肠癌的好发部位分别为_____、_____、_____。

14. 革囊胃发生在胃癌的_____期。

15. 胃癌的血行转移首先转移至_____。

16. 肝癌的组织学分型包括_____、_____、_____。

17. 大肠癌的肉眼分型包括_____、_____、_____、_____。

(三) 选项题

单项选择题

1. 胃溃疡最常见的发病部位是
   A. 胃大弯
   B. 胃小弯
   C. 胃底
   D. 胃小弯近幽门处
   E. 胃大弯近幽门处

2. 胃溃疡最常见的合并症是
   A. 穿孔
   B. 出血
   C. 幽门狭窄
   D. 纤维化
   E. 癌变

3. 十二指肠溃疡最常见的发病部位是
   A. 十二指肠球部前壁或后壁
   B. 十二指肠球部上壁或下壁
   C. 十二指肠降部
   D. 十二指肠各段
   E. 十二指肠球部和降部

4. 慢性胃炎的类型**不**包括
   A. 慢性浅表性胃炎
   B. 慢性萎缩性胃炎
   C. 慢性感染性胃炎
   D. 疣状胃炎
   E. 肥厚性胃炎

5. 下列哪项**不是**急性普通型肝炎的病变特征
   A. 胞浆疏松化
   B. 气球样变
   C. 散在嗜酸小体
   D. 少量炎细胞浸润
   E. 大块坏死

6. 下列哪项是重型病毒性肝炎的病变特征
   A. 个别肝细胞坏死
   B. 少量肝细胞水样变性
   C. 肝细胞大片坏死
   D. 肝细胞碎片状坏死
   E. 散在毛玻璃样肝细胞

7. 肝硬化的最主要病理变化是
   A. 肝变硬、变形
   B. 假小叶的形成
   C. 纤维组织大量增生
   D. 网状纤维支架塌陷
   E. 肝细胞大片坏死及再生

8. 下列哪项**不属于**门脉高压症的临床表现
   A. 脾肿大
   B. 侧支循环形成
   C. 腹水

D. 出血倾向
E. 胃肠淤血

9. 门脉性肝硬化病因**不包括**下列哪一项
   A. 毒物中毒
   B. 慢性酒精中毒
   C. 营养不良
   D. 病毒性肝炎
   E. 长期食用黄曲霉毒素污染的食物

10. 门脉性肝硬化最严重的并发症是
    A. 胃肠淤血、水肿
    B. 腹水
    C. 出血倾向
    D. 黄疸
    E. 肝性脑病

11. 下列哪一项可作为早期胃癌的判断标准
    A. 肿瘤面积大
    B. 癌组织仅局限于肌层
    C. 有淋巴结转移
    D. 癌组织仅局限于黏膜层或黏膜下层
    E. 无淋巴结转移

12. 胃癌的病因**不包括**下列哪一项
    A. 溶血性链球菌感染
    B. 长期吃盐渍的食物
    C. 食用被黄曲霉毒素污染的食物
    D. 长期吃熏制食物
    E. 幽门螺杆菌感染

13. 下列哪项**不属于**中、晚期食管癌的分型
    A. 髓质型
    B. 隐伏型
    C. 蕈伞型
    D. 溃疡型
    E. 缩窄型

14. 大肠癌最好发部位
    A. 横结肠
    B. 盲肠
    C. 直肠
    D. 升结肠
    E. 乙状结肠

15. 早期肝癌是指
    A. 结节数目不超过 4 个
    B. 无出血及坏死
    C. 呈边界清楚的球形
    D. 单个癌结节直径在 3cm 以下
    E. 无淋巴结转移

16. 哪种慢性胃炎最常见
    A. 慢性浅表性胃炎
    B. 慢性萎缩性胃炎
    C. 慢性感染性胃炎
    D. 疣状胃炎
    E. 肥厚性胃炎

17. 下列哪项病因是消化性溃疡的重要因素
    A. 胃排空延缓、胆汁反流
    B. 遗传因素
    C. 神经、内分泌功能失调
    D. 非甾体类抗炎药
    E. 幽门螺杆菌（Hp）感染

18. 消化性溃疡的底部分层不包含哪项
    A. 渗出层
    B. 坏死层
    C. 肉芽组织层
    D. 瘢痕层
    E. 粘连层

19. 下列哪项**不是**形容十二指肠溃疡的
    A. 多为单个
    B. 直径一般在 2cm 以内
    C. 圆形或椭圆形
    D. 切面斜漏斗形
    E. 溃疡边缘整齐

20. 病毒性肝炎肝细胞的溶解性坏死**不包括**下列哪项
    A. 嗜酸性坏死
    B. 点状或灶性坏死
    C. 碎片状坏死
    D. 大块坏死
    E. 桥接坏死

21. 门脉性肝硬化时出现蜘蛛痣是由于
    A. 肠内含氮物质不能在肝内解毒

B. 肝内胆管胆汁淤积
C. 合成白蛋白的功能降低
D. 对雌激素灭活作用减弱
E. 肝合成凝血酶原、凝血因子和纤维蛋白原减少

22. 与门脉性肝硬化相比，哪项是坏死后性肝硬化特点
    A. 肝体积变小，重量减轻，质地变硬
    B. 有假小叶形成
    C. 肝表面遍布大小不等的结节，最大直径可达6cm
    D. 纤维间隔内有小胆管增生
    E. 肝细胞坏死

23. 食管癌好发部位
    A. 食管上段
    B. 食管中段
    C. 食管下段
    D. 食管中上段
    E. 食管中下段

24. 胃癌的好发部位
    A. 胃贲门部
    B. 胃底部
    C. 胃体部
    D. 胃小弯侧靠近胃窦部
    E. 胃大弯侧靠近胃窦部

25. 下列哪项是描述早期肝癌的
    A. 表现为巨块型
    B. 多通过检测AFP发现
    C. 有明显的临床症状
    D. 可通过肝静脉转移到肺
    E. 结节数目可达3个

多项选择题

26. 溃疡型胃癌的特点包括
    A. 溃疡边缘不规则，常隆起
    B. 周围黏膜皱襞中断
    C. 溃疡较浅常高于周围黏膜
    D. 呈火山口状
    E. 直径常<2cm

27. 慢性萎缩型胃炎的病变特点

    A. 皱襞平坦或消失
    B. 黏膜为灰白或灰黄色
    C. 固有腺体萎缩
    D. 腺上皮化生
    E. 黏膜表面有灰白色或灰黄色黏液性分泌物覆盖

28. 胃溃疡可能出现的并发症包括
    A. 贲门梗阻
    B. 坏死
    C. 穿孔
    D. 幽门梗阻
    E. 癌变

29. 门脉高压症包括下列哪几项
    A. 腹水
    B. 黄疸
    C. 侧支循环形成
    D. 胃肠淤血、水肿
    E. 脾肿大

30. 门脉性肝硬化死亡原因包括
    A. 静脉丛破裂后的大出血
    B. 肝性脑病
    C. 脾肿大压迫周围器官
    D. 合并肝癌
    E. 感染

31. 慢性胃炎的致病因素包括
    A. Hp感染
    B. 自身免疫损伤
    C. 强酸、强碱刺激
    D. 长期吃霉变食物
    E. 十二指肠液反流

32. 慢性浅表性胃炎的特点有
    A. 病变多发生于胃窦部
    B. 黏膜颜色由正常的橘红色转变为灰白或灰黄色
    C. 黏膜表面可有灰白色或灰黄色黏液性分泌物覆盖
    D. 可见散在糜烂和点状出血
    E. 黏膜变薄，皱襞平坦或消失

33. 关于消化性溃疡的描述哪些是正确的
    A. 十二指肠溃疡多见

B. 周期性和无节律性疼痛
C. 胃溃疡常表现为进食后痛
D. 十二指肠溃疡则为空腹痛
E. 约有1%的十二指肠溃疡可发生癌变

34. 胃溃疡的特点有
    A. 多位于胃小弯近幽门部
    B. 呈火山口样外观
    C. 直径一般在2cm以内
    D. 溃疡周围的黏膜皱襞中断
    E. 表面常覆盖灰白或灰黄色分泌物

35. 肝炎的基本病变有
    A. 肝细胞的变性
    B. 肝细胞的坏死
    C. 不同程度的炎细胞浸润
    D. 肝细胞再生
    E. 间质纤维结缔组织增生

36. 病毒性肝炎时肝细胞的溶解性坏死包括
    A. 嗜酸性坏死
    B. 点状或灶性坏死
    C. 碎片状坏死
    D. 桥接坏死
    E. 大块坏死

37. 急性重型肝炎的描述包括
    A. 死亡率高
    B. 又称为暴发型肝炎
    C. 常见于老年人
    D. 有广泛的肝细胞大块坏死
    E. 肝体积显著缩小，以左叶为甚

38. 急性重型肝炎的死因有
    A. DIC引发的严重出血
    B. 肝功能衰竭
    C. 消化道大出血
    D. 癌变
    E. 急性肾衰竭

39. 急性（普通型）肝炎的描述包括
    A. 分为黄疸型和无黄疸型两类
    B. 无黄疸型肝炎主要由乙型肝炎病毒引起
    C. 肉眼见肝体积增大、包膜紧张
    D. 无胞浆疏松化和气球样变
    E. 有大块坏死灶

40. 肝硬化主要病变为
    A. 小胆管增生
    B. 肝细胞变性坏死
    C. 肝体积变小
    D. 纤维组织增生
    E. 肝细胞结节状再生

41. 门脉性肝硬化的病因有
    A. 长期吃霉变食物
    B. 病毒性肝炎
    C. 慢性酒精中毒
    D. 毒物中毒
    E. 营养不良

42. 腹水形成的原因主要有
    A. 血浆胶体渗透压水平降低
    B. 肝合成凝血酶原、凝血因子和纤维蛋白原减少
    C. 血管壁的通透性增大
    D. 血中醛固酮、抗利尿素水平升高
    E. 对雌激素灭活作用减弱

43. 门脉性肝硬化的病变特点有
    A. 肝表面呈颗粒状或小结节状
    B. 结节呈圆形或椭圆形
    C. 有假小叶形成
    D. 纤维间隔宽窄较一致
    E. 中央静脉可出现缺如、偏位或有两个以上

44. 门脉性肝硬化肝功能不全包括
    A. 对激素的灭活作用减弱
    B. 腹水
    C. 血浆蛋白变化
    D. 肝性脑病
    E. 脾肿大

45. 中、晚期食管癌的肉眼类型包括
    A. 糜烂型
    B. 髓质型
    C. 蕈伞型
    D. 溃疡型

E. 缩窄型

46. 早期胃癌的描述有
   A. 与肿瘤面积大小无关
   B. 与是否有淋巴结转移无关
   C. 肿瘤面积小者
   D. 无淋巴结转移
   E. 癌组织仅局限于黏膜层或黏膜下层

47. 关于革囊胃的描述正确的有
   A. 属于进展期胃癌
   B. 黏膜皱襞大多消失
   C. 胃壁增厚
   D. 胃腔缩小
   E. 癌组织与周围正常组织界限不清

48. 关于胃癌的转移哪些是正确的
   A. 淋巴道转移为主要转移途径
   B. 晚期可转移到锁骨上淋巴结，尤为右锁骨上淋巴结
   C. 血行转移一般首先经门静脉转移到肝
   D. 血行转移多见于晚期胃癌
   E. 可脱落种植于双侧卵巢，形成转移性癌，称 Krukenberg 瘤

49. 对早期肝癌的描述哪些是正确的
   A. 单个癌结节直径在 3cm 以下
   B. 结节数目不超过 2 个，直径总和在 3cm 以下
   C. 癌肿多呈边界清楚的球形
   D. 早期一般无临床症状，因此检查不出来
   E. 无出血及坏死

50. 中晚期肝癌肉眼分型包括
   A. 溃疡型
   B. 巨块型
   C. 多结节型
   D. 浸润型
   E. 弥漫型

(四) 简答题

1. 慢性萎缩性胃炎的病变特点。
2. 说出消化性溃疡的病理变化及并发症。
3. 病毒性肝炎的基本病理变化。
4. 门脉性肝硬化的病理变化及临床病理联系。
5. 消化性溃疡和溃疡型胃癌的肉眼鉴别。

参考答案

(一) 名词解释

1. 假幽门腺化生：即胃底部和胃体部的腺体的壁细胞和主细胞被类似幽门腺的黏液分泌细胞所取代的现象。

2. 肠上皮化生：胃黏膜腺上皮被肠腺上皮所取代的现象。

3. 气球样变：细胞水肿严重时，细胞可呈球形，胞浆几乎完全透明，称为气球样变。

4. 嗜酸性坏死：在嗜酸性变基础上，胞核进一步浓缩甚至消失，形成均质粉染的圆形小体，为嗜酸小体，属于细胞凋亡。

5. 点状或灶性坏死：仅累及几个或十几个肝细胞的坏死，可伴炎细胞浸润，常见于急性普通型肝炎。

6. 碎片状坏死：肝小叶周边界板处的肝细胞，呈小片状坏死、崩解，并有淋巴细胞和浆细胞浸润，常见于慢性肝炎活动期。

7. 早期肝癌：又称小肝癌，是指单个癌结节直径在 3cm 以下或者结节数目不超过 2 个，

直径总和在 3cm 以下的肝癌。

8. 大块坏死：几乎累及整个肝小叶的大面积的肝细胞坏死灶，有大量炎细胞浸润及汇管区集中现象，常见于重型肝炎。

9. 毛玻璃样肝细胞：常见于乙型肝炎表面抗原（HBsAg）携带者和慢性肝炎患者的肝组织。肝细胞体积稍大，胞浆内充满嗜酸性细颗粒样物质，不透明似毛玻璃样。

10. 肝硬化：是肝细胞变性坏死，纤维组织增生和肝细胞结节状再生，这三种病变反复交错进行，从而使肝小叶结构改变和血液循环途径改建，肝变硬、变形。

11. 假小叶：正常肝小叶结构破坏，广泛增生的纤维组织将肝小叶分割包绕成大小不等、圆形或椭圆形的肝细胞团，称为假小叶。

12. 革囊胃：进展期胃癌弥漫浸润时胃壁增厚、变硬，胃腔缩小，黏膜皱襞大多消失，形状如同皮革制成的囊袋。

13. 桥接坏死：发生在两个中央静脉之间、两个汇管区之间或中央静脉与汇管区之间的坏死带，常见于中、重度慢性肝炎。

(二) 填空题

1. 慢性浅表性胃炎、慢性萎缩性胃炎、肥厚性胃炎、其他特殊类型胃炎。

2. 假幽门腺化生、肠上皮化生。

3. 胃小弯近幽门部、十二指肠球部前壁或后壁。

4. 渗出层、坏死层、肉芽组织层、瘢痕层。

5. 出血、穿孔、癌变、幽门狭窄。

6. 乙型、丙。

7. 水变性、嗜酸性变、嗜酸性坏死、点状或灶性坏死、碎片状坏死、桥接坏死、大块坏死。

8. 肝细胞变性坏死、纤维组织增生、肝细胞结节状再生。

9. 假小叶。

10. 脾肿大、侧支循环形成、腹水、胃肠淤血及水肿。

11. 出血倾向、对激素的灭活作用减弱、肝性脑病、黄疸、血浆蛋白变化。

12. 食管下段静脉丛曲张、直肠静脉（痔静脉）丛曲张、脐周及腹壁静脉曲张。

13. 食管下段、胃窦部小弯侧、直肠。

14. 进展期。

15. 肝。

16. 肝细胞、胆管上皮癌、混合性肝癌。

17. 隆起型、溃疡型、浸润型、胶样型。

(三) 选择题

单项选择题

1. D

解析：略。

2. B

解析：四个合并症中出血最常见。

3. A

解析：略。

4. C

解析：无慢性感染性胃炎一说。

5. E

解析：大块坏死为重型肝炎的病变。

6. C

解析：重型肝炎的坏死为大块坏死。

7. B

解析：假小叶形成是特征性病变。

8. D

解析：出血倾向是肝功能不全的表现。

9. E

解析：长期食用黄曲霉菌污染的食物为原发性肝癌的病因。

10. E

解析：肝性脑病常可引起患者死亡，是门脉性肝硬化死亡的重要原因之一。

11. D

解析：早期胃癌是指不论肿瘤面积大小，是否有淋巴结转移，癌组织仅局限于黏膜层或黏膜下层。

12. A

解析：略。

13. B

解析：隐伏型属于早期食管癌。

14. C

解析：略。

15. D

解析：早期肝癌又称小肝癌，是指单个癌结节直径在3cm以下或者结节数目不超过2个，直径总和在3cm以下的肝癌。

16. A

解析：略

17. E

解析：Hp感染为最重要因素。

18. E

解析：没有粘连层的说法。

19. B

解析：十二指肠溃疡直径一般在1cm以内。

20. A

解析：嗜酸性坏死属于细胞凋亡，其他则属于溶解性坏死。

21. D

解析：A可形成肝性脑病，B可形成黄疸，C可形成血浆白/球蛋白比值降低甚至倒置，E可形成出血倾向。

22. C

解析：坏死后性肝硬化的结节大小不等，而门脉性肝硬化的结节比较均匀一致，都很小。

23. C

解析：略

24. D

解析：略

25. B

解析：ACDE 均为描述中、晚期肝癌。

多项选择题

26. ABCD

解析：E 为胃溃疡的特点。

27. ABCD

解析：E 为慢性浅表性胃炎的特点。

28. CDE

解析：出血、穿孔、幽门梗阻、癌变是胃溃疡的并发症。

29. ACDE

解析：门脉高压症包括腹水，脾肿大，胃肠淤血、水肿，侧支循环形成。B 为肝功能不全的表现。

30. ABDE

解析：肝硬化引起的死亡多因肝性脑病、静脉丛破裂后的大出血、合并肝癌及感染。

31. ABE

解析：C 为急性胃炎的病因，D 为肝癌的病因。

32. ACD

解析：BE 为慢性萎缩性胃炎的病变特点。

33. ACD

解析：B 错，消化性溃疡是有节律性疼痛。E 错，十二指肠溃疡几乎不发生癌变。

34. ACE

解析：BD 为溃疡型胃癌的特点。

35. ABCDE

解析：略

36. BCDE

解析：A 为细胞凋亡。

37. ABDE

解析：C 错，此病常见于青壮年。

38. ABCE

解析：发病后病人短期内即可死亡，死因不包括癌变。

39. ABC

解析：D 错，应有胞浆疏松化和气球样变。E 错，应有点状坏死灶。

40. BDE

解析：肝细胞变性坏死，纤维组织增生和肝细胞结节状再生，这三种病变反复交错进行，进而形成肝硬化。

41．BCDE

解析：A 为肝癌的病因。

42．ACD

解析：B 为出血倾向的原因，E 为形成肝掌和蜘蛛痣的原因。

43．ABCDE

解析：略

44．ACD

解析：BE 为门脉高压症的表现。

45．BCDE

解析：A 为早期食管癌的类型。

46．ABE

解析：早期胃癌的概念为不论肿瘤面积大小，是否有淋巴结转移，癌组织仅局限于黏膜层或黏膜下层，即为早期胃癌。

47．ABCDE

解析：略

48．ACDE

解析：B 错，胃癌晚期可转移到锁骨上淋巴结，尤为左锁骨上淋巴结。

49．ABCE

解析：D 错，早期多通过查 AFP 或影像学检查发现。

50．BCE

解析：AD 为其他消化系统肿瘤的类型。

（四）简答题

1．慢性萎缩性胃炎的病变特点。

胃镜见黏膜变薄，皱襞平坦或消失；颜色由正常的橘红色转变为灰白或灰黄色，黏膜下血管清晰可见。镜下观：胃黏膜有弥漫性淋巴细胞、浆细胞浸润；胃黏膜变薄，固有腺体萎缩、变小、数目减少，有时可见腺体囊性扩张、假幽门腺化生和肠上皮化生。

2．说出消化性溃疡的病理变化及并发症。

胃溃疡多位于胃小弯近幽门部，尤为胃窦部，多为单个，直径一般在 2cm 以内，圆形或椭圆形。溃疡边缘整齐，如刀切一般，底部平坦，深浅不一，较浅者仅累及黏膜下层，而深者可以达到肌层甚至浆膜层。溃疡近贲门侧较深，呈潜掘状，近幽门侧则较浅，呈斜坡状，切面斜漏斗形。表面常覆盖灰白或灰黄色分泌物，周围黏膜皱襞向溃疡处呈放射状排列。

十二指肠溃疡的形态特点与胃溃疡相似，直径多在 1cm 以内，发生部位多位于十二指肠球部前壁或后壁。

消化性溃疡的并发症有出血、穿孔、幽门狭窄，以及长期胃溃疡者可能发生癌变。

3．病毒性肝炎的基本病理变化。

（1）肝细胞变性：包括水变性和嗜酸性变；

（2）肝细胞坏死：包括嗜酸性坏死、点状或灶性坏死、碎片状坏死、大块坏死、桥接坏死。

4. 门脉性肝硬化的病理变化及临床病理联系。

肉眼观：肝体积明显缩小，重量减轻，硬度增加，肝表面呈颗粒状或小结节状，结节大小基本一致，弥漫分布。结节呈圆形或椭圆形，被纤维结缔组织包绕，界限清楚。

镜下观：①假小叶内肝细胞排列紊乱，可见变性、坏死及再生的肝细胞；②再生的肝细胞体积较大，核也大，染色较深，多出现双核；③中央静脉可出现缺如、偏位或有两条以上；④纤维间隔宽窄较一致，其内有数量不等的慢性炎细胞浸润。同时其内可见小胆管受压而出现的淤胆、新生的细小胆管和无管腔的假胆管。

门脉性肝硬化临床上主要表现为门脉高压症和肝功能不全。前者包括脾肿大、侧支循环形成、腹水、胃肠淤血及水肿。后者包括出血倾向、对激素的灭活作用减弱、肝性脑病、黄疸、血浆蛋白变化。

5. 消化性溃疡和溃疡型胃癌的肉眼鉴别。

特征	消化性溃疡（良性）	溃疡型胃癌（恶性）
外观	圆形或椭圆形	不规则、火山口状
大小	直径常<2cm	直径常>2cm
深度	较深（常低于周围黏膜）	较浅（常高于周围黏膜）
边缘	平整，不隆起	不规则，常隆起
底部	平坦，清洁	不平、有出血、坏死
周围黏膜	黏膜皱襞向溃疡放射状排列	黏膜皱襞中断，可呈结节状

（张　忠　王艳宁）

第八章 泌尿系统疾病

一、重点与难点解析

（一）急性弥漫性毛细血管内增生性肾小球肾炎及新月体性肾小球肾炎的病理变化和病理临床联系

肾小球肿大，肾小球内细胞明显增生，其中主要为毛细血管内皮细胞及血管系膜细胞增生，并有少量中性粒细胞浸润。肾小球内细胞数目显著增多。肾小囊内可见血浆蛋白渗出。肾近曲小管上皮细胞肿胀，肾小管管腔内可见各种管型（透明管型、细胞管型、颗粒管型）。肾间质中可见充血、水肿及淋巴细胞、中性粒细胞浸润。临床主要表现为急性肾炎综合征；新月体性肾小球肾炎大部分肾小球内有新月体或环形体形成。临床主要表现为快速进行性肾炎综合征。

（二）慢性肾小球肾炎的病理变化和病理临床联系

在病理学上表现为颗粒性固缩肾，临床主要表现为慢性肾炎综合征。患者出现明显高血压。晚期高血压可引起左心室肥大，甚至可导致左心衰竭。肾促红细胞生成素分泌减少，患者常出现贫血。体内代谢废物不能排出，引起水、电解质代谢和酸碱平衡紊乱，可致氮质血症和尿毒症。

（三）肾盂肾炎的感染途径、病理变化和病理临床联系

上行性感染是最主要的感染途径，病原菌从尿道或膀胱通过输尿管管腔或输尿管周围的淋巴管上行最终到达肾盂、肾盏及肾间质而引起的炎症。血行感染较为少见。

急性肾盂肾炎病变主要表现为多数大小不等的黄白色脓肿。

慢性肾盂肾炎常由急性肾盂肾炎反复发作转变而来，最终引起肾盂、肾盏的瘢痕和变形，是慢性肾衰竭的常见原因之一。患者可有低钠血症、低钾血症和代谢性酸中毒；晚期引起高血压、氮质血症以及尿毒症。

二、习题

（一）名词解释

1. 新月体 2. 肺出血肾炎综合征（Goodpasture's syndrome，Goodpasture 综合征） 3. 继发性颗粒性固缩肾 4. 肾病综合征 5. 急性肾炎综合征 6. 大红肾 7. 脂性肾病 8. IgA 肾病 9. 肾炎 10. 膜性肾病 11. 慢性肾盂肾炎 12. 肾细胞癌 13. 快速进行性肾炎综合征 14. 无症状性血尿或蛋白尿

（二）填空题

1. 肾小球肾炎是一组以肾小球损害为主的_____疾病。

2. 肾小球肾炎的基本病变包括_____、_____、_____及_____。

3. 引起肾小球损伤的介质包括_____和_____。

4. 急性弥漫性增生性肾小球肾炎，增生的细胞以毛细血管的_____和肾小球_____

为主。本型多见于_____，临床主要表现为_____。

5. RPGN 的病理学特征为多数肾小球_____增生，形成_____。

6. 膜性肾病是引起_____肾病综合征最常见的原因；脂性肾病是引起_____肾病综合征最常见的原因。

7. 慢性肾小球肾炎病人尿的特征为_____、_____和_____。

8. 肾盂肾炎常见的感染途径为_____感染，病原菌以_____为主。

9. 上行性感染引起的急性肾盂肾炎，首先累及_____；而血源性感染引起者常先累及_____，尤其是_____和_____。

10. 慢性肾盂肾炎的病理特征是_____、_____、并伴明显的_____。

11. 肾母细胞瘤又称_____或_____，为_____肾最常见的原发性恶性肿瘤。

12. 膀胱移行细胞癌的好发部位为膀胱_____和膀胱_____近输尿管开口处，常见症状是_____。

(三) 选择题

单项选择题

1. 与免疫复合物无关的肾小球肾炎是
   A. 膜性肾小球肾炎
   B. 新月体性肾小球肾炎
   C. 轻微病变性肾小球肾炎
   D. 急性弥漫性增生性肾小球肾炎
   E. 膜性增生性肾小球肾炎

2. 下列抗原中哪个**不是**内源性抗原？
   A. 肿瘤抗原
   B. 基底膜抗原
   C. 异种血清
   D. 核抗原
   E. 系膜细胞抗原

3. 免疫荧光呈线型的肾小球肾炎是
   A. 膜性肾小球肾炎
   B. 轻微病变性肾小球肾炎
   C. 肺出血肾炎综合征
   D. 膜性增生性肾小球肾炎
   E. IgA 肾病

4. 链球菌感染后肾小球肾炎属于
   A. 新月体性肾小球肾炎
   B. 急性弥漫性增生性肾小球肾炎
   C. 膜性增生性肾小球肾炎
   D. 轻微病变性肾小球肾炎
   E. 膜性肾小球肾炎

5. 急性弥漫性增生性肾小球肾炎的肉眼病变是
   A. 大红肾
   B. 大白肾
   C. 多囊肾
   D. 固缩肾
   E. 以上都不是

6. 急性弥漫性增生性肾小球肾炎增生的细胞主要是
   A. 肾小球内皮细胞和系膜细胞
   B. 肾小球囊壁层上皮细胞
   C. 肾小球囊脏层上皮细胞
   D. 肾小球周围纤维母细胞
   E. 以上都不是

7. 快速进行性肾小球肾炎（RPGN）肾活检病理结果最可能的是
   A. 肾小管坏死
   B. 局灶性节段性硬化
   C. 肾小球系膜细胞增生
   D. 肾小球广泛新月体形成
   E. 固缩肾

8. 快速进行性肾小球肾炎最突出的临床表现是
   A. 血尿
   B. 高血压
   C. 进行性少尿、无尿
   D. 脓尿
   E. 少尿

9. 急性肾盂肾炎的基本病变是

A. 化脓性炎
B. 超敏反应性炎
C. 增生性炎
D. 变质性炎
E. 纤维素性炎

10. 急性肾盂肾炎的肾小管内特征性的管型是
    A. 透明管型
    B. 蜡样管型
    C. 颗粒管型
    D. 白细胞管型
    E. 色素管型

11. 急性弥漫性增生性肾小球肾炎电镜下病变特点是
    A. 肾小球毛细血管基底膜内皮细胞下见致密沉积物
    B. 肾小球毛细血管基底膜上皮侧见驼峰状致密沉积物
    C. 脏层上皮细胞足突融合
    D. 肾小球毛细血管基底膜有缺损
    E. 肾小球毛细血管基底膜内见致密沉积物

12. 急性弥漫性增生性肾小球肾炎是一种
    A. 以变质为主的炎症
    B. 以渗出为主的炎症
    C. 以增生为主的炎症
    D. 以出血为主的炎症
    E. 化脓性炎症

13. Goodpasture 综合征的主要病变为
    A. 肺出血合并肾小管坏死
    B. 肺出血合并肾盂肾炎
    C. 肺出血合并肾小球肾炎
    D. 肺水肿合并肾盂肾炎
    E. 肺水肿合并肾小球肾炎

14. 慢性肾盂肾炎与慢性肾小球肾炎镜下病变不同的是
    A. 肾小球代偿性肥大
    B. 肾内小动脉硬化
    C. 肾间质纤维化
    D. 肾小球球囊周围纤维化

E. 肾小管扩张

15. 多发生于儿童的肾小球肾炎是
    A. 新月体性肾小球肾炎
    B. 膜性肾小球肾炎
    C. 膜性增生性肾小球肾炎
    D. 急性弥漫性增生性肾小球肾炎
    E. 以上都不是

16. 慢性肾小球肾炎晚期的主要病理变化是
    A. 肾小管萎缩、消失
    B. 大量新月体形成
    C. 残余的肾小球代偿性大
    D. 大量肾小球纤维化，病变肾小球集中
    E. 间质结缔组织增生

17. 慢性肾小球肾炎主要的尿液变化是
    A. 蛋白尿
    B. 少尿、无尿
    C. 多尿、夜尿
    D. 管型尿
    E. 血尿

18. 肾母细胞瘤又称为
    A. Wilms 瘤
    B. Ewing 瘤
    C. Krukenberg 瘤
    D. Grawitz 瘤
    E. 以上都不是

19. 急性弥漫性增生性肾小球肾炎和急性肾盂肾炎患者尿液检查最大的不同是
    A. 红细胞
    B. 白细胞
    C. 管型
    D. 细菌
    E. 蛋白尿

20. 肾细胞癌时，下列镜下病变哪个除外？
    A. 透明细胞癌
    B. 血尿
    C. 移行细胞癌
    D. 嫌色细胞癌

E. 乳头状腺癌

21. 下列哪个因素可引起新月体形成？
   A. 巨噬细胞
   B. 纤维素
   C. 淋巴细胞
   D. 血小板
   E. 中性粒细胞

22. 绝大多数能治愈的肾炎是
   A. 膜性增生性肾小球肾炎
   B. 新月体性肾小球肾炎
   C. 急性弥漫性增生性肾小球肾炎
   D. 膜性肾小球肾炎
   E. 慢性肾盂肾炎

23. 慢性肾盂肾炎形态变化可能性最小的是
   A. 肾间质纤维化
   B. 肾小球球囊周围纤维化
   C. 肾小球代偿性肥大
   D. 肾小管腔内见嗜中性粒细胞
   E. 肾盂黏膜纤维化

24. 成人肾恶性肿瘤中最常见的是
   A. 肾细胞癌
   B. 肾母细胞瘤
   C. 肾盂鳞癌
   D. 中胚叶肾瘤
   E. 以上都不是

25. 膜性肾小球肾炎早期常见的临床表现是
   A. 血尿
   B. 肾病综合征
   C. 高血压
   D. 氮质血症
   E. 以上都不是

26. 女性，老年患者，膀胱恶性肿瘤标本，肉眼检查：肿瘤呈乳头状，表面有出血、坏死及溃疡形成，无结石。此肿瘤光镜下观察可能性最大的类型是
   A. 基底细胞癌
   B. 燕麦细胞癌
   C. 横纹肌肉瘤
   D. 透明细胞癌
   E. 移行细胞癌

27. 膀胱恶性肿瘤晚期病人常见的死亡原因有
   A. 消化道梗阻
   B. 败血症
   C. 肿瘤广泛转移，恶病质
   D. 严重贫血
   E. 严重血尿

28. 关于肾癌描述下列哪项是**错误**的？
   A. 可发生于肾的任何部位
   B. 常有假包膜
   C. 切面呈多彩状
   D. 可引起肾盂积水
   E. 常侵入肾动脉

29. 与急性弥漫性增生性肾小球肾炎的发生关系较为密切的细菌是
   A. 葡萄球菌
   B. 肺炎链球菌
   C. 溶血性链球菌
   D. 大肠埃希菌
   E. 草绿色链球菌

30. 引起无痛性血尿最常见的疾病是
   A. 肾小球肾炎
   B. 肾盂肾炎
   C. 肾结石
   D. 肾癌
   E. 膀胱癌

多项选择题

31. 膀胱癌的预后与哪些因素有关？
   A. 肿瘤分化程度
   B. 年龄
   C. 部位
   D. 肿瘤浸润范围
   E. 组织学类型

32. 快速进行性肾炎综合征临床表现为
   A. 血尿
   B. 多尿
   C. 蛋白尿

D. 氮质血症
E. 高血压

33. 非选择性蛋白尿可见于
   A. 系膜增生性肾小球肾炎
   B. 轻微病变性肾小球肾炎
   C. 膜性肾小球肾炎
   D. 局灶性节段性肾小球肾炎
   E. IgA 肾病

34. 促使肾盂肾炎发病的因素有
   A. 尿路不畅
   B. 尿路畸形
   C. 膀胱镜检查
   D. 机体抵抗力降低
   E. 寒冷的天气

35. 下列哪些情况常见于急性肾盂肾炎？
   A. 肾盂积脓
   B. 肾乳头坏死
   C. 肾绞痛
   D. 氮质血症
   E. 肾小管坏死

36. 下列哪些肾炎尿液中常见管型尿？
   A. 系膜增生性肾小球肾炎
   B. 急性肾盂肾炎
   C. 膜性肾小球肾炎
   D. 新月体性肾小球肾炎
   E. 急性弥漫性增生性肾小球肾炎

37. 下列哪些情况可见于肾细胞癌？
   A. 多发生于青年人
   B. 肿瘤多好发于肾脏上下极
   C. 早期可发生血道转移
   D. 肿瘤组织间质少
   E. 肿瘤组织与周围组织界限清楚有包膜

38. 可引起弥漫性增生性肾小球肾炎的细菌是
   A. 大肠埃希菌
   B. 葡萄球菌
   C. A 族乙型溶血性链球菌
   D. 变形杆菌
   E. 肺炎链球菌

39. 哪些泌尿系统肿瘤镜下可见乳头状结构？
   A. 肾母细胞瘤
   B. 肾细胞癌
   C. 膀胱移行细胞癌
   D. 膀胱鳞状细胞癌
   E. 肾盂腺癌

40. 女性易患肾盂肾炎的原因是
   A. 慢性子宫颈炎
   B. 尿道短
   C. 无男性前列腺液所含的杀菌物质
   D. 女性激素使输尿管张力降低，蠕动减弱，尿潴留
   E. 妊娠子宫压迫输尿管

(四) 简答题

1. 简述肾小球肾炎的病因及发病机制。
2. 试述弥漫性增生性肾小球肾炎的病理组织学改变及临床病理联系。
3. 试述慢性肾小球肾炎的病理变化及临床病理联系。
4. 试比较急、慢性肾盂肾炎的肉眼改变。

参考答案

(一) 名词解释

1. 新月体：增生的肾小球壁层上皮细胞和渗出的单核细胞堆积成层，在肾球囊内毛细血管丛周围呈新月形或环状。新月体常见于快速进行性肾小球肾炎。

2. 肺出血肾炎综合征：因抗肾小球基底膜抗体与肺泡基底膜发生交叉反应，故主要病变为肺出血合并肾小球肾炎（多为Ⅰ型快速进行性肾小球肾炎），以致临床反复咯血并有肾

功能改变。

3. 继发性颗粒性固缩肾：慢性肾炎晚期，双侧肾体积显著缩小，重量减轻，质地变硬，表面呈细颗粒状。

4. 肾病综合征：有些肾炎如膜性肾炎、脂性肾病、膜性增生性肾炎、系膜增生性肾炎，表现为大量蛋白尿、全身性水肿、低蛋白血症、高脂血症和脂尿。

5. 急性肾炎综合征：起病急，常突然出现血尿、蛋白尿、水肿和高血压，重症可有氮质血症或肾功能不全。常见于急性弥漫性增生性肾小球肾炎。

6. 大红肾：急性弥漫性增生性肾小球肾炎时，肉眼观察双侧肾轻至中度肿大，被膜紧张，肾表面充血。

7. 脂性肾病：轻微病变性肾小球肾炎时，光镜下肾小球的改变不明显，而肾小管上皮细胞内有大量脂质沉积。

8. IgA 肾病：肾小球肾炎的一种，特点为免疫荧光显示系膜区 IgA 沉积，临床通常表现为反复发作的镜下或肉眼血尿。

9. 肾炎：肾小球肾炎简称肾炎，是一组以肾小球损害为主的超敏反应性疾病。

10. 膜性肾病：膜性肾小球肾炎时，病变早期光镜下肾小球炎性改变不明显，电镜下可见肾小球毛细血管基底膜增厚。

11. 慢性肾盂肾炎：为肾小管－间质的慢性炎症。病变特点为慢性间质性炎症、纤维化和瘢痕形成，常伴有肾盂和肾盏的纤维化和变形。

12. 肾细胞癌：简称肾癌，肿瘤起源于肾小管上皮细胞，故又称为肾腺癌。

13. 快速进行性肾炎综合征：血尿、蛋白尿后，迅速出现少尿或无尿，伴氮质血症，引起急性肾衰竭。主要见于快速进行性肾小球肾炎。

14. 无症状性血尿或蛋白尿：持续或复发性肉眼血尿或镜下血尿，可伴有轻度蛋白尿，主要见于 IgA 肾病。

(二) 填空题

1. 超敏反应性

2. 肾小球细胞增多、基底膜增厚、炎性渗出、玻璃样变和硬化

3. 细胞、大分子可溶性生物活性物质

4. 系膜细胞、内皮细胞、儿童、急性肾炎综合征

5. 球囊壁层上皮细胞、新月体

6. 成人、儿童

7. 多尿、夜尿、低比重尿

8. 上行性、大肠埃希菌

9. 肾盂、肾皮质、肾小球、肾小球周围的间质

10. 肾间质炎症、肾组织疤痕形成、肾盂和肾盏的纤维化和变形

11. Wilms 瘤、肾胚胎瘤、儿童

12. 侧壁、三角区、无痛性血尿

(三) 选择题

单项选择题

1. C

解析：轻微病变型肾小球肾炎电镜观察和免疫荧光检查均无免疫球蛋白和补体的沉积，

故一般认为与免疫复合物形成无关。

2. C

解析：除异种血清是外源性抗原，其余四种均是内源性肾小球成分或非肾小球成分抗原。

3. C

解析：肺出血肾炎综合征是抗GBM抗体引起的肾小球肾炎，免疫荧光呈线型荧光，而A、D均为颗粒型荧光，B则免疫荧光检查为阴性。

4. B

解析：急性弥漫性增生性肾小球肾炎常发生于感染后，其中最常见于A族乙型溶血性链球菌感染后，故又名链球菌感染后肾小球肾炎。

5. A

解析：急性弥漫性增生性肾小球肾炎肉眼观双肾肿大，色红，故称"大红肾"。

6. A

解析：肾小球内皮细胞和系膜细胞增生是急性弥漫性增生性肾小球肾炎的光镜下主要病变。

7. D

解析：RPGN的病理学特征是广泛的肾小球囊腔内新月体形成。

8. C

解析：RPGN由于大量新月体形成，使球囊腔阻塞。病人在出现血尿、蛋白尿改变后，迅速出现少尿和氮质血症。

9. A

解析：急性肾盂肾炎是细菌感染引起的肾间质和肾小管为主的化脓性炎。

10. D

解析：白细胞管型仅在肾小管内形成，出现时提示病变累及肾，对肾盂肾炎临床诊断有意义。

11. B

解析：急性弥漫性增生性肾小球肾炎电镜下主要特点为肾小球GBM上皮侧见驼峰状致密沉积物。

12. C

解析：急性弥漫性增生性肾小球肾炎主要病变是肾小球内细胞增生。增生的细胞主要为系膜细胞和内皮细胞。

13. C

解析：略

14. D

解析：除了肾小球囊周围纤维化病变是慢性肾盂肾炎的特点外，其余四种病变均可见于慢性肾小球肾炎。

15. D

解析：只有D多发生于儿童，其余三种均多见于中青年。

16. D

解析：除B外，其余四项均为慢性肾小球肾炎的镜下表现。但以大量肾小球纤维化，病变肾小球集中为其主要病变。

17. C

解析：慢性肾小球肾炎时，大量肾单位结构破坏、功能丧失，血液流经残存肾单位时速度加快，使肾小球滤过率增加。但肾小管重吸收功能有限，且对尿液浓缩功能下降，出现多尿、夜尿和低比重尿。

18. A

解析：略

19. D

解析：急性弥漫性增生性肾小球肾炎虽与感染有关，但一般是在细菌感染后1~3周发病，是溶血性链球菌感染引起的超敏反应性疾病。病人血液和尿液中均检不出致病菌。

20. C

解析：移形细胞癌是膀胱癌的主要组织类型。

21. B

解析：GBM损伤导致的纤维素渗出是刺激新月体形成的主要因素。

22. C

解析：该病绝大多数能治愈（尤其是儿童患者）。95%以上可在数周或数月内病变消退完全恢复。

23. D

解析：慢性肾盂肾炎间质内为淋巴细胞、浆细胞等慢性炎细胞浸润，而不是嗜中性粒细胞浸润。

24. A

解析：略

25. B

解析：膜性肾小球肾炎早期，肾小球内无明显增生和炎症现象，临床上主要表现为肾病综合征。

26. E

解析：移行细胞癌是膀胱癌镜下最常见类型。

27. C

解析：膀胱癌晚期可广泛转移到肝、肺、骨髓、肾和肾上腺等处，是导致病人死亡的原因。

28. E

解析：肾癌扩散可蔓延到肾盏、肾盂及输尿管，并常侵犯肾静脉。

29. C

解析：虽然葡萄球菌、肺炎链球菌也可引起急性弥漫性增生性肾小球肾炎，但以溶血性链球菌为最常见的病原菌。

30. E

解析：膀胱癌乳头状瘤体断裂、肿瘤表面坏死和溃疡等均可引起血尿。

多项选择题

31. AD

解析：病人的预后与肿瘤的组织学分级和肿瘤浸润深度有密切关系。

32. ACDE

解析：由于肾小球可发生坏死，导致明显血尿，蛋白尿相对较轻。大量肾小球内形成新月体，使球囊腔阻塞，迅速出现少尿、无尿和氮质血症。肾小球受压缺血引起肾素增多；少尿、无尿又至水钠潴留，最后引起高血压。

33. CD

解析：膜性肾小球肾炎、局灶性节段性肾小球肾炎由于肾小球损伤严重引起大量蛋白滤过，包括大分子蛋白，故为非选择性蛋白尿。而轻微病变性肾小球肾炎则为高选择性蛋白尿。

34. ABCD

解析：导致肾盂肾炎的主要因素为泌尿道黏膜损伤、尿路梗阻、膀胱输尿管反流，机体抵抗力下降也可引起。但与天气无关。

35. ABCE

解析：急性肾盂肾炎时肾小球通常较少受累，一般不出现氮质血症和肾功能障碍。

36. BE

解析：略

37. BCD

解析：肾细胞癌可发生于肾的任何部位，但多见于肾的两极。癌组织与邻近组织分界明显，但为假包膜形成。癌组织间质少，但血管丰富，早期经血行发生远处转移。好发于老年男性。

38. BCE

解析：略

39. BC

解析：肾细胞癌组织类型中的乳头状癌可见乳头状结构形成；膀胱移行细胞癌Ⅰ、Ⅱ级可见乳头状结构。

40. BCDE

解析：略

(四) 简答题

1. 简述肾小球肾炎的病因及发病机制。

(1) 引起肾小球肾炎的抗原：内源性抗原、外源性抗原；(2) 肾小球肾炎的免疫发病机制：原位免疫复合物形成、循环免疫复合物沉积；(3) 介质引起肾小球肾炎。

2. 试述弥漫性增生性肾小球肾炎的病理组织学改变及临床病理联系。

(1) 镜下：病变弥漫，肾小球内细胞肿胀增生（内皮细胞、系膜细胞），嗜中性粒细胞浸润；

(2) ①尿的变化：血尿、蛋白尿、管型尿、少尿；②水肿；③高血压。

3. 试述慢性肾小球肾炎的病理变化及临床病理联系。

(1) 病理变化：

肉眼：两侧肾变小、变硬，表面呈弥漫性细颗粒状。

镜下：部分肾单位萎缩、纤维化，部分肾单位代偿性肥大。

(2) 临床病理联系：①多尿、夜尿、低比重尿；②高血压；③贫血；④氮质血症、肾功能不全。

4. 试比较急、慢性肾盂肾炎的肉眼改变。

（1）急性：肾肿大、充血、质软，表面有脓肿、肾盂有脓性渗出物。

（2）慢性：肾体积缩小，质硬，表面有颗粒及凹陷性瘢痕，肾盂肾盏变形，肾盂黏膜增厚。

（韩丽华）

第九章 传染病和寄生虫病

一、重点与难点解析

（一）结核病的基本病变和转化规律

结核病是由结核分枝杆菌引起的肉芽肿性炎。渗出性病变主要是浆液和纤维素的渗出；增生性病变形成结核结节；变质性病变形成干酪样坏死；三种病变可以相互转化。结核病转向愈合的方式有吸收消散、纤维化、纤维包裹和钙化。转向恶化的方式有浸润进展和溶解播散。

（二）原发性肺结核病和继发性肺结核病的病变特点

原发性肺结核主要发病人群为儿童，机体第一次感染结核分枝杆菌，对结核分枝杆菌的免疫力刚开始没有，病程发展过程中逐渐建立，病变特点为原发综合征，多经血行和淋巴道播散，大多数可自愈。

继发性肺结核多见于成人，好发于肺尖，对结核分枝杆菌有特异性免疫力，病变有六种类型，多经支气管播散，大多数需要治疗。

（三）细菌性痢疾、肠伤寒、肠结核、肠阿米巴病的肠道病变特点

1. 细菌性痢疾　多累及结肠、直肠，溃疡形成原因为假膜脱落，溃疡表浅、地图形。
2. 肠伤寒　多累及回肠下段，溃疡深，由坏死组织脱落引起，形状为椭圆形，长轴与肠管长轴平行，最常见的并发症为肠出血和肠穿孔。
3. 肠结核　好发于回盲部，溃疡为环形，由干酪样坏死脱落引起，最常见的并发症是肠管狭窄。
4. 肠阿米巴病　好发于盲肠、升结肠，形成口小底大烧瓶状溃疡，溃疡周边可见阿米巴滋养体。

（四）结核性脑膜炎、流行性脑脊髓膜炎、流行性乙型脑炎的病变特点

结核性脑膜炎和流行性脑脊髓膜炎均累及软脑膜和蛛网膜，病变主要位于蛛网膜下隙；结核性脑膜炎以颅底病变严重，主要病变为渗出，有时可见结核结节和干酪样坏死。流脑以颅顶病变严重，主要为急性化脓性炎症。乙型脑炎是累及脑实质的变质性炎。

二、习题

（一）名词解释

1. 结核结节　2. 肺原发综合征　3. "冷脓肿"　4. 结核球（结核瘤）　5. 伤寒小结
6. 噬神经细胞现象　7. 神经细胞卫星现象　8. 阿米巴脓肿

（二）填空题

1. 结核病具有诊断意义的病变是_____和_____。
2. 肠伤寒分为_____、_____、_____、_____四期。
3. 慢性纤维空洞性肺结核中其厚壁空洞壁由_____、_____和_____三层构成。
4. 结核病基本病变的转化规律中转向愈合的方式有_____和_____，转向恶化的

方式有_____和_____。

5. 骨结核中最常见的是_____；脊椎结核最常累及_____。
6. 肠伤寒的最严重合并症是_____、_____。
7. 梅毒的基本病变有_____、_____、_____。
8. 下列肠道疾病的最好发部位：肠伤寒好发于_____；细菌性痢疾好发于_____；肠结核好发于_____； 肠阿米巴病好发于_____。
9. 已学过的疾病中，能形成肉芽肿的疾病有_____、_____、_____、_____、_____等，其中直接由细菌引起的肉芽肿有_____、_____、_____。

（三）选择题

单项选择题

1. 结核病的特征性病变是
   A. 浆液性炎
   B. 纤维素性炎
   C. 纤维素样坏死
   D. 空洞形成
   E. 结核结节和干酪样坏死

2. 结核结节主要细胞成分是
   A. 泡沫细胞
   B. 类上皮细胞
   C. 纤维母细胞
   D. 淋巴细胞
   E. 中性粒细胞

3. 典型结核结节中央是
   A. 类上皮细胞
   B. 干酪样坏死
   C. 朗汉斯巨细胞
   D. 变性坏死的中性粒细胞
   E. 淋巴细胞

4. 原发性肺结核的病灶多位于
   A. 肺尖
   B. 肺上叶
   C. 肺上叶下部、下叶上部接近胸膜处
   D. 肺下叶
   E. 锁骨下

5. 继发性肺结核的发病部位是
   A. 肺上叶
   B. 肺尖
   C. 肺下叶
   D. 胸膜
   E. 锁骨下

6. 关于继发性肺结核病变特点正确的是
   A. 病人对结核分枝杆菌没有特异性免疫力
   B. 多由外界结核分枝杆菌再次感染
   C. 主要通过血行、淋巴道蔓延
   D. 主要通过支气管播散
   E. 大多数可以自愈

7. 继发性肺结核中最常见类型是
   A. 局灶性肺结核
   B. 浸润性肺结核
   C. 慢性纤维空洞性肺结核
   D. 干酪样肺炎
   E. 结核瘤

8. 肠结核形成溃疡形态为
   A. 环形腰带状溃疡
   B. 烧瓶状溃疡
   C. 溃疡长轴与肠管的长轴平行的椭圆形溃疡
   D. 火山口状溃疡
   E. 大小不等、形态不一的浅溃疡

9. 女性生殖系统结核最多发生于
   A. 阴道
   B. 子宫颈
   C. 子宫内膜
   D. 输卵管
   E. 卵巢

10. 男性生殖系统结核病多见于
    A. 前列腺
    B. 精囊
    C. 输精管
    D. 附睾

E. 睾丸
11. 肠结核的好发部位为
    A. 空肠
    B. 回肠
    C. 升结肠
    D. 回盲肠
    E. 降结肠
12. 骨结核病常见于
    A. 股骨
    B. 肋骨
    C. 腓骨
    D. 胫骨
    E. 脊椎骨
13. 关于结核性脑膜炎的正确描述是
    A. 成人多见
    B. 多由脑内结核球恶化而来
    C. 以颅底部病变最严重
    D. 多由继发性肺结核血行播散而来
    E. 以中性粒细胞渗出为主
14. 伤寒病的基本病变属于
    A. 化脓性炎
    B. 变质性炎
    C. 急性增生性炎
    D. 纤维素性炎
    E. 浆液性炎
15. 伤寒病的肠道病变最好发于
    A. 结肠
    B. 十二指肠
    C. 回肠
    D. 盲肠
    E. 空肠
16. 肠伤寒引起的溃疡形态为
    A. 环形
    B. 椭圆形，长轴与肠管长轴平行
    C. 溃疡长轴与肠管长轴垂直
    D. 地图形溃疡
    E. 口小底大烧瓶状
17. 伤寒并发肠穿孔和出血容易发生在
    A. 潜伏期
    B. 髓样肿胀期
    C. 坏死期
    D. 溃疡期
    E. 愈合期
18. 细菌性痢疾的炎症类型是
    A. 出血性炎
    B. 蜂窝织炎
    C. 假膜性炎
    D. 肉芽肿性炎
    E. 浆液性炎
19. 细菌性痢疾传播途径是
    A. 消化道传播
    B. 呼吸道传播
    C. 经血液传播
    D. 性传播
    E. 内源性感染
20. 细菌性痢疾的临床表现**不包括**
    A. 发热
    B. 压痛、反跳痛
    C. 腹泻
    D. 脓血便
    E. 里急后重
21. 细菌性痢疾引起肠道溃疡的形态是
    A. 环形溃疡
    B. 烧瓶状溃疡
    C. 与肠的长轴平行的椭圆形溃疡
    D. 火山口状溃疡
    E. 地图形浅溃疡
22. 流行性脑脊髓膜炎的炎症类型是
    A. 变质性炎症
    B. 增生性炎症
    C. 化脓性炎症
    D. 浆液性炎症
    E. 肉芽肿性炎症
23. 流行性脑脊髓膜炎主要侵犯
    A. 硬脑膜外
    B. 硬脑膜
    C. 软脑膜
    D. 大脑皮质
    E. 蛛网膜和软脑膜
24. 流行性乙型脑炎的炎症类型是

A. 化脓性炎症
B. 变质性炎症
C. 纤维素性炎症
D. 浆液性炎症
E. 肉芽肿性炎症

25. 流行性乙型脑炎病变最严重的部位是
    A. 脊髓灰质
    B. 延脑
    C. 小脑
    D. 大脑皮质
    E. 神经节

26. 流行性乙型脑炎的病理变化**不包括**
    A. 筛网状软化灶形成
    B. 小胶质细胞结节形成
    C. 神经元变性坏死
    D. 蛛网膜下隙大量白细胞
    E. 淋巴细胞和单核细胞浸润并有血管套形成

27. 流行性乙型脑炎的传播途径是
    A. 消化道传播
    B. 呼吸道传播
    C. 经血液传播
    D. 性传播
    E. 蚊子传播

28. 艾滋病的病原体是
    A. HCV
    B. HIV
    C. HBV
    D. HPV
    E. CMV

29. **不符合**艾滋病传播途径的是
    A. 性接触传播
    B. 母婴传播
    C. 输血传播
    D. 接吻传播
    E. 通过污染的注射器传播

30. 艾滋病免疫缺陷的主要原因是
    A. $CD4^+$ T 细胞大量减少
    B. B 细胞功能障碍

C. 补体缺陷
D. 吞噬细胞功能障碍
E. $CD8^+$ T 细胞大量减少

31. 艾滋病患者最常见的肺部感染是
    A. 曲霉菌感染
    B. 新形隐球菌感染
    C. 巨细胞病毒感染
    D. 卡氏肺孢子菌感染
    E. 白假丝酵母菌（白色念珠菌）感染

32. 艾滋病并发的最常见的恶性肿瘤是
    A. 鳞状细胞癌
    B. Kaposi 肉瘤
    C. 未分化癌
    D. 恶性淋巴瘤
    E. 腺癌

33. 一期梅毒的特征性病变是
    A. 外生殖器硬性下疳
    B. 主动脉瘤形成
    C. 梅毒疹
    D. 树胶肿形成
    E. 脊髓痨

34. 关于淋病的描述，正确的是
    A. 主要传播途径为间接接触
    B. 为泌尿生殖系统的急性化脓性炎
    C. 淋病奈瑟菌对鳞状上皮有特殊的亲和性
    D. 女性可引起阴道炎
    E. 可以通过蚊子叮咬传播

35. 尖锐湿疣的病变中具有诊断意义的细胞是
    A. 上皮样细胞
    B. 巨噬细胞
    C. 浆细胞
    D. 泡沫细胞
    E. 挖空细胞

36. 肠阿米巴病最常发生在
    A. 空肠
    B. 回肠
    C. 盲肠和升结肠
    D. 横结肠

E. 乙状结肠和直肠
37. 肠阿米巴病溃疡的特点是
    A. 环形溃疡
    B. 烧瓶状溃疡
    C. 与肠的长轴平行的椭圆形溃疡
    D. 火山口状溃疡
    E. 大小不等、形态不一的浅溃疡
38. 阿米巴滋养体所引起的组织坏死为
    A. 凝固性坏死
    B. 干酪样坏死
    C. 纤维素样坏死
    D. 液化性坏死
    E. 湿性坏疽
39. 易发生肠穿孔而致死的疾病是
    A. 阿米巴病
    B. 结核
    C. 细菌性痢疾
    D. 伤寒
    E. 血吸虫病
40. 血吸虫肠道病变最显著处是
    A. 回肠末端
    B. 盲肠、升结肠
    C. 横结肠
    D. 降结肠
    E. 乙状结肠、直肠

多项选择题

41. 肺原发性综合征的病变包括
    A. 肺内原发结核病灶
    B. 结核性淋巴管炎
    C. 肺门结核性淋巴结炎
    D. 肺内病变易有空洞形成
    E. 干酪样肺炎
42. 结核病病灶转向恶化时的病变是
    A. 吸收消散
    B. 钙化
    C. 干酪样坏死沿支气管播散
    D. 浸润扩散
    E. 干酪样坏死溶解液化
43. 原发性肺结核的特点是
    A. 多从肺尖部开始
    B. 病变多发生在肺上叶下部、下叶上部接近胸膜处
    C. 容易通过淋巴道、血行播散
    D. 大多数可自愈
    E. 多见于儿童
44. 继发性肺结核病的病变特点是
    A. 多从肺尖部开始
    B. 易发生血行播散
    C. 患者对结核分枝杆菌有一定的免疫力
    D. 易通过支气管蔓延
    E. 大多数需要临床治疗
45. 关于浸润性肺结核病正确的是
    A. 病变中心常有较小的干酪样坏死区
    B. 属于活动性肺结核
    C. 病灶周围有广泛的病灶周围炎
    D. 大多数是局灶型肺结核发展的结果
    E. 可以自愈
46. 结核性脑膜炎的特点为
    A. 成人多见
    B. 病变以脑底部最明显
    C. 可引起颅内压升高
    D. 可引起脑积水
    E. 常为全身性粟粒性结核病的一部分
47. 慢性纤维空洞型肺结核的病变特点是
    A. 一个或多个厚壁空洞
    B. 双肺多个病变，病灶新旧不一
    C. 可导致肺组织的广泛纤维化
    D. 可发展为硬化性肺结核
    E. 空洞壁薄而光滑
48. 经血行播散的结核病是
    A. 全身粟粒性结核病
    B. 肺粟粒性结核病
    C. 骨结核
    D. 肠结核
    E. 结核性脑膜炎
49. 慢性结核空洞壁的成分包括

A. 干酪样坏死物质
B. 结核性肉芽组织
C. 纤维结缔组织
D. 淋巴组织
E. 大量中性粒细胞

50. 符合骨结核的描述是
A. 多经血行播散而来
B. 可形成死骨
C. 可形成冷脓肿
D. 可形成干酪样坏死
E. 脊椎结核多见

51. 伤寒的合并症包括
A. 中毒性心肌炎
B. 肠穿孔
C. 支气管肺炎
D. 胆囊炎
E. 肠出血

52. 肠伤寒的溃疡病变特点是
A. 主要累及回肠下段淋巴组织
B. 溃疡长轴与肠长轴垂直
C. 溃疡呈椭圆形，其长轴与肠长轴平行
D. 可引起肠穿孔
E. 易引起肠狭窄

53. 伤寒的临床表现有
A. 持续高热
B. 肝、脾大

C. 外周血白细胞计数增高
D. 皮肤玫瑰疹
E. 相对缓脉

54. 梅毒的基本病变是
A. 闭塞性动脉内膜炎
B. 梅毒疹
C. 树胶样肿
D. 小血管周围炎
E. 硬性下疳

55. 流行性脑脊髓膜炎可引起
A. 脑膜刺激症状
B. 颅内压升高
C. 脑脊液以淋巴细胞渗出为主
D. 脑脊液出现大量中性粒细胞
E. 脑脊液中以巨噬细胞渗出为主

56. 流行性乙型脑炎的主要病理变化是
A. 软化灶形成
B. 神经细胞变性坏死
C. 淋巴细胞血管周围套状浸润
D. 蛛网膜下隙积脓
E. 小胶质细胞结节状增生

57. 以下能够形成肉芽肿的疾病有
A. 阿米巴病
B. 结核病
C. 血吸虫病
D. 伤寒
E. 梅毒

(三) 简答题

1. 试述结核病的基本病变有哪些？
2. 试述结核病基本病变的转化规律。
3. 继发性肺结核的类型有哪些？
4. 慢性纤维空洞型肺结核的病变特点有哪些？
5. 原发性肺结核和继发性肺结核有何区别？
6. 哪些疾病能引起肠道溃疡？其病变特点有何区别？
7. 比较流行性脑脊髓膜炎和流行性乙型脑炎的临床和病理特点？

参考答案

(一) 名词解释

1. 结核结节：由上皮样细胞、朗汉斯巨细胞加上外周局部聚集的淋巴细胞和少量反应性增生的成纤维细胞构成。典型者结节中央有干酪样坏死。

2. 肺原发综合征：肺的原发病灶、结核性淋巴管炎和肺门淋巴结结核合称为原发综合征。

3. "冷脓肿"：干酪样坏死型骨结核病变常累及周围软组织，引起干酪样坏死，坏死物液化后在骨旁形成结核性"脓肿"，由于局部无红、热、痛，故又称为"冷脓肿"。

4. 结核球：是直径 2~5cm，有纤维包裹的孤立的境界分明的干酪样坏死灶。

5. 伤寒小结：伤寒细胞常聚集成团，形成小结节称为伤寒肉芽肿或伤寒小结，是伤寒的特征性病变，具有诊断价值。

6. 噬神经细胞现象：小胶质细胞及中性粒细胞侵入变性坏死的神经细胞内。

7. 神经细胞卫星现象：在变性的神经细胞周围，常有增生的 5 个及以上的少突胶质细胞围绕。

8. 阿米巴脓肿：慢性期阿米巴病变时，有时可因肉芽组织增生过多，而形成局限性包块。

（二）填空题

1. 结核结节、干酪样坏死
2. 髓样肿胀期、坏死期、溃疡期、愈合期
3. 干酪样坏死层、结核性肉芽组织层、纤维瘢痕层
4. 吸收消散、纤维化、钙化、浸润进展、溶解播散
5. 脊椎结核、T10~L2
6. 肠出血、肠穿孔
7. 闭塞性动脉内膜炎、小血管周围炎、树胶样肿
8. 回肠末端集合淋巴小结、孤立淋巴小结；直肠、乙状结肠；回盲部；盲肠、升结肠
9. 伤寒、结核病、梅毒、风湿病、硅沉着病（矽肺），伤寒、结核病、梅毒

（三）选择题

单项选择题

1. E

解析：略

2. B

解析：结核结节是肉芽肿，类上皮细胞是巨噬细胞的衍生细胞，是结核结节的主要成分。

3. B

解析：略

4. C

解析：原发性肺结核多见于通气良好的右肺上叶下部、下叶上部近胸膜处。

5. B

解析：略

6. D

解析：继发性肺结核多由体内潜伏病灶重新发作，多由支气管途径播散，其余均为原发性肺结核的特点。

7. B

解析：临床上最常见的类型是浸润性肺结核。

8. A

解析：溃疡型肠结核溃疡形态为环形。

9. D

解析：女性生殖系统结核多发生在输卵管。

10. D

解析：男性生殖系统结核由泌尿系统直接蔓延而来，多见于附睾。

11. D

解析：肠结核的好发部位为回盲部。

12. E

解析：骨结核最多见于脊柱。

13. C

解析：结核性脑膜炎多见于儿童，由血行播散而来，以颅底病变最为严重。

14. C

解析：伤寒以全身单核-巨噬细胞系统增生为主要病变的急性增生性炎。

15. C

解析：肠伤寒好发于回肠下段的淋巴小结。

16. B

解析：肠伤寒引起的溃疡为椭圆形，长轴与肠管长轴平行。

17. D

解析：伤寒并发肠出血和肠穿孔多发生在溃疡期。

18. C

解析：细菌性痢疾是典型的假膜性炎。

19. A

解析：细菌性痢疾是消化道传播疾病。

20. B

解析：略

21. E

解析：细菌性痢疾形成的假膜脱落后形成浅表的地图形溃疡。

22. C

解析：流行性脑脊髓膜炎是化脓性炎。

23. E

解析：流行性脑脊髓膜炎多侵犯软脑膜和蛛网膜。

24. B

解析：略

25. D

解析：乙型脑炎累及中枢神经系统的灰质，主要累及大脑皮质、基底核和视丘。

26. D

解析：D错，为流行性脑脊髓膜炎的病变。

27. E

解析：乙型脑炎病毒经蚊子叮咬传播。

28．B

解析：HIV（人类免疫缺陷病毒），为艾滋病的病原体。

29．D

解析：艾滋病主要经过性交、血液和垂直传播，日常接触不能传染艾滋病。

30．A

解析：HIV 破坏的靶细胞为 $CD4^+$ T 细胞。

31．D

解析：卡氏肺孢子菌引起的肺炎是艾滋病患者常见的死亡原因。

32．B

解析：约 30% 的艾滋病患者会发生 Kaposi 肉瘤。

33．A

解析：一期梅毒典型病变是形成硬下疳。

34．B

解析：淋病是主要侵犯泌尿生殖系统的化脓性炎，淋病奈瑟菌对柱状上皮和移行上皮亲和力较强。多引起女性尿道炎症，而阴道是鳞状上皮覆盖，症状较轻。

35．E

解析：略

36．C

解析：盲肠和升结肠是肠阿米巴好发部位。

37．B

解析：肠阿米巴形成的溃疡为口小底大的烧瓶状溃疡。

38．D

解析：阿米巴病的病变为阿米巴原虫引起的变质性炎，可引起组织液化坏死。

39．D

解析：肠伤寒最常见的并发症是肠出血和肠穿孔。

40．E

解析：血吸虫病的主要病变是由虫卵沉积在乙状结肠、直肠和肝的急慢性虫卵结节。

多项选择题

41．ABC

解析：略

42．CDE

解析：AB 错，是转向愈合的方式。

43．BCDE

解析：A 错，为继发性肺结核的好发部位。

44．ACDE

解析：B 错，为原发性肺结核的病变特点。

45．ABCD

解析：E 错，浸润性肺结核往往需要治疗。

46．BCDE

解析：A 错，结核性脑膜炎多见于原发性肺结核经血行播散，多见于儿童。

47. ABCD

解析：E 错，慢性空洞壁厚，急性空洞壁薄，慢性纤维空洞型肺结核会形成慢性空洞。

48. ABCE

解析：D 错，肠结核由吞咽带菌的痰液或饮用带菌牛奶引起。

49. ABC

解析：慢性结核空洞壁有三层结构，由内向外依次为：干酪样坏死、肉芽组织、纤维结缔组织。

50. ABCDE

解析：略

51. BCE

解析：伤寒的并发症为肠出血、肠穿孔、支气管肺炎。

52. ACD

解析：BE 错，描述的是溃疡性肠结核的病变特点。

53. ABDE

解析：C 错，伤寒时骨髓因粒细胞系统受抑制，外周血中性粒细胞明显减少。

54. ACD

解析：BE 错，为梅毒的临床表现，不是基本病变。

55. ABD

解析：流行性脑脊髓膜炎为化脓性炎症，可见脑脊液中有大量中性粒细胞。

56. ABCE

解析：D 错，为流行性脑脊髓膜炎的病变特点。

57. BCDE

解析：A 错，阿米巴病变是以由阿米巴原虫引起的液化性坏死为主的变质性炎，BCDE 均可以形成肉芽肿，结核病中的结核结节，血吸虫虫卵结节，伤寒小结，梅毒时形成的树胶肿均是肉芽肿。

（四）简答题

1. 试述结核病的基本病变有哪些？

结核病的基本病变：（1）渗出为主的病变：表现为浆液性炎或浆液纤维素性炎，好发于肺、浆膜、滑膜和脑膜等处。

（2）增生为主的病变：特点是形成结核结节，出现在菌量少、毒力低或机体免疫力较强时。

（3）坏死为主的病变：在结核分枝杆菌数量多、毒力强，机体抵抗力低或超敏反应强时，上述以渗出为主或以增生为主的病变均可继发干酪样坏死。

2. 试述结核病基本病变的转化规律。

结核病的转化规律：

（1）转向愈合：①吸收、消散：为渗出性病变的主要愈合方式，渗出物经淋巴道吸收而使病灶缩小或消散。②纤维化、纤维包裹和钙化：增生性病变和小的干酪样坏死灶，可逐渐纤维化，最后形成瘢痕而愈合，较大的干酪样坏死灶，则由其周边纤维组织增生将坏死物包裹，继而坏死物逐渐浓缩干燥，并有钙盐沉着。

(2) 转向恶化：①浸润进展：病情恶化时，病灶周边出现渗出性病变，范围不断扩大，并继发干酪样坏死。②溶解播散：含有结核分枝杆菌的干酪样坏死物可液化，形成半流体物质可经体内的自然管道播散至其他部位，形成新的结核病灶。

3. 继发性肺结核的类型有哪些？

继发性肺结核包括：局灶性肺结核、浸润性肺结核、慢性纤维空洞型肺结核、结核性胸膜炎、干酪样肺炎、结核瘤。

4. 慢性纤维空洞型肺结核的病变特点有哪些？

慢性纤维空洞型肺结核的病变特点：

(1) 在肺内形成一个或多个形态不规则、大小不一的厚壁空洞，多位于肺上部。镜下观：空洞壁自内向外可分为三层：内层是含大量结核分枝杆菌的干酪样坏死物，中层是结核性肉芽组织，外层为纤维结缔组织。

(2) 同侧或对侧肺组织，特别是肺下叶可见由支气管播散引起的许多新旧不等的、大小不一、病变类型不同的病灶。

(3) 后期肺组织严重破坏，广泛纤维化、胸膜增厚、粘连，肺体积缩小。

5. 原发性肺结核和继发性肺结核有何区别？

原发性肺结核和继发性肺结核的区别

	原发性肺结核病	继发性肺结核病
结核分枝杆菌感染	初次	再次
好发年龄	儿童	成人
特异性免疫力	一开始无，随着病程逐渐建立	有
病变起始部位	上肺叶下部、下肺叶上部近胸膜处	肺尖部
病变特点	肺原发综合征	病变多样，新旧不等
播散方式	淋巴道或血行为主	支气管为主
病程	短，大多自愈	长，需治疗

6. 哪些疾病能引起肠道溃疡？其病变特点有何区别？

引起肠道溃疡的疾病有肠结核、肠伤寒、细菌性痢疾、肠阿米巴病。

	肠结核	肠伤寒	细菌性痢疾	肠阿米巴病
好发部位	回盲部	回肠末端	直肠、乙状结肠	盲肠、升结肠
溃疡边缘	参差不齐	凸起	参差不齐	潜行性、挖掘状
溃疡深度	较浅	较深	较浅	较深
溃疡形状	腰带状	椭圆形	不规则地图状	口小底大烧瓶状
溃疡与肠管关系	长轴与肠管长轴垂直	长轴与肠管长轴平行		
溃疡底部	干酪样坏死物	不平坦	少量坏死物	大片液化性坏死物
并发症	肠狭窄	肠穿孔		肠穿孔

7. 比较流行性脑脊髓膜炎和流行性乙型脑炎的临床和病理特点？

流行性脑脊髓膜炎和流行性乙型脑炎的区别

	流行性脑脊髓膜炎	流行性乙型脑炎
病原体	脑膜炎奈瑟菌	乙型脑炎病毒
发病季节	冬春季	夏秋季
好发年龄	儿童、青少年	10岁以下儿童
感染途径	呼吸道飞沫传播	蚊子叮咬
炎症性质	急性化脓性炎	变质性炎
病变部位	脑脊髓膜	脑实质
病变特点	蛛网膜下隙脓性渗出物	血管套、软化灶形成、胶质细胞增生、噬神经细胞现象、神经细胞卫星现象
临床特点	以脑膜刺激征为主	以脑功能障碍为主
结局	预后较好，后遗症少	预后较差，后遗症多见

（徐义荣）

第二篇　病理生理学

第一章　疾病概论

一、重点与难点解析

（一）健康与疾病

随着社会的进步和医学的发展，人类疾病的模式已由生物医学模式转变为生物－心理－社会医学模式。人们对健康与疾病的认识也在不断的变化着。WHO把健康定义为：健康不仅是没有疾病或病痛，而且是一种躯体上、精神上和社会适应能力上的完好状态。可见现在的健康观是一个三维的健康观。疾病是在一定条件下病因的损害作用后，因机体自稳调节紊乱而发生的异常的生命活动过程。

（二）病因及条件在疾病发生中的作用

广意的病因包括致病原因和致病条件。致病原因简称病因，是指能够引起某一种疾病并决定疾病特异性因素。病因的分类：生物因素、理化因素、营养因素、遗传因素、先天性因素、免疫因素和精神、心理社会因素。任何疾病都有原因，病因是引起疾病必不可少的因素，并且决定该疾病的特异性。病因作用于机体，并不一定都会引起疾病，这取决于机体对病因的抵抗力。疾病的条件是指能够促进或阻碍疾病发生、发展的因素。临床上把促进疾病发生、发展的因素称之为诱因。条件不能直接引起疾病，只能影响疾病的发生、发展。

（三）疾病发生、发展的一般规律和机制

1. 疾病在发生、发展过程中的一般规律

（1）因果交替规律：是疾病发生、发展的基本规律之一，在原始病因作用下，机体发生一些变化，前者为因，后者为果，而这些变化又作为新的病因，引起新的变化，如此因果不断交替、相互转化，推动疾病的发展。在因果交替规律的推动下，疾病可有两个发展趋向：①良性循环；②恶性循环。我们需正确认识疾病过程中的因果交替规律，对于掌握疾病的中心环节，及时采取防治措施具有重要的意义。

（2）损伤与抗损伤反应：病因作用于机体，引起一系列功能、代谢及形态结构的变化。这些变化有的是病因引起损伤性反应，有的是机体对于病因的作用而产生的抗损伤性代偿反应，两者相互对立又相互依存，贯穿于疾病的全过程。在疾病的发展过程中，损伤与抗损伤的斗争是推动疾病发展的基本动力，两者的强弱决定疾病的发展方向。如损伤较轻，抗损伤较强，疾病就会沿着良性循环向康复方向发展；相反，则向恶性循环的方向发展。

（3）局部和整体之间的关系：机体在神经－体液的调控下，使全身各部保持着密切的关系。任何疾病基本上都是整体疾病，而各组织、器官和致病因素作用部位的病理变化，均是全身性疾病的局部表现。在疾病过程中，局部与整体互相影响、互相制约。局部的病变可以通过神经和体液的途径影响整体，而机体的全身功能状态也可以通过这些途径影响局部病变的发展和经过。

2. 疾病在发生、发展过程中共同的机制有：神经机制、体液机制和细胞分子机制。

（四）疾病的经过与转归

疾病都有一个发生、发展过程，尤其是传染病，其过程往往表现出一定的阶段性，一般可分为潜伏期、前驱期、症状明显期、转归期四个阶段，但有一些疾病，如外伤、肿瘤等，阶段性不明显。疾病的转归是指疾病的最终结局，可分为康复与死亡两种形式。根据康复的程度，可分为完全康复和不完全康复。完全康复指：①致病因素已经消除或不起作用；②疾病时所发生损伤性变化完全消失；③机体的自稳调节恢复正常。不完全康复是指：④疾病所致的损伤已得到控制，主要症状消失；⑤机体通过代偿机制维持相对正常的生命活动，但疾病基本病理改变并未完全恢复，有些可留有后遗症（如心肌梗死后留下的瘢痕）。死亡是机体生命活动的终止。可分为生理性死亡和病理性死亡。目前在临床上有两种死亡观共存，分别是传统死亡观和脑死亡。传统的死亡观认为死亡是一个过程，可分为濒死期、临床死亡期及生物学死亡期三个阶段。其中临床死亡期的标志是心跳、呼吸停止，各种反射消失。此期是进行复苏的关键时期。近年来，随着医学科学的发展与进步，对死亡有了新的认识。目前认为死亡是机体作为一个整体的功能的永久性停止。判断整体死亡的标志是脑死亡，指全脑功能的永久性丧失。

二、习题

（一）名词解释

1. 疾病 2. 脑死亡 3. 病因 4. 诱因 5. 致病条件 6. 完全康复 7. 不完全康复
8. 基本病理过程

（二）填空题

1. 疾病所引起的病人的主观感觉异常称为_____。
2. 利用检查得来的患者的客观征象称为_____。
3. 健康不仅是没有疾病或病痛，而且是一种_____、_____和_____的完好状态，必须具备_____、_____及_____。
4. 疾病是机体在一定条件下受_____损害作用后，因机体_____而发生的异常的生命活动过程。
5. 致病条件可起到_____或_____疾病发生、发展的作用。
6. 疾病发生、发展的规律包括_____、_____及_____。
7. 疾病发生、发展的基本机制包括_____、_____及_____机制。
8. 疾病大致可分为四期包括_____、_____、_____及_____。
9. 疾病的转归有_____和_____两种形式。
10. 机体作为一个整体的功能永久性停止的标志是_____，它是指_____的永久性丧失。其判断死亡的意义在于_____及_____。

（三）选择题

单项选择题

1. 有关健康的正确提法是
   A. 不生病就是健康
   B. 健康是指体格健全
   C. 健康是指精神上的完美状态
   D. 健康是指社会适应能力的良好状态
   E. 健康是指没有疾病或病痛，躯体上、精神上和社会上的完好状态

2. 下列对致病条件的叙述中哪一项是**错误**的？

A. 疾病的发生中条件是必不可少的
B. 有的条件可以促进疾病的发生，有的则延缓疾病的发生
C. 条件是指在疾病原因作用下，对疾病发生和发展有影响的因素
D. 条件包括自然条件和社会条件
E. 对某一疾病是条件的因素，可能是对另一疾病的原因

3. 从功能和代谢角度揭示疾病本质的学科是
A. 病理解剖学
B. 临床病理学
C. 病理生理学
D. 医学遗传学
E. 临床免疫学

4. 病理生理学的主要任务是
A. 鉴定疾病的类型
B. 描述疾病的表现
C. 揭示疾病的机制和规律
D. 研究疾病时的代偿功能
E. 诊断与治疗疾病

5. 死亡的概念是指
A. 呼吸、心跳停止，反射消失
B. 有机体解体，所有细胞死亡
C. 全脑功能不可逆性永久性停止
D. 意识永久消失而呈植物人状态
E. 脑电波消失

6. 以下**不属于**基本病理过程的是
A. 水肿
B. 风湿病
C. 发热
D. 炎症
E. 缺氧

7. 能够影响疾病发生、发展的因素为
A. 疾病的原因
B. 疾病的条件
C. 疾病的内因
D. 疾病的诱因
E. 危险因素

8. 下列关于疾病的叙述，**错误**的是

A. 每种疾病一般来说都有病因
B. 病因可以促进或阻碍疾病的发展
C. 病因是决定疾病特异性的因素
D. 没有病因，不可能发生相关疾病
E. 病因是引起疾病必不可少的因素

9. 强酸、强碱作为致病因素属于
A. 生物性因素
B. 理化因素
C. 营养因素
D. 遗传性因素
E. 先天性因素

10. 下列哪种疾病**不是**遗传的
A. 血友病
B. 先天性心脏病
C. 唐氏综合征（先天愚型）
D. 白化病
E. 多囊肾

11. 导致青霉素过敏的致病因子属于
A. 生物性因素
B. 理化性因素
C. 先天性因素
D. 营养性因素
E. 免疫性因素

12. 疾病的发展方向取决于
A. 病因的数量和强度
B. 机体的抵抗力
C. 损伤和抗损伤力量的对比
D. 是否存在诱因
E. 机体自稳调节能力

13. 关于因果交替，说法**错误**的是
A. 疾病中因果交替规律的发展常可形成恶性循环
B. 即使原始病因已不存在，因果交替仍可推动疾病过程不断发展
C. 因果交替是疾病发展的重要形式
D. 原因和结果间可以相互交替和相互转化
E. 因果交替和恶性循环是无法打断的

14. 疾病发生的基本机制**不包括**
A. 免疫机制

B. 分子机制
C. 体液机制
D. 组织细胞机制
E. 神经机制

15. 典型的疾病经过**不包括**下列哪期
    A. 转归期
    B. 临床症状明显期
    C. 前驱期
    D. 恢复期
    E. 潜伏期

16. 下列哪项**不符合**完全康复的标准
    A. 疾病时发生的损伤性变化完全消失
    B. 致病因素已消除或不起作用
    C. 机体的自稳调节恢复正常
    D. 机体功能代谢恢复
    E. 基本病理变化尚未完全消失

（17~18题共用备选答案）
    A. 遗传因素
    B. 代谢因素
    C. 营养不良
    D. 寒冷
    E. 消化道出血

17. 冻伤的原因是
18. 肺结核的条件是

（19~24题共用备选答案）
    A. 遗传性因素
    B. 免疫性因素
    C. 生物性因素
    D. 营养性因素
    E. 先天性因素

19. 唐氏综合征（先天愚型）的致病因素是
20. 心室间隔缺损的致病因素是
21. 系统性红斑狼疮的致病因素是
22. 病毒性肝炎的致病因素是
23. 血友病的致病因素是
24. 疟疾的致病因素是

多项选择题

25. 有关疾病和病理过程的正确说法是
    A. 一种疾病可由不同的原因引起，无特异性
    B. 疾病是病理过程的表现形式
    C. 任何一种病理过程都有成套的、共同的机能、代谢和形态结构的变化
    D. 一种疾病可包含多种病理过程
    E. 一种病理过程可存在于不同的疾病中

26. 关于疾病诱因的正确描述是
    A. 为某种疾病不可缺少的特异性因素
    B. 属于疾病的条件范畴
    C. 能够促进疾病或病理过程的发生、发展
    D. 是疾病的内因
    E. 一种能导致疾病发生的因素

27. 疾病发生、发展过程中存在的普遍规律包括
    A. 局部和整体
    B. 因果转化
    C. 疾病过程中存在主导环节
    D. 损伤与抗损伤反应
    E. 致病原因的作用

28. 生物性因素的致病特点
    A. 有一定的入侵部位
    B. 有一定的体内繁殖部位
    C. 依靠其毒力和侵袭力致病
    D. 对易感宿主才致病
    E. 只引起疾病的发生

29. 诊断脑死亡的标准有
    A. 瞳孔散大或固定
    B. 自主呼吸停止
    C. 脑电波消失、呈平直线
    D. 心跳停止
    E. 不可逆性深昏迷

30. 损伤与抗损伤反应可以表现为
    A. 贯穿于整个疾病过程中
    B. 两者相互对立
    C. 两都可以相互转化
    D. 影响疾病的转归
    E. 两者互为因果

(四) 简答题
1. 试述健康的概念。
2. 疾病的概念是什么？
3. 试述病因（致病因素）的概念。
4. 何谓疾病发生的条件？
5. 诱发因素的概念是什么？
6. 何谓病理过程？
7. 病因的种类很多，一般分为几大类？
8. 以大出血为例，叙述其发展过程中的因果交替与恶性循环。
9. 脑死亡的概念、判断脑死亡的标准及其意义。

参考答案

(一) 名词解释

1. 疾病：是指机体在一定病因的损害作用下，因自稳调节紊乱而发生的异常生命活动过程。

2. 脑死亡：是指全脑机能永久性丧失，它是整体死亡的标志。

3. 病因：能够引起疾病并能决定该疾病特异性的因素。

4. 诱因：能够促进疾病发生、发展的因素。

5. 致病条件：能够促进或阻碍疾病发生、发展的因素。

6. 完全康复：是指疾病时所发生的体内损伤性变化完全消失，机体的自稳调节和适应环境的能力恢复正常。

7. 不完全康复：是指疾病时的损伤性变化得到控制，主要症状、体征和行为异常已经消失，但体内某些重要病理变化尚未消失而留有后遗症，但依靠机体的代偿活动，能维持相对正常的生命活动。

8. 基本病理过程：是指多种疾病过程中存在的、共同的、成套的功能代谢和形态结构的变化。

(二) 填空题

1. 症状
2. 体征
3. 躯体、心理、社会适应能力、身体健康、心理健康、良好的社会适应能力
4. 病因、自稳调节紊乱
5. 促进、阻碍
6. 因果交替、损伤和抗损伤、局部和整体的相互关系
7. 神经、体液、细胞和分子
8. 潜伏期、前驱期、临床症状明显期、转归期
9. 康复、死亡
10. 脑死亡、全脑功能、减少经济负担、利于器官移植的开展

（三）选择题

单项选择题

1. E

解析：WHO提出健康定义：不仅是没有疾病和病痛，而且是躯体上、精神上和社会上处于完好状态。

2. A

解析：致病条件是指能够促进或阻碍疾病发生、发展的因素。同一种因素在某一种疾病过程中可以是致病条件，而对于另一种疾病可能是致病因素。

3. C

解析：病理生理学是一门研究疾病发生、发展、转归的规律和机制的科学。其主要任务是研究疾病发生、发展的一般规律和机制，研究患病机体的功能代谢变化和机制，从而为临床疾病的防治提供一定的理论依据。

4. C

解析：同上。

5. C

解析：目前判断死亡的标志是脑死亡，是指枕骨大孔以上的全脑功能发生不可逆的永久性停止。

6. B

解析：病理过程是指多种疾病过程中存在的、共同的、成套的机能代谢甚至形态结构方面的变化。

7. B

解析：致病条件是指能够影响疾病发生、发展的因素。

8. B

解析：病因是能够引起疾病并能决定该疾病特异性的因素。没有病因就不会引起疾病，一种病因只能引起一类疾病。

9. B

解析：强酸、强碱致病属于理化因素致病。

10. B

解析：遗传性因素致病是指遗传物质发生改变，包括基因突变或染色体畸变而致疾病。

11. E

解析：在某些机体中，免疫系统对一些抗原刺激发生异常强烈的反应，从而导致组织、细胞的损伤和生理功能的障碍，这些异常的免疫反应称为超敏反应或变态反应，如异种血清蛋白、某些药物在某些个体中引起的过敏性休克。

12. C

解析：损伤和抗损伤的相互作用贯穿疾病的始终，决定着疾病的发展方向。

13. E

解析：在疾病的发生、发展过程中，原因和结果可以相互交替和转化，如果及时阻断因果转化，就可使疾病朝有利于康复的方向发展。

14. A

解析：疾病发生的基本机制包括神经机制、体液机制、组织细胞机制和分子机制。

第一章　疾病概论

15．D

解析：疾病的经过是一个发生、发展的过程，一般可分为四期，分别是潜伏期、前驱期、临床症状明显期和转归期。

16．E

解析：完全康复是指患者的症状和体征完全消失，各系统功能、代谢和形态结构完全恢复正常。

17．D

解析：引起冻伤的原因是寒冷。

18．C

解析：肺结核的致病条件是营养不良等所致机体抵抗力低下，病因是结核分枝杆菌。

19．A

解析：唐氏综合征（先天愚型）的致病因素是遗传因素，即21号染色体突变。

20．E

解析：心室间隔缺损的致病因素是胎儿在母体内发育的过程中受到外来因素的侵袭而致病，属先天性因素致病。

21．B

解析：系统性红斑狼疮的致病因素属于自身免疫性疾病。

22．C

解析：病毒性肝炎的致病因素是肝炎病毒致病，属于生物性因素致病。

23．A

解析：血友病的致病因素是遗传性凝血因子异常而致病，属于遗传性因素致病。

24．E

解析：疟疾的致病因素是疟原虫进入血循环而引发的疾病，属生物性因素致病。

多项选择题

25．CDE

解析：疾病是指机体在一定病因的损害作用下，因自稳调节紊乱而发生的异常的生命活动过程。病理过程是指多种疾病过程中存在的、共同的、成套的机能代谢和形态结构的变化。病因是指能够引起疾病并决定该疾病特异性的因素。一种疾病过程中可有不同的病理过程，同一种病理过程可出现在不同的疾病中。

26．BC

解析：诱因是指能够促进疾病发生、发展的因素，属于致病条件。

27．ABCD

解析：疾病发生、发展过程的普遍规律有因果交替、损伤与抗损伤、局部与整体之间的相互作用，在疾病发生、发展过程中存在主导因素。

28．ABCD

解析：生物性因素的致病特点：（1）有一定的入侵门户；（2）在体内有一定的定位；（3）依靠其毒力和侵袭力致病；（4）对宿主有易感性才致病；（5）作用于机体后既改变了病原体本身也改变了宿主，作用于疾病的整个过程。

29．ABCE

解析：判断脑死亡的标准有：（1）瞳孔散大或固定；（2）自主呼吸停止；（3）不可逆性

脑昏迷；(4) 脑神经反射消失；(5) 脑电波消失；(6) 脑血液循环停止。

30．ABCDE

解析：疾病发生、发展过程中损伤与抗损伤规律贯穿始终，病因导致机体的损伤与机体的抗损伤反应存在于疾病的全过程，二者相互联系，相互对抗，构成疾病的基本的改变，其力量的对比决定疾病的发展和转归。

(四) 简答题

1．试述健康的概念。

健康的近代概念需要从生物－心理－社会医学模式的角度回答。WHO 的定义是：健康不仅是没有疾病和病痛，而且是躯体上、精神上和社会适应能力上的完好状态。即躯体、心理、社会适应良好，道德健康才视为完全健康。

2．疾病的概念是什么？

应从下列四点理解疾病的概念：(1) 凡是疾病都具有病因，没有病因的疾病是不存在的；(2) 自稳调节紊乱是疾病发生的基础；(3) 疾病过程中引起机体功能、代谢和形态结构的变化，临床上表现为症状、体征和社会行为的异常；(4) 疾病是一个过程，有其发生、发展和转归的一般规律。

3．试述病因（致病因素）的概念。

病因是指能够引起疾病并决定该疾病特异性的因素。

4．何谓疾病发生的条件？

是指能够促进或阻碍疾病发生、发展的因素。

5．诱发因素的概念是什么？

能够促进疾病发生、发展的因素。

6．何谓病理过程？

是指多种疾病过程中存在的、共同的、成套的机能代谢和形态结构的变化。

7．病因的种类很多，一般分为几大类？

病因的种类一般分为 7 大类：生物性因素、理化因素、营养性因素、遗传因素、先天性因素、免疫性因素、精神心理和社会因素。

8．以大出血为例，叙述其发展过程中的因果交替与恶性循环。

创伤→失血→血压下降→交感神经兴奋→外周血管收缩→血压回升、外周组织微循环灌注减少→代谢障碍、器官功能障碍→代谢产物聚积→微循环血管扩张致大量血液在外周淤积→回心血量下降→血压下降。这就是大出血后体内变化的因果转化规律。

9．脑死亡的概念、判断脑死亡的标准及其意义。

脑死亡是指全脑功能永久性丧失，它是整体死亡的标志。

判断脑死亡的标准：(1) 不可逆性昏迷，对外界刺激无反应；(2) 脑干神经反射消失；(3) 自主呼吸停止，需不停的人工呼吸；(4) 脑电波消失；(5) 脑血液循环完全停止。

以脑死亡作为死亡标志，具有的意义：(1) 有利于准确判断死亡时间，节约医药资源；(2) 为器官移植提供更多更好的供体。

(宋维芳)

第二章 水、电解质代谢紊乱

一、重点与难点解析

(一) 脱水的概念

脱水是指体液容量的明显减少。根据细胞外液渗透压的改变,可将脱水分为三类:以失水为主者,称为高渗性脱水;以失钠为主者,称为低渗性脱水;水钠成比例丢失者,称为等渗性脱水。

(二) 三型脱水的比较

	高渗性脱水	低渗性脱水	等渗性脱水
发病原因	水摄入不足或丧失过多	体液丧失而单纯补水	水和钠成比例丢失
发病机制	细胞外液高渗,细胞内液丧失为主	细胞外液低渗,细胞外液丧失为主	细胞外等渗,以后高渗,细胞内外液均有丧失
主要表现	口渴、尿少、脑细胞脱水	脱水体征,休克,脑细胞水肿	口渴、尿少、脱水体征,休克
尿比重	高 (1.025以上)	低	降低
尿钠浓度	高 (>50mmol/L)	极低 (<20mmol/L)	减低
血清钠浓度	>150mmol/L	<130mmol/L	130~150mmol/L
治疗原则	补充水分为主	补充生理盐水或3%高渗盐水	补充生理盐水

(三) 水肿的概念

组织间隙内液体聚集过多,称为水肿。如液体积聚在体腔,称为积液或积水,如胸腔积液、心包积水等。细胞内液积聚过多,使细胞肿胀时,称为细胞水肿。

(四) 水肿的发生机制

1. 血管内外液体交换失平衡——组织液生成多于回流
①毛细血管有效流体静压升高
②血浆胶体渗透压降低
③毛细血管壁通透性增高
④淋巴回流受阻

2. 机体内外液体交换失平衡——钠、水潴留
①肾小球滤过率降低
②肾小管重吸收增强

(五) 低钾血症概念

血清钾浓度低于3.5 mmol/L称为低血钾。血清钾减少除钾在体内分布异常外,常同时

伴有体钾总量的减少。

（六）低钾血症对机体的影响

1. 对骨骼肌的影响　一般当血钾浓度低于3mmol/L时，就可出现四肢软弱无力；低于2.5mmol/L时，可出现松弛性瘫痪，通常下肢重于上肢，严重时累及躯干，甚至发生呼吸肌麻痹而致死。

2. 对胃肠的影响　除骨骼肌外，胃肠平滑肌也受累，常引起胃肠运动减弱，患者有恶心、呕吐和畏食等症状。严重缺钾使胃肠扩张而引起腹胀，甚至发生麻痹性肠梗阻。

3. 对心脏的影响

（1）心律失常：低钾血症可引起各种心律失常，如窦性心动过速、房性或室性期前收缩、阵发性心动过速、房室传导阻滞，严重时发生心室纤维颤动。

（2）心电图的变化：主要有S-T段压低，T波低平增宽，Q-T间期延长，在T波后有明显的U波。严重的低钾血症，P-R间期延长，QRS综合波增宽。

4. 对肾的影响　慢性缺钾时，肾小管上皮细胞受损，发生肿胀、空泡变性及坏死等改变。由于远曲小管和集合管上皮细胞受损，对VP反应性降低，因而肾浓缩功能低下，出现持久性多尿。

5. 对中枢神经系统的影响　缺钾使中枢神经系统兴奋降低。轻者表现为精神萎靡、表情淡漠，重者可出现嗜睡、昏迷等。

6. 对酸碱平衡的影响　缺钾可引起代谢性碱中毒。

（七）高钾血症的概念

血清钾浓度高于5.5 mmol/L称高钾血症。

（八）高钾血症对机体的影响

1. 对骨骼肌的影响　轻度高钾血症时，由于细胞内外钾浓度差变小，静息膜电位降低，故肌细胞兴奋性增高。临床上出现肌肉轻度震颤、手足感觉异常等。重度高钾血症时，静息膜电位极度降低，呈除极化阻滞状态。临床上出现肌肉无力、腱反射减弱或消失，发生松弛性瘫痪。

2. 对心脏的影响　重度高钾血症对心肌的兴奋性、传导性、自律性和收缩性均有抑制作用。常表现为心律失常和出现特征性心电图变化。

（1）心律失常：血清钾升高时，心率常减慢，严重时可出现各种心律失常，如房室传导阻滞、室性期前收缩等，甚至发生致死性心室纤维颤动或心脏停搏。

（2）心电图变化：P波压低、增宽或消失，T波狭窄高尖、QRS综合波增宽、R波压低、Q-T间期缩短。

3. 对酸碱平衡的影响　高钾血症可导致代谢性酸中毒。

二、习题

（一）名词解释

1. 高渗性脱水　2. 低渗性脱水　3. 等渗性脱水　4. 水中毒　5. 水肿　6. 低钾血症　7. 高钾血症

（二）填空题

1. 根据细胞外液渗透压的改变，可将脱水分为三类：_____、_____及_____。

2. 引起血管内外液体交换失衡的因素有_____、_____、_____及_____。

3. 水肿的发生机制是_____及_____。

4. 碱中毒时，H^+从_____移至_____，同时细胞外K^+进入_____而引起低钾血症。

5. 严重缺钾使胃肠扩张而引起腹胀，甚至发生_____。

6. 轻度高钾血症时，由于细胞内外钾浓度差_____，静息膜电位_____，故肌细胞兴奋性_____。临床上出现肌肉轻度震颤、手足感觉异常等。

7. 重度高钾血症时，由于静息膜电位过小，而处于除极化阻滞状态，使心肌兴奋性_____。

（三）选择题

单项选择题

1. 细胞外液中的阳离子主要是
   A. Na^+
   B. K^+
   C. Ca^{2+}
   D. Mg^{2+}
   E. Fe^{2+}

2. 细胞外液中的主要阴离子是
   A. HCO_3^-
   B. SO_4^{2-}
   C. Cl^-
   D. HPO_4^{2-}
   E. 蛋白质

3. 细胞内液中的主要阳离子是
   A. Na^+
   B. Mg^{2+}
   C. Ca^{2+}
   D. K^+
   E. Fe^{2+}

4. 细胞内液中的主要阴离子是
   A. HPO_4^{2-}和蛋白质
   B. 有机酸
   C. HCO_3^-
   D. Cl^-
   E. SO_4^{2-}

5. 血浆和组织间液的渗透压90%～95%来源于
   A. K^+和HCO_3^-
   B. Na^+、Cl^-和HCO_3^-
   C. Ca^{2+}和HPO_4^{2-}
   D. 葡萄糖和尿素
   E. 氨基酸和蛋白质

6. 维持细胞内液渗透压的离子最主要的是
   A. K^+
   B. Na^+
   C. Mg^{2+}
   D. Ca^{2+}
   E. HPO_4^{2-}

7. 机体排出水分的途径有
   A. 消化道
   B. 皮肤
   C. 肺
   D. 肾
   E. 以上都是

8. 正常成人每天至少必须排出多少尿液才能清除体内的代谢废物？
   A. 800ml
   B. 1000ml
   C. 500ml
   D. 1200ml
   E. 1500ml

9. 低渗性脱水的特点是
   A. 失Na^+多于失水
   B. 血清Na^+浓度<130mmol/L
   C. 血浆渗透压<280mmol/L
   D. 伴有细胞外液量减少
   E. 以上都是

10. 低容量性低钠血症也可称为
    A. 高渗性脱水
    B. 等渗性脱水
    C. 低渗性脱水

D. 原发性脱水
E. 水中毒

11. 下列哪项**不是**引起低容量性低钠血症的原因？
    A. 长期持续使用呋塞米（速尿）或利尿酸
    B. 肾上腺皮质功能亢进
    C. 慢性间质性肾疾患
    D. 消化道失液（呕吐，腹泻）
    E. 大量出汗和大面积烧伤

12. 下列低容量性低钠血症对机体的影响，哪项是**不正确**的？
    A. 细胞外液减少，易发生休克
    B. 无口渴感
    C. 早期便有 ADH 分泌增多，晚期 ADH 分泌减少
    D. 有明显失水体征
    E. 肾外因素所致失钠者，尿 Na^+ 含量减少

13. 处理低容量性低钠血症，原则上给予
    A. 生理盐水
    B. 5％葡萄糖液
    C. 血浆
    D. 低分子右旋糖酐
    E. 7.5％ NaCl

14. 高容量性低钠血症的特点是
    A. 血清 Na^+ 浓度＜130mmol/L
    B. 血浆渗透压＜280mmol/L
    C. 体钠总量正常或增多
    D. 体液量明显增多
    E. 以上都是

15. 高容量性低钠血症也可称为
    A. 水中毒
    B. 低渗性脱水
    C. 等渗性脱水
    D. 高渗性脱水
    E. 原发性脱水

16. 高容量性低钠血症最常发生于
    A. 用无盐水灌肠
    B. 急性肾功能不全患者而又补液不恰当时
    C. 精神性饮水
    D. 持续大量饮水
    E. ADH 分泌过多

17. 水肿是指
    A. 细胞内液过多
    B. 细胞外液过多
    C. 组织间隙或体腔内液体过多
    D. 血管内液体过多
    E. 体内液体过多

18. 下列血管内外液体交换平衡失调的发生机制哪项是**不正确**的？
    A. 毛细血管流体静压增高
    B. 血浆晶体渗透压增高
    C. 微血管壁通透性增加
    D. 血浆胶体渗透压降低
    E. 淋巴回流受阻

19. 引起血浆胶体渗透压降低的常见病因是
    A. 肝硬化
    B. 严重营养不良
    C. 肾病综合征
    D. 恶性肿瘤
    E. 以上都是

20. 造成体内外液体交换平衡失调—钠、水潴留的机制哪项是**不正确**的？
    A. GFR 降低
    B. 心房肽分泌减少
    C. 肾小球滤过分数降低
    D. 醛固酮分泌增多
    E. ADH 分泌增多

21. 引起缺钾和低钾血症的最主要原因是
    A. 钾丢失过多
    B. 碱中毒
    C. 长期使用 β 受体激动剂
    D. 钾摄入不足
    E. 低钾性周期性麻痹

22. 经肾失钾过多的原因是
    A. 呋塞米、利尿酸的使用
    B. 肾小管性酸中毒

C. 盐皮质激素过多
D. 镁缺失
E. 以上都是

23. 下面关于肾外途径过度失钾的原因，哪一项是**不正确**的？
    A. 呕吐、腹泻
    B. 胃肠减压
    C. 钡中毒
    D. 肠瘘
    E. 过量发汗

多项选择题

24. 高钾血症对机体的影响有
    A. 肌肉松驰无力
    B. 高血糖
    C. 肾功能障碍
    D. 心律失常
    E. 高血压

25. 呕吐、腹泻产生低钾血症的机制是
    A. 消化液丢失
    B. 肾排钾增加
    C. 碱中毒
    D. 肠内 Na^+-K^+ 交换增强
    E. 酸中毒

26. 下述说法哪些是正确的
    A. 高渗性脱水应该补充低渗液
    B. 低渗性脱水应该补充高渗液
    C. 等渗性脱水应补充等渗液
    D. 低钾血症时尽量口服补钾
    E. 高钾血症时可用葡萄糖酸钙对抗高钾的毒性

27. 低渗性脱水会出现
    A. 明显口渴
    B. 多尿、低比重尿
    C. 少尿
    D. 休克
    E. 凹陷性水肿

28. 高渗性脱水会出现
    A. 口渴中枢兴奋
    B. ADH 分泌增加
    C. 水向细胞内转移
    D. 醛固酮分泌增加
    E. 心房肽分泌增加

29. 严重的低钾血症和高钾血症均能引起
    A. 呼吸肌麻痹
    B. 心律失常
    C. 心脏停搏于舒张期
    D. 心脏停搏于收缩期
    E. 反常性酸性尿

30. 高钾血症对酸碱平衡的影响有
    A. 细胞内酸中毒
    B. 细胞外液碱中毒
    C. 代谢性酸中毒
    D. 尿液呈酸性
    E. 尿液呈碱性

（四）简答题

1. 为什么低渗性脱水患者早期可能出现尿量增加？
2. 试列表比较高渗性、低渗性和等渗性脱水？
3. 简述血管内外液体交换失衡的原因和机制？
4. 简述低钾血症对心肌细胞电生理特性的影响。

参考答案

（一）名词解释

1. 高渗性脱水：又称缺水性脱水。此型脱水的特点是失水多于失钠，细胞外液呈高渗状态。血清 Na^+ 浓度>150mmol/L，血浆渗透压>310 mmol/L。

2. 低渗性脱水：又称缺钠性脱水，此型脱水的特点是失钠多于失水，细胞外液呈低渗状态。血清 Na^+ 浓度<135 mmol/L，血浆渗透压<280 mmol/L。

3. 等渗性脱水：又称混合性脱水，此型脱水的特点是水钠成比例丢失，细胞外液呈等渗状态。血清 Na^+ 浓度在 130～150mmol/L，血浆渗透压在 280～310mmol/L。

4. 水中毒：在某些病理情况下，当水的摄入量超过肾排水限度时，大量的水分在体内潴留，引起细胞内、外液容量均增多并呈低渗状态。

5. 水肿：组织间隙内液体聚集过多。

6. 低钾血症：血清 K^+ 浓度低于 3.5 mmol/L。

7. 高钾血症：血清 K^+ 浓度高于 5.5 mmol/L。

(二) 填空题

1. 高渗性脱水、低渗性脱水、等渗性脱水。

2. 毛细血管有效流体静压升高、有效胶体渗透压下降、毛细血管壁通透性增高、淋巴回流受阻。

3. 血管内外液体交换障碍、机体内外液体交换障碍。

4. 细胞内、细胞外，细胞内。

5. 麻痹性肠梗阻。

6. 变小、降低、增高

7. 降低或消失。

(三) 选择题

单项选择题

1. A

解析：细胞外液阳离子以 Na^+ 为主。

2. C

解析：细胞外液阴离子以 Cl^- 为主。

3. D

解析：细胞内液阳离子以 K^+ 为主。

4. A

解析：细胞内液阴离子主要以 HPO_4^{2-} 和蛋白质为主。

5. B

解析：血浆和组织间液的渗透压 90%～95% 来源于 Na^+、Cl^- 和 HCO_3^-。

6. A

解析：维持细胞内液渗透压的离子最主要的是 K^+。

7. E

解析：机体排出水分的途径有消化道、皮肤、肺、肾等。

8. C

解析：正常成人每天至少必须排出 500ml 尿液才能清除体内的代谢废物。

9. E

解析：低渗性脱水的特点是失 Na^+ 多于失水至血清 Na^+ 浓度<130mmol/L、血浆渗透压<280mmol/L，主要以细胞外液量减少为主的一种类型的脱水。

10. C

解析：低容量性低钠血症也称为低渗性脱水。

11. B

解析：常见的引起低容量性低钠血症的原因有：长期持续使用呋塞米（速尿）或利尿酸；慢性间质性肾疾患；消化道失液（呕吐，腹泻）；大量出汗和大面积烧伤等。肾上腺皮质功能亢进时醛固酮合成和分泌增加，醛固酮有保钠排钾的作用，会致机体出现高容量性高钠血症。

12. C

解析：低容量性低钠血症对机体的影响：早期由于渗透压降低，可有 ADH 分泌减少，晚期由于体液总量严重不足，可出现 ADH 分泌增多。

13. A

解析：处理低容量性低钠血症，原则上给予生理盐水。

14. E

解析：高容量性低钠血症的特点是：血清 Na^+ 浓度＜130mmol/L、血浆渗透压＜280mmol/L、体钠总量正常或增多、体液量明显增多等。

15. A

解析：高容量性低钠血症也可称为水中毒。

16. B

解析：高容量性低钠血症最常发生于急性肾功能不全患者而又补液不恰当时。

17. C

解析：水肿是指组织间隙或体腔内液体过多。

18. B

解析：血管内外液体交换平衡失调的发生机制有：毛细血管流体静压增高；微血管壁通透性增加；血浆胶体渗透压降低；淋巴回流受阻。

19. E

解析：引起血浆胶体渗透压降低的常见病因有：合成障碍如肝硬化、摄入不足如严重营养不良、丢失过多如肾病综合征、消耗过多如恶性肿瘤等。

20. C

解析：造成体内外液体交换平衡失调—钠、水潴留的机制有：GFR 降低、心房肽分泌减少、肾小球滤过分数增加、醛固酮分泌增多、ADH 分泌增多。

21. A

解析：引起缺钾和低钾血症的最主要原因是钾丢失过多。

22. E

解析：经肾失钾过多的原因有：呋塞米、利尿酸的使用，肾小管性酸中毒，盐皮质激素过多，镁缺失等。

23. C

解析：肾外途径过度失钾的原因有：呕吐、腹泻、胃肠减压、肠瘘、过量发汗等。钡中毒可以抑制细胞膜上的 K^+ 通道，使细胞内 K^+ 外流减少，从而致血钾降低。

多项选择题

24. AD

解析：高钾血症对机体的影响有：神经肌肉兴奋性降低、心律失常等。

25. ABC

解析：呕吐、腹泻产生低钾血症的机制有：消化液丢失、由于血容量减少致醛固酮增多使肾排钾增加、碱中毒使细胞外 K^+ 内移等。

26. DE

解析：高渗性脱水应该补充等渗液，低渗性脱水应该补充等渗液，等渗性脱水应补充渗透压偏低的液体。低钾血症时尽量口服补钾，能口服不静滴。高钾血症时可用葡萄糖酸钙对抗高钾的毒性。

27. BCD

解析：低渗性脱水患者早期会出现多尿、低比重尿，脱水严重会出现少尿，休克，但不会出现明显口渴和凹陷性水肿。

28. ABD

解析：高渗性脱水由于细胞外液的高渗可使患者口渴中枢兴奋、ADH 分泌增加、细胞内水外移，患者由于脱水，血容量减少，可使醛固酮分泌增加、心房肽分泌减少等。

29. AB

解析：严重的低钾血症和高钾血症均能引起呼吸肌麻痹和心律失常。

30. CE

解析：高钾血症可引起代谢性酸中毒和反常性碱性尿。

（四）简答题

1. 为什么低渗性脱水患者早期可能出现尿量增加？

低渗性脱水由于失钠多于失水，细胞外液变为低渗，细胞外液向渗透压较高的细胞内转移，则细胞内液量增多，细胞外液量明显减少，由于细胞外液渗透压降低，可抑制下丘脑渗透压感受器，使 ADH 分泌减少，肾小管对水的重吸收减少，故早期患者尿量可稍增加。

2. 试列表比较高渗性、低渗性和等渗性脱水？

	高渗性脱水	低渗性脱水	等渗性脱水
发病原因	水摄入不足或丧失过多	体液丧失而单纯补水	水和钠成比例丢失
发病机制	细胞外液高渗，细胞内液丧失为主	细胞外液低渗，细胞外液丧失为主	细胞外等渗，以后高渗，细胞内外液均有丧失
主要表现	口渴、尿少、脑细胞脱水	脱水体征，休克，脑细胞水肿	口渴、尿少、脱水体征，休克
尿比重	高（1.025 以上）	低	降低
尿钠浓度	高（>50mmol/L）	极低（<20mmol/L）	减低
血清钠浓度	>150mmol/L	<130mmol/L	130～150mmol/L
治疗原则	补充水分为主	补充生理盐水或 3% 高渗盐水	补充生理盐水

3. 简述血管内外液体交换失衡的原因和机制？

血管内外液体交换失衡是指组织液的生成大于组织液的回流，使过多的液体在组织间隙或体腔中积聚，其基本发生因素有：毛细血管流体静压增高致有效流体静压增高，平均实际滤过压增大；血浆胶体渗透压下降，常见于血浆白蛋白的含量减少；微血管壁通透性增加，见于各种炎症，包括感染、烧伤、冻伤、化学伤及昆虫咬伤等；淋巴回流受阻，常见于淋巴管受压或阻塞，如肿瘤、丝虫病等。

4. 简述低钾血症对心肌细胞电生理特性的影响。

（1）低钾血症时，虽然心肌细胞内外液钾浓度差增大，但由于心肌细胞膜的钾电导降低，即膜对K^+通透性降低，致使细胞内K^+外流减少，静息膜电位减小，结果与阈电位的距离更加接近，心肌兴奋性增高。

（2）静息膜电位减少，使动作电位0期除极速度和幅度降低，兴奋扩布减慢，传导性降低。心电图显示P-R间期延长，QRS综合波增宽。

（3）细胞外K^+浓度降低，对Ca^{2+}内流的抑制作用减弱，钙内流加速，使复极化2期缩短，心电图上出现S-T段压低。

（4）K^+外流减慢使复极化3期和复极化末期（超长期）延长，心电图显示T波低平增宽，出现明显U波，Q-T间期延长。

（5）K^+外流减慢而Na^+内流相对加速，还使心肌快反应自律细胞舒张期自动除极化加速，自律性增高。低钾血症时，由于心肌兴奋性增高，超常期延长和异位起搏点自律增高，故易发生心律失常。

（张婉霞）

第三章 酸碱平衡紊乱

一、重点与难点解析

(一) 重点

酸碱平衡常用指标的正常值与意义；四种单纯性酸碱紊乱的概念、病因、主要指标变化、机体的代偿调节和对机体的影响。

血液 pH 与血浆中 $[HCO_3^-]/[H_2CO_3]$ 的比值成正比，pH<7.35 为失代偿性酸中毒；若 pH>7.45 为失代偿性碱中毒。若为正常，则有三种可能性：①酸碱平衡正常。②存在代偿性酸中毒或碱中毒。③同时存在程度相近的混合性酸、碱中毒，相互抵消，pH 正常。$[HCO_3^-]$ 主要受代谢性因素的影响，其原发性降低为代谢性酸中毒，升高为代谢性碱中毒；$[H_2CO_3]$ 主要受呼吸因素的影响，其原发性升高为呼吸性酸中毒，降低为呼吸性碱中毒。

1. 代谢性酸中毒　主要见于严重腹泻等引起 HCO_3^- 直接丢失，或乳酸、酮症、水杨酸等酸中毒时使 HCO_3^- 缓冲丢失等。代谢性酸中毒患者实际碳酸氢盐（AB）、标准碳酸氢盐（SB）、血浆缓冲碱（BB）、$PaCO_2$ 下降，AB<SB。心血管系统异常多表现为心律失常、心肌收缩力减弱及血管对儿茶酚胺的反应性降低；中枢神经系统异常主要因抑制性神经递质 γ-氨基丁酸生成增多和脑组织生物氧化酶类的活性受抑制。

2. 呼吸性酸中毒　主要见于各种原因引起的肺通气不足。组织细胞缓冲是急性呼吸性酸中毒时机体的主要代偿方式，肾代偿是慢性呼吸性酸中毒时机体的主要代偿方式。通常有 $PaCO_2$ 增高，pH 减低，AB、SB、BB 增高，AB>SB，碱剩余（BE）正值加大。

3. 代谢性碱中毒　主要见于剧烈呕吐、盐皮质激素过多和有效循环血量不足引起的 H^+ 丢失过多。患者 pH、$PaCO_2$、AB、SB 和 BB 都升高，BE 正值增大，AB>SB。代谢性碱中毒时 γ-氨基丁酸生成增多、氧解离曲线左移，脑组织缺氧，中枢神经系统功能紊乱；游离钙减少，神经肌肉兴奋性增高；患者常有低钾血症。

4. 呼吸性碱中毒　主要见于各种原因引起的肺通气过度。呼吸性碱中毒时 pH 增高、$PaCO_2$、AB、SB、BB 均下降，AB<SB，BE 负值增大。

(二) 难点

AB、SB 和 AG 的正常值与意义；单纯性酸碱平衡紊乱的判断。

SB 测的是标准化后的 HCO_3^- 浓度，已消除了呼吸因素的影响，所以是判断代谢性因素的指标。AB 是在实际条件下测得的，受呼吸和代谢双重因素的影响。阴离子间隙（AG）增高代表固定酸增多，对于区分不同类型的代谢性酸中毒具有重要意义。酸碱平衡紊乱判断的基本原则首先是以 pH 判断是酸中毒，还是碱中毒；然后根据原发疾病判断是呼吸性还是代谢性酸碱失衡；最后根据代偿情况判断是单纯性还是混合性酸碱失衡。

二、习题

(一) 名词解释

1. 酸碱平衡紊乱 2. pH 3. 动脉血二氧化碳分压（$PaCO_2$） 4. 标准碳酸氢盐（SB）
5. 实际碳酸氢盐（AB） 6. 阴离子间隙（AG） 7. 代谢性酸中毒 8. 呼吸性酸中毒
9. 代谢性碱中毒 10. 呼吸性碱中毒

(二) 填空题

1. 血浆中最重要的缓冲系是_____，它主要是缓冲_____和碱。红细胞内存在的主要缓冲系是_____和_____，其主要是缓冲挥发性酸。

2. 血浆 pH 主要取决于_____的比值，比值增大为_____中毒，比值减小为_____中毒。

3. 机体酸碱平衡的维持是靠_____、_____、_____、_____的调节来完成的。

4. 体液缓冲系统主要是由_____缓冲对、_____缓冲对、_____缓冲对和_____缓冲对组成的。

5. 对固定酸进行缓冲的最主要缓冲系是_____，对碳酸进行缓冲的最主要缓冲系统是_____。

6. 排泄固定酸的器官是_____，排出挥发酸的器官是_____。

7. 肺通过调节血浆_____的浓度来维持机体的酸碱平衡。

8. 当体内酸性物质来源过多，血液 pH_____，肺呼吸_____，呼出较多的_____。

9. 呼吸性酸中毒时，$PaCO_2$_____，肾小管泌氢泌氨_____，$NaHCO_3$重吸收_____。

10. 代谢性碱中毒时，血浆中 $NaHCO_3$ 原发性_____，肺呼出 CO_2_____，肾小管泌氢泌氨_____。

11. 在疾病状态下，SB 与 AB 可以不相等。SB>AB 表示有_____，SB<AB 表示有_____。

12. AG 正常型代谢性酸中毒时，血氯浓度_____；AG 增大型代谢性酸中毒时，血氯浓度_____。

13. 代谢性酸中毒时，血浆〔HCO_3^-〕原发性_____，〔H_2CO_3〕代偿性_____。

14. 失代偿性代谢性酸中毒时，血 pH_____，SB_____，BB_____，BE_____，$PaCO_2$_____，血〔K^+〕_____。

15. 固定酸增多而引起的 AG 增大性代谢性酸中毒的原因是_____酸中毒和_____酸中毒。

16. 酸中毒常伴有_____血钾；碱中毒常伴有_____血钾。

17. 代谢性碱中毒可造成中枢神经系统的功能_____。

18. 代谢性酸中毒可引起心肌收缩力_____，其发生机制除造成心肌代谢紊乱外，还与_____、_____和_____有关。

19. 酸中毒时机体心血管系统功能变化，在心脏方面主要表现为_____和_____。由于_____对儿茶酚胺的_____降低，因而能使外周血管_____，血压_____。

20. 急性呼吸性酸中毒时机体的主要代偿措施是_____；慢性呼吸性酸中毒时，机体的主要代偿措施是_____。

21. 慢性失代偿性呼吸性酸中毒时，血 pH _____，SB _____，BB _____，BE _____，$PaCO_2$ _____。

22. 在造成酸碱平衡紊乱的因素中，上消化道液体的丢失易引起_____，下消化道液体的丢失易引起_____。

23. 代谢性碱中毒时，脑内 γ-氨基丁酸含量_____，对中枢神经系统的_____作用减弱。

24. 代谢性碱中毒时，AB _____，BB _____，BE _____，PaCO _____。

25. 肺泡通气过度可引起_____，其特征是_____原发性_____。

26. 急性碱中毒时，神经肌肉应激性_____。

27. 单纯型酸碱平衡紊乱时，通过机体的代偿调节，血浆 $[HCO_3^-]$ 与 $[H_2CO_3]$ 的变化方向是_____。

(三) 选择题

单项选择题

1. 血液 pH 的高低取决于血浆中
   A. $NaHCO_3$ 浓度
   B. $PaCO_2$
   C. $[HCO_3^-]$
   D. $[HCO_3^-]/[H_2CO_3]$ 的比值
   E. BE

2. 判断酸碱平衡紊乱是否为代偿性的主要指标是
   A. SB
   B. AB
   C. pH
   D. $PaCO_2$
   E. BB

3. 直接反映血浆 $[HCO_3^-]$ 的指标是
   A. pH
   B. AB
   C. $PaCO_2$
   D. BB
   E. BE

4. 血浆 $[H_2CO_3]$ 继发性增高可见于
   A. 代谢性酸中毒
   B. 代谢性碱中毒
   C. 慢性呼吸性酸中毒
   D. 慢性呼吸性碱中毒
   E. 呼吸性酸中毒合并代谢性碱中毒

5. 下述哪项原因**不易**引起代谢性酸中毒
   A. 糖尿病
   B. 休克
   C. 呼吸、心搏骤停
   D. 呕吐
   E. 腹泻

6. 代谢性酸中毒时细胞外液 $[H^+]$ 升高，其最常与细胞内哪种离子进行交换
   A. Na^+
   B. K^+
   C. Cl^-
   D. HCO_3^-
   E. Ca^{2+}

7. 单纯型代谢性酸中毒时不可能出现哪种变化
   A. pH 降低
   B. $PaCO_2$ 降低
   C. SB 降低
   D. BB 降低
   E. BE 负值减小

8. 下述哪项原因可引起 AG 正常型代谢性酸中毒
   A. 糖尿病
   B. 休克
   C. 轻度肾衰竭

D. 严重饥饿
E. 水杨酸类药物中毒

9. 可以引起 AG 增高型代谢性酸中毒的原因是
   A. 服用含氯的药物过多
   B. 酮症酸中毒
   C. 应用碳酸酐酶抑制剂
   D. 腹泻
   E. 远端肾小管性酸中毒

10. 下述哪项原因不易引起呼吸性酸中毒
    A. 呼吸性中枢抑制
    B. 气道阻塞
    C. 肺泡通气量减少
    D. 肺泡气体弥散障碍
    E. 吸入气中 CO_2 浓度过高

11. 急性呼吸性酸中毒时，机体的主要代偿机制是
    A. 增加肺泡通气量
    B. 细胞内、外离子交换和细胞内缓冲
    C. 肾小管泌 H^+、泌 NH_3 增加
    D. 血浆碳酸氢盐缓冲系统进行缓冲
    E. 肾重吸收 HCO_3^- 减少

12. 急性呼吸性酸中毒时，下述哪项**不能**发挥代偿作用
    A. 磷酸盐缓冲系统
    B. 血红蛋白缓冲系统
    C. 细胞内、外离子交换
    D. 肾
    E. 血浆蛋白缓冲系统

13. 慢性呼吸性酸中毒时，下述哪项**不能**发挥代偿作用
    A. 血红蛋白缓冲系统
    B. 肾
    C. 细胞内、外离子交换
    D. 肺
    E. 血浆蛋白缓冲系统

14. 碱中毒时出现手足搐搦的主要原因是
    A. 血钠降低
    B. 血钾降低
    C. 血镁降低
    D. 血钙降低
    E. 血磷降低

15. 引起呼吸性碱中毒的原因是
    A. 吸入 CO_2 过少
    B. 输入 $NaHCO_3$ 过多
    C. 肺泡通气量减少
    D. 输入库存血
    E. 呼吸中枢兴奋，肺通气量增大

16. 女，36 岁，腹痛伴频繁腹泻 2 天。查体：脉搏 120 次/分，呼吸 32 次/分，血压 90/60mmHg，呼吸深，似可闻及烂苹果气味。最好应进行下列哪种检查
    A. 血清钙测定
    B. 血清钾测定
    C. 血气分析
    D. 血清钠测定
    E. 血糖测定

17. 血浆 pH 升高，引起脑组织中 γ-氨基丁酸转氨酶的活性增高，γ-氨基丁酸分解代谢加强，脑内含量减少，故对中枢神经系统的抑制性作用减弱，患者呈现躁动、兴奋等症状。最容易引发上述变化的是
    A. 呼吸性碱中毒
    B. 失代偿性碱中毒
    C. 代谢性碱中毒
    D. 代偿性代谢性碱中毒
    E. 代偿性呼吸性碱中毒

18. 患者发生脑炎、延髓损伤等疾病时，一方面引起通气障碍，另一方面又引起缺氧，此种情况容易导致
    A. 呼吸性碱中毒合并代谢性碱中毒
    B. 代谢性酸中毒合并代谢性碱中毒
    C. 失代偿性碱中毒
    D. 呼吸性酸中毒合并代谢性酸中毒
    E. 代谢性酸中毒合并呼吸性碱中毒

19. $NaHCO_3$、SB、$PaCO_2$、H_2CO_3、pH 是检测酸碱平衡紊乱的主要指标。在代偿性代谢性酸中毒时，最不可

能出现的 1 项指标是
A. $NaHCO_3$ 含量减少
B. SB 降低
C. $PaCO_2$ 代偿性降低
D. H_2CO_3 含量减少
E. 血浆 pH 降低

20. 某病人，血 pH7.31，SB 19mmol/L，$PaCO_2$ 4.67kPa（35mmHg），血〔Na^+〕140mmol/L，血〔Cl^-〕103mmol/L，其酸碱平衡紊乱的类型是
A. 代偿性代谢性酸中毒
B. 高血氯性代谢性酸中毒
C. AG 增高型代谢性酸中毒
D. 呼吸性酸中毒合并代谢性酸中毒
E. 呼吸性碱中毒合并代谢性碱中毒

多项选择题

21. 碳酸氢盐缓冲对是缓冲固定酸最重要的缓冲对，其主要原因有
A. 开放性缓冲系统
B. 缓冲能力强
C. 肺和肾都能补充 HCO_3^-
D. 比例波动范围大
E. 广泛存在于细胞内外

22. 关于肾在酸碱平衡中的叙述，下列哪些是正确的
A. 肾小管泌氢及钠的重吸收
B. 肾远曲小管和集合管的泌氨作用
C. 尿液酸化及 Na_2HPO_4 含量增多
D. 肾小管分泌 K^+ 和 Na^+
E. H^+-Na^+ 交换与 K^+-Na^+ 交换相互竞争

23. 下列哪些情况会引起代谢性酸中毒
A. 蛋白质合成加强
B. 糖原大量合成
C. 糖尿病
D. 严重腹泻
E. 饥饿状况下

24. 在酸碱平衡中起调节作用的器官有
A. 胃
B. 肾
C. 小肠
D. 肺
E. 皮肤

25. 血浆中 HCO_3^- 浓度降低，可见于
A. 代谢性酸中毒
B. 呼吸性酸中毒
C. 呼吸性碱中毒
D. 代谢性碱中毒
E. 以上都不是

26. 血浆 PCO_2 增高常见于
A. 呼吸性酸中毒
B. 代谢性酸中毒
C. 呼吸性碱中毒
D. 代谢性碱中毒
E. 以上都不是

27. 代偿性代谢性酸中毒特点是
A. 血浆 pH 正常
B. 血浆 pH 降低
C. 血浆 $NaHCO_3$ 原发性减少
D. 血浆 H_2CO_3 呈代偿性降低
E. 血浆 $NaHCO_3$ 原发性增加

（四）简答题

1. 试述引起代谢性酸中毒的原因及其血气分析参数的变化。
2. 代谢性酸中毒时机体是如何进行代偿调节的？
3. 酸中毒对机体有哪些影响？
4. 慢性阻塞性肺疾病患者常发生何种酸碱失衡？其血气分析参数有何变化？
5. 幽门梗阻病人为什么易发生代谢性碱中毒？
6. 血钾、血氯浓度与酸碱失衡有何联系？为什么？
7. 试述判断单纯性酸碱失衡的病理生理基础。
8. 简述呼吸性酸中毒时机体的主要调节。

9. 某慢性心力衰竭患者，因下肢水肿服用利尿剂治疗2周后，化验检查：血 pH7.52，$PaCO_2$ 7.73kPa，SB46 mmol/L。请分析其酸碱平衡紊乱的类型并说明诊断的依据。

参考答案

（一）名词解释

1. 酸碱平衡紊乱：某些病理情况下，体内酸、碱物质增多或减少，或者调节机制障碍，导致体液内环境酸碱稳态破坏。

2. pH：为溶液中 H^+ 浓度的负对数值。是直接反映机体酸碱度和酸碱平衡性质的指标，其大小取决于 HCO_3^-/H_2CO_3，动脉血 pH 正常范围为 7.35～7.45。

3. 动脉血二氧化碳分压（$PaCO_2$）：指血浆中呈物理溶解状态的 CO_2 分子所产生的张力，正常值：33～46mmHg，平均40mmHg。

4. 标准碳酸氢盐（SB）：全血在标准条件下（37～38℃，血红蛋白氧饱和度为100%，$PaCO_2$ 为 40mmHg）所测得的血浆 HCO_3^- 含量。正常值：22～27mmol/L，平均24mmol/L。

5. 实际碳酸氢盐（AB）：指隔绝空气的血液标本，在实际 $PaCO_2$、实际体温和血氧饱和度条件下测得的血浆 HCO_3^- 浓度。正常值：22～27mmol/L，平均24mmol/L。

6. 阴离子间隙（AG）：血浆中未测定的阴离子与未测定的阳离子的差值。正常值：10～14mmol/L，平均12mmol/L。

7. 代谢性酸中毒：HCO_3^- 原发性减少而导致血液 pH<7.35。

8. 呼吸性酸中毒：$PaCO_2$ 原发性（或血浆 H_2CO_3）升高而导致血液 pH<7.35。

9. 代谢性碱中毒：HCO_3^- 原发性增多而导致血液 pH>7.45。

10. 呼吸性碱中毒：$PaCO_2$ 原发性（或血浆 H_2CO_3）减少而导致血液 pH>7.45。

（二）填空题

1. 碳酸氢盐缓冲系、固定酸、血红蛋白、氧合血红蛋白

2. ［HCO_3^-］/［H_2CO_3］、碱、酸

3. 缓冲系统、肺的调节、肾的调节、组织细胞

4. HCO_3^-/H_2CO_3、$HPO_4^{2-}/H_2PO_4^-$、Pr^-/HPr、Hb^-/HHb

5. HCO_3^-/H_2CO_3、Hb^-/HHb

6. 肾、肺

7. H_2CO_3

8. 降低、加快、CO_2

9. 升高、加强、增加

10. 增加、减少、减少

11. CO_2 排出过多、CO_2 潴留

12. 增高、正常

13. 降低、降低

14. 降低、减小、减小、负值增大、减小、升高

15. 乳酸、酮症

16. 高、低

17. 兴奋

18. 降低、H^+竞争性地抑制Ca^{2+}与肌钙蛋白结合、H^+影响Ca^{2+}内流、H^+抑制心肌细胞肌浆网释放Ca^{2+}

19. 心肌收缩力降低、心律失常、毛细血管前括约肌、反应性、扩张、下降

20. 细胞内外离子交换和细胞内缓冲、肾的调节作用（排酸保碱）

21. 降低、升高、升高、正值增大、升高

22. 代谢性碱中毒、代谢性酸中毒

23. 减少、抑制

24. 增大、增大、正值增大、升高

25. 呼吸性碱中毒、[H_2CO_3]、降低

26. 增高

27. 一致的

（三）选择题

单项选择题

1. D

解析：血液pH取决于血浆中[HCO_3^-]/[H_2CO_3]的比值，pH7.4时其比值为20/1。

2. C

解析：血浆pH可反映酸碱平衡紊乱的性质、程度与代偿状况。若低于7.35为失代偿性酸中毒；若高于7.45为失代偿性碱中毒。

3. B

解析：AB是指隔绝空气的血液标本，在实际条件下（即实际的体温、$PaCO_2$与血氧饱和度）所测得的血浆HCO_3^-浓度。

4. B

解析：代谢性碱中毒时，血浆[H^+]降低可抑制呼吸中枢，使呼吸运动减弱，肺泡通气量减少，$PaCO_2$（或[H_2CO_3]）继发性升高，以维持HCO_3^-/H_2CO_3比值接近20/1。如果合并呼吸性碱中毒时，则表现为$PaCO_2$降低。

5. D

解析：剧烈呕吐或胃肠引流时，大量HCl随胃液丢失，难以足量中和血浆中的HCO_3^-，使血浆[HCO_3^-]原发性升高，引起代谢性碱中毒。

6. B

解析：酸中毒时细胞外液H^+增加并向细胞内转移，为了维持电荷平衡，细胞内的K^+以H^+-K^+交换方式向细胞外转移，引起血清钾增高。

7. E

解析：单纯型代谢性酸中毒时的血气分析参数变化为，HCO_3^-原发性降低，AB、SB、BB均降低，BE负值加大，血液pH下降，通过呼吸代偿后，$PaCO_2$继发性下降，AB<SB。

8. C

解析：糖尿病可产生大量酮体，休克、严重饥饿可产生大量乳酸，水杨酸类药物均是固定酸，可引起AG增高型代谢性酸中毒。

9. B

解析：AG增高型代谢性酸中毒为固定酸增高，常见原因有糖尿病产生的酮症酸中毒，

休克、严重饥饿产生的乳酸酸中毒，以及水杨酸类药物中毒等。

10. D

解析：呼吸性酸中毒常见原因为通气功能障碍引起的 CO_2 潴留和吸入气中 CO_2 浓度过高，肺泡气体弥散障碍属于肺换气功能障碍。

11. B

解析：呼吸性酸中毒时，肺和血浆碳酸氢盐不能缓冲，而急性时肾来不及代偿。

12. D

解析：同上题。

13. D

解析：呼吸性酸中毒时，肺和血浆碳酸氢盐不能缓冲，主要靠细胞内、外离子交换，细胞内缓冲，以及其他血浆缓冲系统。慢性时，因肾已发挥作用，可起代偿作用。

14. D

解析：急性代谢性碱中毒时，因血浆［H^+］骤降，血浆游离钙转化为结合钙，使血浆游离钙浓度降低，造成神经肌肉应激性增高，出现腱反射亢进、面部和肢体肌肉抽动、手足搐搦等症状。

15. E

解析：肺通气过度是各种原因引起呼吸性碱中毒的基本发生机制。

16. C

解析：腹泻可导致代谢性酸中毒，而烂苹果味可能预示着酮症，所以最好先做血气分析，以明确是否有酸碱平衡紊乱。

17. B

解析：轻度代谢性碱中毒患者通常无症状。重度代谢性碱中毒患者常表现为烦躁不安、精神错乱、谵妄、意识障碍等。

18. D

解析：通气障碍可引起呼吸性酸中毒，而缺氧可引起代谢性酸中毒。

19. E

解析：代谢性酸中毒时，HCO_3^- 原发性降低，AB、SB、BB 均降低，BE 负值加大，血液 pH 下降，通过呼吸代偿后，$PaCO_2$ 继发性下降，AB＜SB。但代偿时，pH 恢复正常。

20. C

解析：AG ＝ Na^+ －（HCO_3^- ＋ Cl^-）＝18mmol/L。当 AG＞16mmol/L 时，为 AG 增高型代谢性酸中毒。

多项选择题

21. AB

解析：缓冲对中以 HCO_3^-/H_2CO_3 最为重要，作用特点为：①缓冲能力强。其含量达全血缓冲总量的 53%。②为开放性缓冲系统，缓冲潜力大。对固定酸缓冲后所生成的 H_2CO_3，可转化为 CO_2 经肺排出，所消耗的 HCO_3^- 通过肾的调节来补充。③只能缓冲固定酸和碱，不能缓冲挥发酸。

22. ABE

解析：肾对酸碱平衡的调节方式主要有以下三种：①近端肾小管泌 H^+ 和 $NaHCO_3$ 的重吸收；②远曲小管和集合管泌 H^+ 和 HCO_3^- 的重吸收；③NH_4^+ 的排泄。

23. CDE

解析：糖尿病和饥饿均可因血糖不能被利用或血糖低，造成大量脂肪分解代谢产能而产生大量酮体，严重腹泻因可随肠液丢失大量 HCO_3^-，均可引起代谢性酸中毒。

24. BD

解析：酸碱平衡有 4 种调节方式：血液缓冲系统，肺的调节，肾的调节和细胞间离子交换。

25. AC

解析：代谢性酸中毒可由原发性血浆 HCO_3^- 浓度降低引起，而呼吸性碱中毒因肾的代偿可引起血浆 $HCO3^-$ 浓度继发性降低。

26. AD

解析：呼吸性酸中毒可由原发性血浆 PCO_2 增高引起，而代谢性碱中毒，由肺的代偿，可引起血浆 PCO_2 继发性增高。

27. ACD

解析：代谢性酸中毒由血浆 $NaHCO_3$ 原发性减少引起，由于肺的代偿，血浆 H_2CO_3 可呈继发性降低，如果得到充分代偿，血浆 pH 处于正常范围，又称为代偿性代谢性酸中毒。

（四）简答题

1. 试述引起代谢性酸中毒的原因及其血气分析参数的变化。

引起代谢性酸中毒的原因有：（1）固定酸产生过多；（2）固定酸排泄障碍；（3）HCO_3^- 丢失过多；（4）高血钾；（5）外源性固定酸摄入过多。

代谢性酸中毒的血气分析变化为：HCO_3^- 原发性降低，AB、SB、BB 值均降低，AB＜SB，BE 负值增大，pH 下降，通过呼吸代偿，$PaCO_2$ 继发性下降。

2. 代谢性酸中毒时机体是如何进行代偿调节的？

（1）血液及细胞内的缓冲作用：$H^+ + HCO_3^- \rightarrow H_2CO_3 \rightarrow CO_2 + H_2O$　　$H^+ + Buf^- \rightarrow$ Hbuf，细胞内外 $K^+ - H^+$ 交换，进入细胞内的 H^+ 被细胞内缓冲系统缓冲。

（2）肺的代偿调节：H^+ 浓度增加，刺激颈动脉体和主动脉体化学感受器，反射性兴奋呼吸中枢，呼吸加深加快，使血中 H_2CO_3（$PaCO_2$）继发性降低。

（3）肾的代偿调节：代谢性酸中毒时，肾小管上皮细胞中的碳酸酐酶和谷氨酰胺酶活性增强，肾泌 H^+、泌 NH_4+ 及回收 HCO_3^- 增加，使血浆 HCO_3^- 浓度有所恢复。

3. 酸中毒对机体有哪些影响？

（1）中枢神经系统功能障碍：严重的呼吸性酸中毒可引起 CO_2 麻醉及肺性脑病。

（2）心血管系统：可产生心律失常，心肌收缩力降低及血管对儿茶酚胺的反应性降低。

（3）高钾血症。

4. 慢性阻塞性肺疾病患者常发生何种酸碱失衡？其血气分析参数有何变化？

慢性阻塞性肺疾病患者常发生慢性呼吸性酸中毒。其血气分析参数变化为：$PaCO_2$ 原发性增高，pH 降低，通过肾代偿后，SB、AB、BB 值均升高，AB＞SB，BE 正值增大。

5. 幽门梗阻病人为什么易发生代谢性碱中毒？

呕吐是幽门梗阻病人的主要表现，由于频繁呕吐（1）失 H^+；（2）失 K^+；（3）失 Cl^-；（4）细胞外液容量减少，激活肾素-血管紧张素-醛固酮系统

6. 血钾、血氯浓度与酸碱失衡有何联系？为什么？

高血钾与高血氯均可引起代谢性酸中毒；低血钾和低血氯均可引起代谢性碱中毒。因血钾浓度的改变会影响细胞（包括肾小管上皮细胞）内外 $K^+ - H^+$ 交换，血氯浓度的改变则影响远端肾小管内 $Cl^- - HCO_3^-$ 的交换。

7. 试述判断单纯性酸碱失衡的病理生理基础。

（1）根据 pH 或 H^+ 浓度的变化，判断是酸中毒还是碱中毒。

（2）根据病史和原发性失衡的因素，判断是代谢性还是呼吸性酸碱失衡。

（3）根据代偿情况（代偿方向、代偿极限等），判断是单一性还是混合性酸碱失衡。

8. 简述呼吸性酸中毒时机体的主要调节。

急性呼吸性酸中毒主要由细胞内除碳酸氢盐以外的缓冲对和细胞间离子交换来缓冲。慢性呼吸性酸中毒时主要靠肾的调节来缓冲。PCO_2 升高和 H^+ 浓度升高可刺激肾小管上皮细胞内碳酸酐酶和谷氨酰胺酶活性增强，肾泌 H^+、泌 NH_3^+ 和 HCO_3^- 重吸收增加，H^+ 随尿排出增多，使血浆中 HCO_3^-/H_2CO_3 接近 20/1，血浆 pH 相对恒定。

9. 某慢性心力衰竭患者，因下肢水肿服用利尿剂治疗 2 周后，化验检查：血 pH7.52，$PaCO_2$ 7.73kPa，SB46mmol/L。请分析其酸碱平衡紊乱的类型并说明诊断的依据。

代谢性碱中毒。诊断依据：①pH：pH 升高为失代偿性碱中毒；②病史：患者因水肿服用利尿剂治疗，利尿剂常因肾失 H^+ 过多以及缺 K^+ 等因素导致代谢性碱中毒；③化验指标根据病史和血 pH 首先考虑代谢性碱中毒。血浆 $[HCO_3^-]$ 为原发性增高，由于肺的代偿调节，CO_2 排出减少，故 $PaCO_2$ 代偿性升高，两者变化方向一致。

（张丽艳）

第四章 缺 氧

一、重点与难点解析

（一）缺氧的概念和临床常用的血氧指标

组织供氧不足或利用障碍，导致组织、细胞的代谢、功能和形态结构发生异常变化，称为缺氧。常用的血氧指标有：

1. 血氧分压（PO_2） 指物理状态溶解于血浆内的氧分子所产生的张力。

2. 血氧容量（$CO_2\ max$） 是指在38℃、氧分压为20.0kPa（150mmHg）、二氧化碳分压为5.33 kPa（40mmHg）的条件下，100ml 血液中的 Hb 充分饱和时最大携氧量。

3. 血氧含量（CO_2） 指100ml 血液实际所含的氧量。

4. 血氧饱和度（SO_2） 是指 Hb 实际结合的氧与最大结合的氧的百分比。

5. 氧离曲线与 P_{50} 将 SaO_2 随 PaO_2 值变化的情况绘制成曲线，即氧离曲线，呈"S"型。

（二）各型缺氧的概念和血氧变化特点

1. 乏氧性缺氧 是由于各种原因使动脉血氧含量减少，动脉血氧分压降低，而致组织供氧不足，又称低张性低氧血症。特点：动脉血氧饱和度及动脉血氧含量显著下降，动-静脉血氧含量差减少，脱氧血红蛋白浓度增高。

2. 血液性缺氧 由于血红蛋白含量减少或性质改变，使血液携氧能力降低，或与血红蛋白结合的氧不易释放以致血氧含量减少所引起的缺氧。特点：动脉血氧分压、血氧饱和度正常，氧容量和动脉血氧含量减少，动-静脉血氧含量差减小。

3. 循环性缺氧 因组织血流量减少导致组织供氧量不足引起的缺氧，又称为低血流性缺氧或低动力性缺氧。特点：动脉血氧分压、血氧饱和度、血氧含量及血氧容量均可以正常，动-静脉血氧含量差增大，组织内脱氧血红蛋白增多。

4. 组织性缺氧 因各种原因组织、细胞利用氧的能力下降而引起的缺氧，又称氧利用障碍性缺氧。特点：动脉血氧分压、血氧含量、血氧容量和血氧饱和度均可正常，静脉血氧分压、血氧含量和氧饱和度可高于正常，动、静脉血氧含量差降低，毛细血管中氧合血红蛋白高于正常，故组织中毒性缺氧患者皮肤、黏膜呈玫瑰红色。

（三）缺氧对机体的影响

1. 呼吸系统的变化

（1）代偿性反应：呼吸加快加深，通气量增加，使 PaO_2 升高。

（2）呼吸功能障碍：急性乏氧性缺氧，导致急性肺水肿。

2. 循环系统的变化

（1）心输出量增加：使全身组织的供氧量提高，对急性缺氧具有一定的代偿意义；血流重新分布，保证心、脑重要器官的供应；肺血管收缩，致肺动脉压升高时，有利于气体交换；毛细血管增生，密度增加可利于氧向细胞的弥散，增加对细胞的供氧量。

（2）循环功能障碍：缺氧导致心肌舒缩功能降低，严重缺氧会发生心肌细胞变性坏死，导致心力衰竭。

3. 中枢神经系统的变化 脑对缺氧十分敏感，临床上脑完全缺氧 5～8 分钟后可发生不可逆的损伤。

4. 血液系统的变化 表现为红细胞增多，氧合血红蛋白解离曲线右移。

5. 组织细胞的变化

（1）代偿性反应：细胞利用氧的能力增强，使细胞的内呼吸功能增强；无氧酵解增强，严重缺氧时，在一定的程度上可补偿能量的不足；肌红蛋白增加，可释出大量的氧供细胞利用。

（2）缺氧性细胞损伤，造成广泛的细胞损伤。

二、习题

（一）名词解释

1. 缺氧 2. 血氧分压 3. 血氧容量（CO_{2max}） 4. 血氧饱和度（SO_2） 5. 血氧含量 6. 动-静脉氧含量差（$Ca-vO_2$） 7. P_{50} 8. 氧离曲线 9. 乏氧性缺氧 10. 血液性缺氧 11. 循环性缺氧 12. 组织性缺氧 13. 发绀

（二）填空题

1. 血氧含量包括_____和_____。P_{50} 是指_____。

2. 外呼吸功能不全引起的缺氧，其动脉血气指标最具特征性的变化是_____。

3. 发绀是血中_____增加至_____，皮肤、黏膜呈_____色。CO 中毒时，患者皮肤、黏膜呈_____色。

4. 低张性缺氧引起的代偿性心血管反应主要表现为_____、_____、_____和_____。

5. 低张性低氧血症时引起组织缺氧，其动脉血氧分压须低于_____。

6. 急性缺氧机体最重要的代偿反应是_____和_____。慢性缺氧主要靠_____和_____以适应慢性缺氧。

7. 缺氧性细胞损伤主要表现为_____、_____和_____的变化。

8. 氧疗对_____性缺氧效果最好。氧疗对由_____引起的低张性缺氧的改善作用很小。

（三）选择题

单项选择题

1. 乏氧性缺氧引起组织缺氧，动脉血氧分压须低于
   A. 12.0kPa（90mmHg）
   B. 10.7kPa（80mmHg）
   C. 9.3kPa（70mmHg）
   D. 8.0kPa（60mmHg）
   E. 6.7kPa（50mmHg）

2. 缺氧概念是
   A. 吸入气中的氧减少
   B. 血液中氧含量降低
   C. 血液中氧分压降低
   D. 血液氧容量降低
   E. 供氧不足或用氧障碍

3. CO 造成缺氧的原因为
   A. O_2 与 HHb 结合速率减慢
   B. HbO_2 解离速度减慢
   C. HbCO 无携氧能力
   D. CO 使 RBC 内 2,3-DPG 增高
   E. 以上都不对

4. 循环性缺氧时，血氧指标变化最有特征性的是
   A. PaO_2 正常
   B. 血氧容量正常

C. 动脉血氧容量正常

D. 动脉血氧饱和度正常

E. 动-静脉血氧含量差增大

5. 最能反映组织中毒性缺氧的指标是

　　A. PaO_2 ↓

　　B. 动脉血氧容量 ↓

　　C. 动脉血氧含量 ↓

　　D. 动-静脉血氧含量差 ↑

　　E. 静脉血氧含量 ↑

6. 急性低张性缺氧时机体最重要的代偿机制是

　　A. 心率加快

　　B. 心肌收缩性增强

　　C. 肺通气量增加

　　D. 脑血流量增加

　　E. 腹腔内脏血流量减少

7. 急性缺氧引起的血管效应为

　　A. 冠脉收缩，脑血管收缩，肺血管扩张

　　B. 冠脉扩张，脑血管收缩，肺血管扩张

　　C. 冠脉扩张，脑血管扩张，肺血管扩张

　　D. 冠脉扩张，脑血管扩张，肺血管收缩

　　E. 冠脉收缩，脑血管扩张，肺血管收缩

8. 严重贫血时，下述指标变化中哪一项是**不存在**的

　　A. 血氧含量 ↓

　　B. PaO_2 ↓

　　C. 动脉血氧含量 ↓

　　D. 动脉血氧饱和度正常

　　E. 静脉血氧含量减少

9. 严重缺氧使细胞损伤，细胞膜内外的离子浓度变化为

　　A. 细胞内 Na^+ ↑

　　B. 细胞内 Ca^{2+} ↓

　　C. 细胞外 K^+ ↓

　　D. 细胞外 H^+ ↓

E. 以上都不对

10. 慢性缺氧使红细胞数及血红蛋白量明显增加的主要机制为

　　A. 刺激肝，使促红细胞生成素原生成 ↑

　　B. 增强促红细胞生成素对骨髓的生理效应

　　C. 抑制肝和脾对红细胞的破坏

　　D. 交感神经兴奋，肝、脾储血库收缩

　　E. 刺激肾，使近球细胞促红细胞生成素的形成、释放增加

11. 低张性缺氧时可有

　　A. 氧饱和度正常

　　B. 动-静脉氧含量差增大

　　C. 血氧容量明显降低

　　D. 血氧含量减少

　　E. 以上都不对

12. 血液性缺氧可以存在

　　A. 氧分压降低和发绀

　　B. 氧分压降低但无发绀

　　C. 氧含量降低和发绀

　　D. 氧含量降低但无发绀

　　E. 以上都不对

13. 循环性缺氧时可出现

　　A. 氧分压降低和发绀

　　B. 氧分压降低但无发绀

　　C. 动-静脉氧含量差降低和发绀

　　D. 动-静脉氧差增高和发绀

　　E. 以上都不对

14. 某患者，血氧检查结果是：血氧容量 200ml/L，PaO_2 7.0kPa（53mmHg），动-静脉血氧含量差 40ml/L，动脉血氧含量 140ml/L，其缺氧类型为

　　A. 乏氧性缺氧

　　B. 血液性缺氧

　　C. 缺血性缺氧

　　D. 组织性缺氧

　　E. 淤血性缺氧

15. 某患者，血氧检查为：PaO_2 13.0kPa

（98mmHg），动-静脉血氧含量差 40ml/L，血氧容量 120ml/L，动脉血氧含量 115ml/L，患下列哪种疾病的可能性最大
  A. 充血性心力衰竭
  B. 肺气肿
  C. 严重维生素缺乏
  D. 哮喘
  E. 慢性贫血

多项选择题

16. 缺氧时机体的代偿通过
  A. 呼吸系统，增通气量
  B. 血液系统，增携氧量
  C. 循环系统，增组织血流量
  D. 组织细胞，减耗氧量
  E. 血红蛋白在组织中释氧量增加

17. 关于血氧指标的正确描述是
  A. 动脉血氧分压与外呼吸功能有关
  B. 血氧容量反映血液的实际携氧量
  C. 血氧含量取决于血红蛋白的质和量
  D. 血氧饱和度反映血红蛋白与氧结合的程度
  E. P_{50} 随血红蛋白与氧的亲和力增加而降低

18. 关于 P_{50} 的正确描述是
  A. $PaCO_2$ 增加，P_{50} 增加
  B. P_{50} 是血氧饱和度为 50％时的氧分压
  C. P_{50} 随血红蛋白与氧的亲和力增加而升高
  D. 血液 PH 降低，P_{50} 降低
  E. P_{50} 能反映血红蛋白与氧结合的程度

19. 大量食用腌菜的患者会出现下列哪些变化
  A. 动脉血氧分压降低
  B. 红细胞内 2,3-DPG 生成减少
  C. 血红蛋白与氧的亲和力增高
  D. 血氧容量升高
  E. 血氧容量降低

20. 可观察到发绀的疾病是
  A. 急性肺水肿
  B. 法洛四联症
  C. 亚硝酸盐中毒
  D. 肺源性心脏病
  E. 重度贫血

（四）简答题

1. 各种类型缺氧的血氧变化特点。
2. 以低张性缺氧为例说明急性缺氧时机体的主要代偿方式。
3. 简述循环性缺氧的机制及血氧变化的特点。
4. 缺氧时组织细胞可发生哪些代偿和损伤性变化。
5. 试述 CO 中毒引起缺氧的机制。

参考答案

（一）名词解释

1. 缺氧：指组织细胞得不到充足的氧或不能充分利用氧时，组织的代谢、功能，甚至形态结构发生异常变化的病理过程。

2. 血氧分压：指物理状态溶解于血浆内的氧分子所产生的张力。动脉血氧分压（PaO_2）正常值约为 13.3kPa（100mmHg），静脉血氧分压（PvO_2）约为 5.33kPa（40mmHg）。影响因素：PaO_2 取决于吸入气氧分压和肺的呼吸功能；PvO_2 反映内呼吸。

3. 血氧容量（CO_{2max}）：指 100ml 血液中血红蛋白为氧充分饱和时的最大带氧量。正常

值为 200ml/L。取决于血红蛋白的质和量。

4. 血氧饱和度（SO_2）：是指 Hb 被氧饱和的程度。SO_2＝氧含量/氧容量×100%；正常值：SaO_2 95%，SvO_2 70%。影响因素：氧分压和 Hb 与氧的亲和力。

5. 血氧含量：100ml 血液实际所含的氧量，主要是血红蛋白结合的氧，还有极小量溶解的氧。动脉血氧含量正常值为 190ml/L，静脉血氧含量正常值为 140ml/L。

6. 动-静脉氧含量差（$Ca-vO_2$）：动脉血氧含量与静脉血氧含量的差值，正常值为 50ml/L。反映组织的耗氧量，取决于血流速度和组织摄氧能力。

7. P_{50}：血红蛋白氧饱和度为 50% 时的氧分压，反映血红蛋白与氧的亲和力大小。正常为 26~27mmHg。

8. 氧离曲线：血氧分压与血氧饱和度之间的关系呈"S"型曲线。右移因素：血液温度↑、pH↓、PCO_2 或红细胞内 2,3-二磷酸甘油酸（2,3-DPG）↑，右移表明血红蛋白与氧的亲和力↓。反之左移，表明血红蛋白与氧的亲和力↑。

9. 乏氧性缺氧：因吸入气氧分压过低或外呼吸功能障碍等引起的动脉血氧分压降低，导致组织细胞供氧不足的缺氧。

10. 血液性缺氧：由于血红蛋白数量减少或性质改变，以致 CaO_2 降低或血红蛋白结合的氧不易释放引起的组织缺氧。大多血氧含量低但血氧分压正常，故又称等张性缺氧。

11. 循环性缺氧：也称低动力性缺氧，由于组织血流量减少使组织供氧减少所引起的组织缺氧。

12. 组织性缺氧：因各种原因组织、细胞利用氧的能力下降而引起的缺氧。

13. 发绀：指毛细血管中脱氧血红蛋白达到 50g/L 以上时，皮肤、黏膜呈现青紫色。

（二）填空题

1. Hb 实际结合的氧量、溶解于血浆的氧量、血红蛋白氧饱和度为 50% 时的氧分压

2. PaO_2 降低

3. 脱氧 Hb、50g/L、青紫、樱桃红

4. 心输出量增加、血液重新分布、肺血管收缩、毛细血管增生

5. 60mmHg

6. 呼吸、循环、组织利用氧、血液运输氧

7. 细胞膜、线粒体、溶酶体

8. 低张、静脉血分流入动脉血

（三）选择题

单项选择题

1. D

解析：乏氧性缺氧当氧分压低于 8kPa 时，随着 PaO_2 的下降，曲线坡度由平坦转为陡直，使 SaO_2 及 CaO_2 显著下降，引起组织缺氧。

2. E

解析：组织供氧不足或利用障碍，导致组织、细胞的代谢、功能和形态结构发生异常变化，称为缺氧。

3. C

解析：当 CO 中毒时，血内 CO 与 Hb 结合形成碳氧血红蛋白（HbCO）而使 Hb 丧失携氧能力，血氧含量和血氧容量降低。

第四章 缺 氧

4. E

解析：循环性缺氧时，血流缓慢，组织摄取的氧增多，同时因血流淤滞，二氧化碳含量增加，氧离曲线右移，促使静脉血氧分压、氧饱和度和氧含量降低，动-静脉血氧含量差加大。

5. E

解析：组织性缺氧时动脉血氧分压、氧饱和度、氧容量、氧含量均正常，因为组织不能利用氧，因此静脉血氧含量增高。

6. C

解析：动脉血氧分压低于8.0kPa（60mmHg）以下时，可使颈动脉体和主动脉体化学感受器受刺激，呼吸中枢反射性兴奋，呼吸加快加深，通气量增加，使 PaO_2 升高。

7. D

解析：急性缺氧时，皮肤、腹腔内脏交感神经兴奋，缩血管作用占优势，致血管收缩；而心、脑血管受局部组织代谢产物的扩血管作用为主，故血管扩张，血流增加，能保证生命重要器官的血液供应。

8. B

解析：严重贫血时，由于外呼吸功能和吸入气氧分压正常，故动脉血氧分压、血氧饱和度正常。

9. A

解析：严重缺氧时，细胞膜电位降低常先于细胞内ATP含量的减少，导致离子顺浓度差通过细胞膜，继而出现 Na^+ 内流、K^+ 外流、Ca^{2+} 内流和细胞水肿等一系列改变。

10. E

解析：当缺氧时，刺激肾，使近球细胞生成促红细胞生成素（EPO）增加。EPO可以刺激RBC系单向干细胞分化为原RBC和增殖、成熟。另外，EPO可促使Hb合成和网织红细胞进入血液，血中红细胞和Hb增加。

11. D

解析：低张性缺氧时，因动脉氧分压降低，血氧含量和氧饱和度随之降低。

12. D

解析：血液性缺氧，单纯Hb减少时，因氧合血红蛋白减少，另外患者毛细血管中还原Hb未达到出现发绀的阈值，所以皮肤、黏膜颜色较为苍白。

13. D

解析：循环性缺氧，因血流缓慢，血流淤滞，二氧化碳含量增加，促使静脉血氧分压、氧饱和度和氧含量降低，动-静脉血氧差加大。同时，毛细血管中脱氧血红蛋白浓度超过50g/L时，皮肤、黏膜可出现发绀。

14. A

解析：乏氧性缺氧时，血氧容量增加，动脉血氧分压降低、血氧饱和度和血氧含量降低，动-静脉血氧含量差减少。

15. E

解析：慢性贫血可导致血液性缺氧，动脉血氧分压、血氧饱和度正常，氧容量和动脉血氧含量减少，动-静脉血氧含量差减小。

多项选择题

16. ABCDE

解析：呼吸系统，增通气量；血液系统，增携氧量；循环系统，增组织血流量；组织细胞，减耗氧量；血红蛋白在组织中释氧量增加。

17. ACD

解析：动脉血氧分压与外呼吸功能有关；血氧含量取决于血红蛋白的质和量；血氧饱和度反映血红蛋白与氧结合的程度。

18. ABC

解析：P_{50}是指血红蛋白氧饱和度为50%时的血氧分压，可以反映Hb与O_2的亲和力。P_{50}增大，氧离曲线右移，表示Hb与O_2的亲和力小，P_{50}减小，氧离曲线左移，说明亲和力大。

19. CE

解析：大量食用含硝酸盐的腌菜后，硝酸盐在肠道细菌作用下还原为亚硝酸盐，大量吸收入血后，导致高铁血红蛋白血症，引起血红蛋白与氧的亲和力增高，血氧容量降低。

20. ABCD

解析：急性肺水肿、法洛四联症、亚硝酸盐中毒、肺源性心脏病均可使血中的脱氧血红蛋白浓度增高，如果达到或超过50g/L时，导致皮肤和黏膜呈青紫色，称为发绀。但重度贫血患者，血红蛋白可降至50g/L以下，出现严重缺氧，而不会发生发绀。

（四）简答题

1. 各种类型缺氧的血氧变化特点。

根据缺氧的原因和血氧变化特点，一般将缺氧分为低张性、血液性、循环性和组织性缺氧等四种类型，其血氧变化特点如下表：

各型缺氧的血氧变化特点

类型	动脉血氧分压	动脉血氧饱和度	血氧容量	动脉血氧含量	动-静脉氧含量差
乏氧性缺氧	↓	↓	—	↓	↓
血液性缺氧	—	—	↓	↓	↓
循环性缺氧	—	—	—	—	↑
组织性缺氧	—	—	—	—	↓

注：↓降低 ↑升高 —正常

2. 以低张性缺氧为例说明急性缺氧时机体的主要代偿方式。

急性低张性缺氧时的代偿主要是以呼吸和循环系统为主。呼吸系统：呼吸加深加快，肺通气量增加。循环系统：心率加快，心肌收缩力增强，静脉回流增加，使心输出量增加；血液重新分布使皮肤、腹腔脏器血管收缩，肝、脾等脏器储血释放；肺血管收缩，调整通气血流比值；心脑血管扩张，血流增加。

3. 简述循环性缺氧的机制及血氧变化的特点

单纯性循环性缺氧时，动脉血氧分压、氧饱和度和氧含量是正常的。由缺血或淤血造成的血流缓慢，使血液流经组织毛细血管的时间延长，细胞从单位容量血液中摄取的氧量增多，致静脉血氧含量降低，动-静脉血氧含量差增大；但由于供应组织的血液总量降低，弥散到组织细胞的总氧量仍不能满足细胞的需要而发生缺氧。

4. 缺氧时组织细胞可发生哪些代偿和损伤性变化

缺氧时，组织细胞可增强利用氧的能力和增强无氧酵解过程以获得维持生命活动所必需的能量。主要有以下方面：慢性缺氧时，细胞内线粒体数目和膜面积均增加，内呼吸功能增强；肌红蛋白增加，使氧的储存增多；缺氧时，有氧氧化产生 ATP 减少，以致糖酵解增强以补偿能量不足。缺氧性细胞损伤主要为细胞膜、线粒体和溶酶体变化。主要表现是细胞膜有 Na^+、Ca^+ 内流和 K^+ 外流，细胞膜电位降低；线粒体内酶活降低，ATP 生成减少，以致线粒体受损；溶酶体破裂，大量溶酶体酶释出，细胞溶解。

5. 试述 CO 中毒引起缺氧的机制

（1）CO 与 Hb 的亲合力比氧大 210 倍，Hb 与 CO 结合形成碳氧血红蛋白而失去携带氧的能力。

（2）CO 抑制红细胞内糖酵解，使 2,3-DPG 生成减少，氧离曲线左移，氧合血红蛋白中的氧不易释出，加重组织缺氧。

（3）当 CO 与 Hb 分子中某个血红素结合后，将增加其余三个血红素对氧的亲和力，使氧离曲线左移。

（张　薇）

第五章 发 热

一、重点与难点解析

（一）发热的定义

发热是指在致热原的作用下，人体体温调节中枢的调定点上移而引起的调节性体温升高（超过正常 0.5℃）。

（二）发热的原因

发热由致热原引起，致热原包括发热激活物和内生致热原，发热激活物包括：（1）外致热原：主要指生物病原体及代谢产物，其中革兰阴性杆菌的内毒素是最常见的外致热原；（2）体内产物：指炎症灶产物、抗原抗体复合物等。

（三）发热的时期和热型

1. 分期

（1）体温上升期：发热的开始阶段体温不断上升，称为体温上升期。此期的热代谢特点：产热大于散热。主要临床表现：畏寒、寒战、皮肤苍白、起"鸡皮疙瘩"等。

（2）高热持续期：当体温上升到与新的调定点水平相适应的高度，便不再继续上升，而是在这个与新的体温调定点相适应的高水平上波动。此期的热代谢特点：产热、散热在较高水平保持平衡。主要临床表现：皮肤发红、自觉酷热、皮肤和口唇干燥。

（3）体温下降期：上升的体温调定点回降到正常水平。此期的热代谢特点：散热大于产热。主要临床表现：皮肤湿润，出汗较多，严重者可致脱水。

2. 热型 稽留热、弛张热、间歇热、不规则热、周期热。

（四）发热时机体的功能和代谢变化

发热时，体内物质代谢加快，糖、脂肪和蛋白质的分解增强，水、无机盐及维生素消耗增多；心血管系统、呼吸系统和免疫系统功能增强，消化系统功能降低，重要器官功能损伤，如心脏负荷加重，小儿高热易出现热惊厥等。

二、习题

（一）名词解释

1. 发热 2. 过热 3. 发热激活物 4. 内生致热原

（二）填空题

1. 一般体温每升高 1℃，心率每分钟平均增加_____次。

2. 发热的发生机制包括三个基本环节_____、_____、_____。

3. 致热源包括_____和_____。

4. 各种病原微生物侵入机体后，在引起相应病变的同时而伴随的发热，称_____。

5. 发热的临床经过，一般可分为_____、_____和_____三期。

(三) 选择题

单项选择题

1. 发热是指
   A. 体温高于正常值 0.5℃
   B. 产热大于散热过程
   C. 体温中枢调定点上移
   D. 体温调节功能障碍
   E. 异常的体温调节活动

2. 下列情况中，发热多见于
   A. 感冒
   B. 妊娠期
   C. 月经前期
   D. 剧烈运动
   E. 癫痫发作

3. 下述哪一种情况下的体温升高属于过热
   A. 妇女月经前期
   B. 先天性汗腺缺陷
   C. 流行性脑脊髓膜炎
   D. 剧烈运动后
   E. 应激

4. 外源性致热原的作用主要是
   A. 激活局部组织细胞释放致热原
   B. 刺激局部神经末梢某些介质
   C. 促进内生致热原的产生和释放
   D. 作用于下丘脑的体温调节中枢
   E. 加速体内的分解代谢，使产热增加

5. 革兰阴性杆菌的主要致热物质是
   A. 细菌内毒素
   B. 内源性致热原
   C. 组织坏死产物
   D. 抗原抗体复合物
   E. 原胆烷醇酮

6. 内致热原
   A. 作用于体温调节中枢，使体温调定点上移
   B. 作用于产致热原细胞，使体温调定点上移
   C. 作用于发热激活物，使内致热原产生、释放
   D. 作用于产内生致热原细胞，使内致热原产生、释放
   E. 作用于体温调节中枢，引起中枢发热介质改变

7. 体温上升期的热代谢特点是
   A. 产热和散热平衡
   B. 产热障碍
   C. 散热障碍
   D. 散热大于产热
   E. 产热大于散热

8. 发热体温上升期
   A. 皮肤温度高于调定点
   B. 皮肤温度等于调定点
   C. 皮肤温度低于调定点
   D. 皮肤发红
   E. 以上都不对

9. 高温持续期的临床表现为
   A. 畏寒、皮肤苍白、脉快
   B. 皮肤灼热、脉快、出汗
   C. 皮肤潮红而灼热、呼吸快、脉快
   D. 皮肤苍白、出汗、易出现虚脱
   E. 体温上升、出汗、易出现虚脱

10. 高热骤退时，患者最易发生的**不良**反应是
    A. 呼吸加深加快
    B. 抽搐
    C. 烦躁不安
    D. 大量出汗致虚脱
    E. 呕吐

11. 下列表现符合间歇热的是
    A. 体温持续升高至 39℃～40℃，持续数日
    B. 24 小时内变化不规则
    C. 高热与正常体温交替出现
    D. 体温在 39℃ 以上，24 小时波动超过 1℃，最低体温超过正常水平
    E. 体温持续升高至 39℃～40℃，24 小时波动不超过 1℃

12. 发热机体在体温上升期泌尿功能的主要变化是
    A. 尿量减少，比重升高
    B. 尿量减少，比重降低
    C. 尿量增多，比重升高
    D. 尿量增多，比重降低
    E. 尿量不变，比重不变

13. 某患儿，2岁，因出生后未行预防接种，遂去省疾病预防控制中心注射百白破三联疫苗，注射后当天下午出现体温升高，体温38.5℃，来我院就诊，你认为该患儿发热的主要原因是什么
    A. 疫苗制备消毒不严
    B. 注射剂量掌握不当
    C. 引起局部组织损伤
    D. 与超敏反应有关
    E. 生物病原体入血

(14~16题共用题干)
某患者，因患大叶性肺炎一周，出现皮肤潮红，口干舌燥，高热。

14. 该患者现在处在哪一期
    A. 体温下降期
    B. 高热持续期
    C. 体温上升期
    D. 体温骤退期
    E. 以上均不是

15. 该时期的热代谢特点是
    A. 产热和散热平衡
    B. 产热障碍
    C. 散热障碍
    D. 散热大于产热
    E. 产热大于散热

16. 该患者的热型最有可能是哪种形式
    A. 稽留热
    B. 弛张热
    C. 间歇热
    D. 不规则热
    E. 周期热

(17~18题共用题干)
某患者，因高热不退而急诊入院，门诊医生遂以发热待查收入病房，该患者体检时发现心跳加快，呼吸深快，尿量减少。

17. 该患者呼吸加深加快的机制是
    A. PaO_2下降
    B. $PaCO_2$升高
    C. 血液温度升高
    D. 碱性产物刺激
    E. 呼吸中枢抑制

18. 对该高热患者采用的下列哪项措施属**不当**
    A. 物理降温
    B. 静脉输液
    C. 适当退热
    D. 补充维生素
    E. 补充高脂、高蛋白营养物质

多项选择题

19. 体内能产生和释放内源性致热原的细胞是
    A. 中性粒细胞
    B. 肝星形细胞
    C. 单核细胞
    D. 嗜酸性粒细胞
    E. 肿瘤细胞

20. 下列哪种情况的体温升高属于发热
    A. 肺炎
    B. 伤寒
    C. 结核病
    D. 女性月经期前
    E. 运动后体温升高

21. 发热病人消化功能减弱的机制是
    A. 消化液分泌减少
    B. 胃肠蠕动减弱
    C. 中枢神经功能紊乱
    D. 胃酸分泌增多
    E. 迷走神经兴奋

22. 发热病人呼吸加深加快的机制是
    A. 血液温度升高
    B. 酸性产物刺激

C. 呼吸中枢兴奋
D. $PaCO_2$ 升高
E. PaO_2 升高

23. 某患者，因高热不退而急诊入院，门诊医生遂以发热待查收入病房，该患者体检时还可见
   A. 心跳加快
   B. 尿量减少
   C. 呼吸深快
   D. 四肢冰凉
   E. 皮肤苍白

24. 高热患者在临床上，应采用下列哪些措施
   A. 物理降温
   B. 静脉输液
   C. 适当退热
   D. 补充维生素，给予抗生素
   E. 卧床休息

25. 下列哪些情况需及时解热
   A. 小儿高热超过 39℃
   B. 妊娠妇女
   C. 心脏病患者
   D. 发热超过 38℃
   E. 心衰病人

（四）简答题

1. 引起发热的主要原因是什么？发热与过热有何本质区别？
2. 对发热病人主要治疗原则是什么？在护理高热病人过程中应注意哪些问题？
3. 发热病人可有哪些消化系统临床表现，为什么？

参考答案

（一）名词解释

1. 发热：是指在致热原的作用下，人体体温调节中枢的调定点上移而引起的调节性体温升高（超过正常 0.5℃）。
2. 过热：是由于体温调节障碍或散热障碍及产热器官功能异常等引起的体温升高。
3. 发热激活物：凡能刺激机体产致热原细胞，使其产生、释放内生致热原（EP）的物质称为发热激活物。
4. 内生致热原：是指在发热激活物作用下，由体内产内生致热原细胞产生和释放的能引起体温升高的物质。

（二）填空题

1. 18
2. 信息传递、中枢调节、调节效应器反应
3. 发热激活物、内生致热源
4. 感染性发热
5. 体温上升期、高热持续期、体温下降期

（三）选择题

单项选择题

1. C

解析：体温升高不一定都是发热。可以是在调定点控制下的发热，也可以是不在调定点控制下的异常的体温调节。

2. A

解析：病原微生物引起的发热称为感染性发热，在所有的发热中，感染性发热可占

50%～60%，所以发热多见于感冒；剧烈运动、妊娠期、月经前期的发热是生理性体温升高，癫痫发作属于体温调节障碍而致的过热。

3. B

解析：过热是由于体温调节障碍或散热障碍及产热器官功能异常等引起的体温升高。先天性汗腺缺陷引起的体温升高属于散热障碍引起的过热。流行性脑脊髓膜炎、应激引起的体温升高属发热；妇女月经前期、剧烈运动后体温升高属于生理性。

4. C

解析：外源性致热原不能直接使调定点上移，只能通过激活产致热原细胞，促进内生致热原的产生和释放，最终引起体温调定点上移，引起发热。

5. A

解析：革兰阴性杆菌的内毒素是最常见的外致热原。

6. E

解析：发热机制：内致热原通过作用于体温调节中枢，引起中枢发热介质改变，使体温调定点上移，引起发热。

7. E

解析：正常人机体产热和散热平衡，体温相对恒定。发热时的体温上升期产热大于散热，体温不断上升。

8. C

解析：发热体温上升期体温调定点上移，中枢发出产热增强、散热减少的指令，使皮肤血管收缩和血流减少，皮肤温度降低，皮肤苍白。

9. C

解析：高温持续期，体温上升到与新的调定点水平相适应的高度，产热和散热在较高水平上保持相对平衡。因散热反应皮肤血管扩张，血流量增加，皮肤潮红而灼热，血温的升高，引起呼吸加快、脉快。

10. D

解析：高血温及皮肤温度感受器传来的热信息对发汗中枢的刺激，患者出汗较多，严重者可致脱水而虚脱。

11. C

解析：间歇热体温骤升达39℃以上，经几个小时后体温又恢复正常，间歇数小时或1～2日体温又突然升高，反复发作。

12. A

解析：发热时的体温上升期，由于肾血管收缩，可出现尿量减少．尿比重增高。

13. D

解析：疫苗作为血清制剂，内含有的异类蛋白具有抗原性，进入机体产生抗原-抗体复合物，引起机体发生超敏反应性改变。抗原-抗体复合物是引起发热的主要致热物质。

14. B

解析：高热持续期，产热和散热在新调定点水平上保持平衡而高热。因散热反应皮肤血管扩张，血流量增加，故皮肤潮红。由于皮肤温度升高，加强了水分蒸发，因而皮肤和口唇比较干燥。

15. A

解析：高热持续期，产热和散热在新调定点水平上保持平衡，产热等于散热。

16. A

解析：大叶性肺炎的发热热型为稽留热。

17. C

解析：发热时，血温升高可刺激呼吸中枢并提高呼吸中枢对CO_2的敏感性，加上代谢增强、酸性物质及CO_2生成增多，共同促使呼吸加深加快。

18. E

解析：对高热的病人除了采用物理降温，静脉输液，适当退热外，进食应是易消化的清淡流质或半流质，要低脂、高蛋白、高维生素饮食。

多项选择题

19. BCE

解析：体内能产生和释放内源性致热原的细胞：包括单核细胞、巨噬细胞、内皮细胞、淋巴细胞、成纤维细胞以及某些肿瘤细胞等。

20. ABC

解析：体温升高包括生理性体温升高、发热和过热。肺炎、伤寒、结核病均属于感染性发热，属于发热。女性月经期前、运动后体温升高属于生理性体温升高，不属于发热。

21. AB

解析：发热时交感神经活动增强，消化液分泌减少，胃肠蠕动减弱。

22. ABCD

解析：发热时，血温升高可刺激呼吸中枢并提高呼吸中枢对CO_2的敏感性，加上代谢增强、酸性物质及CO_2生成增多，共同促使呼吸加深加快。

23. ABC

解析：该病人高热不退，应该是处在高热持续期，血温升高，因散热反应病人可出现心跳加快、呼吸深快、尿量减少。

24. ABCDE

解析：高热患者在临床上应采用：积极治疗原发病，适当输液补液，退热及抗生素治疗，病人还需要卧床休息和清淡、低脂、高蛋白、高维生素流质或半流质饮食，少量多餐。

25. ABCE

解析：体温过高如成人＞39℃以上，引起患者明显不适；小儿因为高热引起惊厥；有心肌梗死或心肌劳损者、妊娠期妇女以及恶性肿瘤患者，这些患者，发热能够加重病情或促进疾病的发生、发展或威胁生命，应尽早解热。

（四）简答题

1. 引起发热的主要原因是什么？发热与过热有何本质区别？

（1）发热的原因：发热由致热原引起，致热原包括发热激活物和内生致热原，发热激活物包括外致热原主要指生物病原体及代谢产物，其中革兰阴性杆菌的内毒素是最常见的外致热原；体内产物指炎症灶产物、抗原-抗体复合物等。

（2）发热与过热有何本质区别：

发热：是指在致热原的作用下，人体体温调节中枢的调定点上移而引起的调节性体温升高（超过正常0.5℃）。属于调节性体温升高，与SP相适应。

过热（被动性体温升高，超过 SP 水平）：是由于体温调节障碍，或散热障碍及产热器官功能异常等引起的体温升高。属于被动的非调节性体温升高，超过 SP 水平。

2. 对发热病人主要治疗原则是什么？在护理高热病人过程中应注意哪些问题？

对发热病人主要治疗原则：临床上对于发热患者的处理原则主要是：积极治疗原发疾病，对于一些原因不明的发热，不主张急于退热，对于高热或持久发热患者应加强护理，包括采取适宜的解热措施。

护理高热病人过程中应注意哪些问题：

（1）密切观察体温、呼吸、血压、脉搏、神志的变化，做好详细记录。

（2）注意纠正水、电解质和酸碱平衡紊乱，及时补充水分，预防脱水，对退热期间用解热药致大量出汗者，要防止虚脱发生。

（3）安慰患者稳定情绪，嘱咐病人卧床休息，减少活动。

（4）发热期间进食应是易消化的清淡流质或半流质，要低脂、高蛋白、高维生素饮食，少量多餐。

（5）对原有心肌损害或心肌梗死患者，高热期间应进行心血管监护。

3. 发热病人可有哪些消化系统临床表现，为什么？

发热病人可产生食欲减退、口干舌燥、腹胀、便秘等临床表现。是由于消化液分泌减少，各种消化酶活性降低，胃肠蠕动减弱和体内水分过多丢失等因素引起。

（王　红）

第六章 弥散性血管内凝血

一、重点与难点解析

DIC是机体凝血系统被广泛激活，以凝血功能障碍为主要特征的复杂病理过程。

可引起DIC的疾病很多，常见的疾病有严重感染、恶性肿瘤、组织损伤、产科疾病、休克、某些血液系统疾病和脏器功能障碍等。

DIC的发病机制是多种原因引起内源性和外源性凝血系统激活。外源性凝血系统激活见于外科大手术、严重创伤、大面积重度烧伤、胎盘早期剥离等情况；内源性凝血系统激活见于细菌、病毒、内毒素、抗原抗体复合物、高热、酸中毒等刺激和损伤了血管内皮细胞。凝血系统激活还可见于多种疾病引起的红细胞破坏、白细胞受损、血小板激活或某些促凝物质入血。

影响DIC发生、发展的因素有单核吞噬细胞系统功能受损、肝功能严重障碍、血液高凝状态、微循环障碍和某些纤溶抑制剂等使用不当等。

典型的DIC可分为三期：高凝期、消耗性低凝期、继发性纤溶亢进期。按发生快慢，DIC可分为急性型、亚急性型和慢性型；按代偿情况，DIC可分为代偿型、失代偿型和过度代偿型。

DIC的主要临床表现是出血、休克、器官功能障碍和微血管病性溶血性贫血。

DIC引起出血的机制是：凝血物质大量消耗、纤溶系统激活和微血管壁通透性增加。

DIC引起休克的机制是：出血、血管活性物质引起血管壁通透性升高、心肌受损、血管收缩和微血栓形成致微循环障碍。

二、习题

（一）名词解释

1. DIC　2. 微血管病性溶血性贫血

（二）填空题

1. 影响DIC发生、发展的因素包括_____、_____、_____、_____。
2. 根据发展过程，典型的DIC可分为_____、_____和_____三期。
3. DIC的主要临床表现是_____、_____、_____、_____。

（三）选择题

单项选择题

1. DIC最重要的特征是
   A. 微血栓大量形成
   B. 凝血物质大量消耗
   C. 纤维蛋白溶解过程亢进
   D. 凝血功能异常
   E. 出血和溶血

2. DIC凝血功能异常表现为
   A. 血液凝固性增强
   B. 血液凝固性降低
   C. 血液凝固性先增强后降低
   D. 血液凝固性先降低后增强
   E. 主要是纤溶活性的改变

3. 下列哪项属于DIC的诱因？

A. 胎盘早期剥离
B. 病毒性心肌炎
C. 单核吞噬细胞系统功能抑制
D. 恶性肿瘤
E. 实质性器官坏死

4. DIC 的发展过程可分为
   A. 低凝期和高凝期
   B. 高凝期和低凝期
   C. 高凝期、低凝期和纤溶亢进期
   D. 低凝期、高凝期和纤溶亢进期
   E. 低凝期和纤溶亢进期

5. DIC 出血最主要的因素是
   A. 肝合成凝血因子障碍
   B. 血管通透性增高
   C. 多器官功能障碍
   D. 凝血因子大量消耗
   E. 微血管病性溶血性贫血

6. 微血管病性溶血性贫血的机制是
   A. 微血管内大量微血栓形成
   B. DIC 时产生的毒性物质所致
   C. DIC 造成微循环淤滞，缺血缺氧
   D. 交感神经兴奋，自由基产生
   E. 纤维蛋白丝在微血管内形成细网

多项选择题

7. 影响 DIC 发生、发展的主要因素有
   A. 单核吞噬细胞系统功能受损
   B. 微循环障碍
   C. 血液的高凝状态

D. 大量前列腺素的释放
E. 肝功能严重障碍

8. DIC 引起休克的主要原因有
   A. 心脏缺血、缺氧
   B. 有效循环血量减少
   C. 微血栓阻塞微循环通路
   D. 补体、激肽激活使毛细血管扩张，通透性增加
   E. 回心血量减少

9. DIC 引起出血的主要原因有
   A. 凝血物质被消耗
   B. 继发性纤溶亢进
   C. 维生素 K 缺乏
   D. 毛细血管壁通透性增加
   E. FDP 增多

10. 红细胞大量破坏引起 DIC 的机制是
    A. 释放血红蛋白
    B. 释放大量磷脂入血
    C. 溶酶体破裂
    D. 释放 ADP
    E. 释放组织因子

11. 单核吞噬细胞系统功能受损容易引起 DIC，是由于
    A. 清除凝血酶功能减弱
    B. 清除纤维素功能减弱
    C. 清除纤溶酶和 FDP 功能减弱
    D. 清除血小板功能减弱
    E. 清除凝血因子功能减弱

（四）问答题

1. 为什么 DIC 患者常有广泛的出血？
2. 简述 DIC 患者发生休克的机制？

参考答案

（一）名词解释

1. DIC：是一种继发的、以广泛微血栓形成而引发的以凝血功能障碍为主要特征的全身性病理过程。
2. 微血管病性溶血性贫血：DIC 病人可伴有微血管病性溶血性贫血，这种患者外周血涂片中可见盔形、星形、新月形等形态各异的红细胞，称为裂体细胞。

(二) 填空题
1. 单核吞噬细胞系统功能障碍、严重肝功能障碍、血液呈高凝状态、微循环障碍
2. 高凝期、消耗性低凝期、继发性纤溶亢进期。
3. 出血、休克、器官功能障碍、微血管病性溶血性贫血。

(三) 选择题
单项选择题

1. D
解析：弥散性血管内凝血（DIC）是在某些致病因子作用下，凝血因子和血小板被激活而引起的以凝血功能异常为主要特征的病理过程。在DIC过程中相继出现大量微血栓、凝血物质大量消耗、纤维蛋白溶解过程亢进，在临床上患者可出现出血、溶血等表现。

2. C
解析：典型的DIC通常可分为高凝期、消耗性低凝期和继发性纤溶亢进期三个阶段。即早期因凝血过程激活，血液凝固性增强，进一步则因凝血物质大量消耗和继发性纤溶活性不断增强，血液凝固性降低。

3. C
解析：单核吞噬细胞系统可吞噬、清除血液中的凝血酶、纤维蛋白原及其他促凝物质，也可清除纤维酶、FDP及内毒素等。这一功能严重障碍或由于吞噬大量其他物质而功能"封闭"时，可促进DIC的发生。

4. C
解析：DIC发展过程的一般规律是，在致病因素作用下，首先使凝血系统被激活，机体处于高凝期，高凝期大量微血栓形成，消耗大量凝血因子和血小板，机体转入消耗性低凝期，此时纤溶系统也继之被激活，FDP形成，机体可有明显出血表现。

5. D
解析：在DIC发生、发展过程中，大量血小板和凝血因子被消耗，DIC病人从高凝状态转入低凝状态，高凝期微血栓形成，消耗大量凝血因子是DIC出血的最主要因素。

6. E
解析：DIC患者发生溶血性贫血的原因是：纤维蛋白丝在微血管腔内形成细网，当血流中红细胞流过网孔时，可黏着、滞留于纤维蛋白丝上，加之血流的不断冲击，可引起红细胞破裂，部分红细胞可因微循环障碍而从微血管内皮裂隙游出时受损；某些DIC病因使红细胞变形性降低也是红细胞易破裂的重要原因之一。

多项选择题

7. ABCE
解析：影响DIC发生、发展的主要因素有：单核吞噬细胞系统功能障碍、微循环障碍、血液的高凝状态和肝功能严重障碍。

8. ABCDE
解析：DIC引起休克的主要机制有：①广泛微血栓形成，造成回心血量不足；②严重出血导致血容量明显减少；③激肽、补体系统激活和FDP增多，具有强烈扩血管及增加微血管通透性的作用，引起血压下降；④心肌毛细血管内微血栓形成造成心肌缺血，心肌收缩力减弱，心泵功能下降。以上因素使血容量和回心血量减少、血管容量扩大、心泵功能下降，最终引起休克的发生。

9. ABDE

解析：DIC 引起出血的发生机制主要是：①由于广泛微血栓形成，大量凝血因子和血小板被消耗；②继发性纤溶功能亢进；③纤维蛋白（原）降解产物（FDP）形成，具有强大的抗凝作用可引起出血。

10. BD

解析：红细胞大量破坏，一方面可释放出 ADP，激活血小板，释放出血小板因子（PF），促进血小板黏附、聚集等，导致凝血；另一方面，急性溶血时，大量红细胞膜磷脂的释放有直接的促凝作用，可促进血凝过程。

11. ABC

解析：单核吞噬细胞系统具有吞噬、清除血液中已活化的凝血因子和其他促凝物质的功能。感染性休克、创伤时，由于该系统大量吞噬细菌、内毒素或坏死组织，使其功能处于"封闭"状态，可促进 DIC 发生。

（四）问答题

1. 为什么 DIC 患者常有广泛的出血？

DIC 病人常发生出血的原因是：①凝血物质大量消耗；②继发性纤溶功能亢进；③纤维蛋白（原）降解产物（FDP）形成。

2. 简述 DIC 患者发生休克的机制？

DIC 引起休克的主要机制有：①广泛微血栓形成，造成回心血量不足；②严重出血导致血容量明显减少；③激肽、补体系统激活和 FDP 增多，具有强烈扩血管及增加微血管通透性的作用，引起血压下降；④心肌毛细血管内微血栓形成造成心肌缺血，心肌收缩力减弱，心泵功能下降。以上因素使血容量和回心血量减少、血管容量扩大、心泵功能下降，最终引起休克的发生。

（杨少芬）

第七章 休 克

一、重点与难点解析

休克的发病机制及发展过程：虽然休克的病因和始动环节不同，但微循环障碍依然认为是休克发生的共同环节。微循环的改变大致可分为三个时期：缺血缺氧期（即休克早期、代偿期），淤血缺氧期（即休克期、失代偿期），微循环衰竭期（又称休克晚期、难治期、DIC期）。

（一）休克早期的微循环变化及发生机制

1. 微循环的变化　该期主要特点为除心、脑血管以外，全身小血管持续收缩而引起缺血缺氧，微循环呈"少灌少流，灌少于流"状态。此时心、脑供血无明显障碍，故称为休克代偿期。由于这些变化为休克过程的早期阶段，又称休克早期。

2. 微循环障碍的机制　由于交感-肾上腺髓质系统强烈兴奋以及缩血管物质的增多所致。

3. 代偿意义　①维持动脉血压；②保障心、脑重要器官的血液供应。

（二）休克期的微循环变化及发生机制

1. 微循环的变化　微循环持续缺血、缺氧，乳酸等扩血管物质增多，微动脉和毛细血管前括约肌对酸性产物的耐受性较差，表现为扩张，而微静脉对酸性产物的耐受性较强，继续收缩。此时微循环"灌多于流"，呈淤血缺氧的状态。心、脑供血明显减少，故又称为休克失代偿期。

2. 微循环障碍的机制　①酸中毒；②局部扩血管代谢产物增多；③血液流变学改变。

3. 失代偿的后果　①回心血量急剧减少；②血压进行性下降。

（三）休克晚期的微循环变化及发生机制

1. 微循环的变化　微循环呈"不灌不流"状态，出现DIC和重要器官功能障碍和衰竭。

2. 微循环障碍的机制　①微循环衰竭；②DIC的发生。

二、习题

（一）名词解释

1. 休克　2. 休克肺

（二）填空题

1. 按照发生原因，休克可分为：_____、_____、_____、_____、_____、_____。

2. 休克发生的起始环节有：_____、_____和_____。

（三）选择题

单项选择题

1. 休克的现代概念是
   A. 休克是急性外周动脉紧张度不足所致的周围循环衰竭
   B. 休克是剧烈的震荡或打击
   C. 休克是一种综合征，临床表现为脸色苍白、四肢发凉、出冷汗、脉搏细速、尿量减少及血压降低

D. 休克是由于急性循环障碍使组织血液灌流量严重不足
E. 休克是机体丧失对外来强烈刺激的调节能力

2. 成年人急性失血多少便可引起失血性休克？
   A. 100ml
   B. 1000ml
   C. 2000ml
   D. 2500ml
   E. 3000ml

3. 下列哪一项**不是**低血容量性休克的原因？
   A. 失血
   B. 烧伤
   C. 挤压伤
   D. 感染
   E. 脱水

4. 休克时血压下降的主要发病机制是
   A. 心功能不全
   B. 外周动脉紧张度不足
   C. 交感神经过度兴奋后衰竭
   D. 血液中儿茶酚胺过低
   E. 微循环障碍，组织灌流不足

5. 休克早期（微循环缺血期）微循环的变化下列哪一项是**错误**的
   A. 微动脉收缩
   B. 后微动脉收缩
   C. 毛细血管前括约肌收缩
   D. 动-静脉吻合支收缩
   E. 微静脉收缩

6. 休克的下列临床表现哪一项是**错误**的？
   A. 烦躁不安或表情淡漠甚至昏迷
   B. 呼吸急促、脉搏细速
   C. 血压下降
   D. 面色苍白或潮红、发绀
   E. 少尿或无尿

7. 休克时交感-肾上腺髓质系统处于
   A. 强烈兴奋
   B. 先兴奋后抑制，最后衰竭
   C. 强烈抑制
   D. 先抑制后兴奋
   E. 改变不明显

8. 休克期（微循环淤血期）微循环灌流的特点是
   A. 少灌少流
   B. 少灌多流
   C. 多灌少流
   D. 多灌多流
   E. 不灌不流

多项选择题

9. 休克肺引起的急性呼吸衰竭产生低氧血症主要是由于
   A. 气道阻塞
   B. 弥散障碍
   C. 肺部炎症实变
   D. V/Q 比例失调
   E. 肺水肿

10. "不可逆性"休克可能的原因主要是
    A. DIC
    B. 严重酸中毒和缺氧使细胞内溶酶体酶释出
    C. 各重要器官功能代谢障碍
    D. 微循环缺血性缺氧
    E. 心输出减少

11. 休克时酸中毒对机体的影响是
    A. 使氧离曲线左移
    B. 促使 DIC 发生
    C. 使心肌收缩性减弱
    D. 使血钾升高
    E. 心收缩性代偿性增强

12. 休克时脑功能障碍一般发生在
    A. 休克早期
    B. 休克期
    C. 休克晚期
    D. 经治疗后休克的血液动力学已恢复时
    E. 微循环缺血期

13. 目前在抗休克治疗中缩血管药物的使用原则是

A. 用于休克期血压降低不明显的患者
B. 当血压过低通过补液又不能立刻纠正时，应暂时使用，以维持心、脑血液供应
C. 用于心源性休克和感染性休克的高动力型
D. 用于过敏性休克和神经源性休克
E. 用于休克早期的患者

（四）简答题
1. 试述休克早期微循环障碍的机制。
2. 为什么休克早期的微循环变化具有代偿意义？
3. 试述休克期微循环障碍的机制。
4. 为什么休克晚期会发生 DIC？

参考答案

（一）名词解释
1. 休克：是指各种强烈致病因素作用于机体引起的急性循环功能障碍，以致有效循环血量急剧减少，组织器官微循环血液灌流量严重不足，导致重要器官功能代谢发生严重障碍的全身性病理过程。
2. 休克肺：是指严重休克患者晚期发生的急性呼吸衰竭。病理变化有肺瘀血、水肿、出血、局灶性肺不张、微血栓和肺泡透明膜形成等，具有这些特征的肺称为休克肺。

（二）填空题
1. 失血失液性休克、心源性休克、感染性休克、创伤性休克、过敏性休克、神经源性休克
2. 血容量减少、血管床容积增大、心输出量急剧降低

（三）选择题

单项选择题

1. D
解析：休克的基本发病环节不是血压下降，而是微循环的血液灌注不足。

2. B
解析：慢性少量失血机体往往可以代偿，但急性大量失血，一次失血量超过总血量的 20% 即能引起失血性休克（成人总血量约为 5000ml，其 20% 约是 1000ml）。

3. D
解析：单纯感染一般不伴有体液明显丢失，血容量可基本保持正常。

4. E
解析：休克时血压下降的主要发病机制是由于微循环障碍，血液淤滞在真毛细血管内，致使回心血量减少，血压下降。

5. D
解析：休克初期，微循环中的动-静脉吻合支是开放的，使一部分动脉血绕过毛细血管网，直接进入微静脉，造成组织缺血、缺氧。

6. C
解析：休克初期，交感-肾上腺髓质系统强烈兴奋，儿茶酚胺大量释放入血，血管收缩，

血压并不一定下降。甚至可代偿性地回升到正常，故认为休克时血压均下降是错误的。

7. A

解析：休克时交感-肾上腺髓质系统处于持续强烈兴奋，血液中儿茶酚胺大量增加，外周血管处于收缩状态，组织微循环灌流量明显减少。

8. C

解析：休克期，微动脉和毛细血管前括约肌松弛；而微静脉、小静脉继续收缩；毛细血管网则大量开放，故微循环处于多灌少流、灌多于流的状态。

多项选择题

9. BD

解析：休克肺引起的急性呼吸衰竭所产生的低氧血症主要是换气障碍，而不伴有高碳酸血症，其机制是由于严重的肺泡与血流比例失调和弥散障碍。

10. ABC

解析：过去曾有人认为"难治性"或"不可逆"休克的原因是DIC，但不去纤维蛋白原和去纤维蛋白原的动物发生休克后，两组动物的血流动力学、病程改变和死亡率并无明显差别，提示DIC只是休克病情恶化的重要因素之一，而不是唯一的原因，各重要脏器的功能代谢障碍，溶酶体释出的酶类都可造成"不可逆"性损害，都可能是休克"不可逆"的原因。

11. BCD

解析：酸中毒损伤血管内皮，使胶原纤维暴露，激活内源性凝血系统，促使DIC发生，酸中毒时，H^+移向细胞内，K^+从细胞内逸出至细胞外液，可导致高血钾；酸中毒时，H^+与肌钙蛋白竞争性结合，使Ca^{2+}与肌钙蛋白结合减少，影响心肌收缩性，酸中毒使氧离曲线右移，而不是左移。

12. BC

解析：休克早期，由于血液重新分布，脑功能一般没有明显障碍，休克期及休克晚期时，动脉血压进行性降低，脑的血液灌流严重不足，由于脑的耗氧率很高，对缺氧极为敏感，可出现脑功能障碍。

13. BCD

解析：缩血管药物如去甲肾上腺素、甲氧胺等，因有进一步减少微循环血液灌流量的缺点，故目前不主张在各类休克抢救中常规使用，特别对低血容量性休克进入休克期患者。但缩血管药物仍有其适应证，对于过敏性休克进入休克期，可作为首选药物，此外在紧急情况下，在血压过低，补液又不能继续进行时，暂时使用升压药，对维持心、脑的血液供应，仍是有益的；对感染性休克和心源性休克的高动力型，也可作为综合治疗措施之一。

（四）简答题

1. 试述休克早期微循环障碍的机制。

（1）儿茶酚胺增多：其作用于α受体，使微血管收缩而引起组织缺血、缺氧；若作用于β受体，则使动-静脉吻合支开放，加重真毛细血管内的缺血状态。

（2）血管紧张素Ⅱ增多：其不仅收缩腹腔内脏小血管，同时收缩冠状动脉。

（3）血管加压素增多：促进小血管的痉挛。

（4）休克时儿茶酚胺增多：可激活血小板而使血栓素生成增多。

2. 为什么休克早期的微循环变化具有代偿意义？

(1) 自我输血：由于容量血管中的肌性微静脉和小静脉收缩，以及肝、脾"储血库"的动员，可使回心血量迅速增加，为心输出量的增加提供了保障。

(2) 自我输液：由于毛细血管前阻力对儿茶酚胺的敏感性较毛细血管后阻力高，故前阻力增加更明显，使进入毛细血管内的血流减少，流体静压随之下降，有利于组织液回流而增加回心血量。

(3) 血液重新分布：由于不同器官的血管α受体密度不同，对儿茶酚胺的反应亦各异。腹腔内脏及皮肤血管因α受体密度高，对儿茶酚胺敏感性强而收缩明显；心、脑血管则因α受体密度低而无明显改变，其中冠状动脉可因β受体的作用而出现舒张反应。

3. 试述休克期微循环障碍的机制。

(1) 乳酸增多：微循环持续的缺血、缺氧，无氧酵解增强，乳酸产生增多。在酸性环境中，微动脉和毛细血管前括约肌松弛，而微静脉对酸中毒的耐受性较强，松弛不明显，故引起"多灌少流"。

(2) 组胺增多：淤血缺氧可刺激肥大细胞脱颗粒，释放的组胺可降低毛细血管前阻力（因H_2受体兴奋）和增加毛细血管后阻力（因H_1受体兴奋），从而加重微循环的淤血状态。

(3) 激肽增多：由于凝血系统激活，可使激肽释放酶原转化为激肽释放酶，后者促进激肽形成而扩张血管，导致大量血液淤滞在毛细血管网内。

(4) 腺苷增多：持续缺氧，AMP在5-核苷酸酶的作用下，脱去高能磷酸生成腺苷而发挥扩血管作用。

4. 为什么休克晚期会发生DIC？

(1) 血液高凝状态：由于微循环严重淤血，毛细血管内压及微血管通透性增加，可使血浆外渗，血黏滞度升高，血液呈高凝状态。

(2) 内源性凝血系统激活：酸中毒、内毒素可致血管内皮细胞受损，激活Ⅻ因子而启动内源性凝血系统。

(3) 外源性凝血系统激活：组织创伤大量Ⅲ因子入血，激活外源性凝血系统。

(4) 血细胞受损：休克时因各种原因（缺氧、酸中毒、内毒素、自由基等），及血细胞（RBC、WBC等）大量破坏可引起DIC。

（杨少芬）

第八章 呼吸功能不全

一、重点与难点解析

（一）呼吸功能不全及呼吸衰竭的概念和分类

呼吸功能不全是因外呼吸功能障碍，导致动脉血氧分压降低，或伴有二氧化碳分压增高的病理过程。

呼吸衰竭是指外呼吸功能严重障碍，致机体在静息时，动脉血氧分压（PaO_2）低于60mmHg（8kPa），或伴有二氧化碳分压（$PaCO_2$）高于50mmHg（6.67kPa）的病理过程。呼吸衰竭是呼吸功能不全的严重阶段。

呼吸衰竭的分类：按血气变化特点分为Ⅰ型（仅有低氧血症）和Ⅱ型（低氧血症伴高碳酸血症）呼吸衰竭；按原发病变部位不同分为中枢性和外周性呼吸衰竭；按发病缓急不同分为急性和慢性呼吸衰竭；按发病机制不同分为通气性和换气性呼吸衰竭。

（二）呼吸衰竭病因和发生机制

肺通气和肺换气是外呼吸的两个基本环节。呼吸衰竭由肺通气功能障碍或（和）肺换气功能障碍所致。而肺换气功能障碍又包括弥散障碍、肺泡通气与血流比例失调和解剖分流增加。

1. 肺通气功能障碍　凡能减弱呼吸的动力或增加胸壁与肺的弹性阻力或非弹性阻力的任何原因，都可引起肺泡通气不足而导致呼吸衰竭。

（1）限制性通气不足：在吸气时肺泡扩张受限引起的肺泡通气不足称为限制性通气不足，常见原因有：呼吸肌活动障碍、胸壁的顺应性降低及肺的顺应性降低。

（2）阻塞性通气不足：因气道狭窄或阻塞引起的肺泡通气不足称为阻塞性通气不足。常见原因有：气道内外压力的改变，管壁痉挛、肿胀或纤维化，异物或肿瘤等。气道阻塞包括中央性、外周性两种类型。

肺通气功能障碍时，肺泡通气量减少，肺泡气氧分压下降，二氧化碳分压升高，导致PaO_2降低和$PaCO_2$升高，均属Ⅱ型呼吸衰竭。

2. 弥散障碍　主要是指肺泡膜弥散面积减少或肺泡膜厚度增加和弥散时间缩短而引起的气体（主要是氧）交换障碍。

3. 肺泡通气与血流比例失调　使患者不能进行有效的换气，这是肺部疾病引起呼吸衰竭最常见的机制，可表现为两种形式，分别是部分肺泡通气不足和部分肺泡血流不足。

4. 解剖分流增加　肺不张和肺实变是其常见原因。

（三）呼吸衰竭时机体的代谢和功能变化

1. 酸碱平衡及电解质代谢紊乱　Ⅰ型呼吸衰竭时，发生呼吸性碱中毒，可出现血清钾浓度降低，血清氯浓度增高。Ⅱ型呼吸衰竭时，出现呼吸性酸中毒，血清钾浓度增高，血清氯浓度降低，碳酸氢根增多。因缺氧严重，无氧代谢增强，酸性代谢产物增多，引起代谢性酸中毒，此时血清钾浓度增高可更明显。

2. 呼吸系统的变化　外呼吸障碍造成的低氧血症和高碳酸血症，可进一步影响呼吸功能，主要表现呼吸频率和节律的改变。

3. 循环系统的变化　呼吸衰竭早期，使心率加快，心肌收缩力加强，外周血管收缩，同时呼吸运动加强。严重的缺氧和二氧化碳潴留可直接抑制并损害心血管运动中枢，使心率减慢，心肌收缩力下降，出现心律失常等严重后果。

4. 中枢神经系统的变化　二氧化碳潴留发生迅速而严重时，能引起严重的中枢神经系统功能障碍，又称为肺性脑病。

5. 其他变化　在呼吸衰竭时严重缺氧、二氧化碳潴留可出现胃肠道黏膜糜烂、坏死、出血与溃疡形成等变化。此外肾功能也可遭到损害，严重时可发生急性肾衰竭。

二、习题

（一）名词解释

1. 呼吸衰竭　2. 限制性通气不足　3. 阻塞性通气不足　4. 弥散障碍　5. 死腔样通气　6. 功能性分流

（二）填空题

1. 肺通气障碍的类型有_____和_____。
2. 阻塞性通气不足按部位分为_____和_____。
3. 肺换气障碍的类型有_____和_____。
4. 胸外中央型气道阻塞导致的呼吸衰竭，患者主要表现为_____性呼吸困难，外周气道阻塞主要表现为_____性呼吸困难。
5. 肺部病变导致的弥散障碍的主要原因是_____和_____。
6. 死腔样通气导致病变部分肺泡通气/血流比_____，功能性分流增加使病变肺泡通气/血流比_____。

（三）选择题

单项选择题

1. 呼吸衰竭是指
   A. 由内呼吸功能障碍引起的病理过程
   B. 由外呼吸功能严重障碍引起的病理过程
   C. $PaO_2 < 8kPa$（60mmHg）的病理过程
   D. 有呼吸困难的病理过程
   E. 严重肺部病变引起的病理过程

2. 真性分流是指
   A. 部分肺泡通气不足而血流未相应减少
   B. 部分肺泡完全不通气但仍有血流
   C. 部分肺泡通气不足而血流增多
   D. 部分肺泡血流不足
   E. 肺泡膜面积减少、增厚，影响气体交换

3. 限制性通气不足**不是**
   A. 吸气时肺泡扩张受限引起肺泡通气不足
   B. 因神经系统或呼吸肌病变引起呼吸肌活动障碍引起
   C. 因呼吸道阻塞，气体进入肺泡受限制引起
   D. 因胸廓或肺顺应性降低引起
   E. 呼吸衰竭的发病机制之一

4. 下列哪一项不是弥散障碍的特点？
   A. 可因肺泡膜面积减少引起
   B. 可因肺泡膜厚度增加引起
   C. 常在静息时就可引起明显的 $PaO_2 \downarrow$
   D. $PaCO_2$ 常正常甚至低于正常
   E. 严重时尤其在肺血流加快时可引起 $PaO_2 \downarrow$

5. 有关肺泡通气血流比例失调，下列哪一项**不正确**
   A. 可以是部分肺泡通气不足
   B. 可以是部分肺泡血流不足
   C. 是肺部病变引起呼吸衰竭的最重要机制，此时肺总通气量可不减少
   D. 常引起 PaO_2 降低而 $PaCO_2$ 不升高
   E. 可见于气管阻塞，总肺泡通气量减少而肺血流量未减少时

6. 下列哪一项与"功能性分流"**不符**？
   A. 又称静脉血掺杂
   B. 部分肺泡通气明显↓而血流未相应减少所致
   C. 正常人肺也有功能性分流
   D. 肺不张时也引起功能性分流
   E. 功能性分流部分的静脉血不能充分动脉化而 PO_2↓，PCO_2↑

7. 下列哪一项与"死腔样通气"**不符**？
   A. 明显增多时可引起呼吸衰竭
   B. 是部份肺泡血流不足而通气未相应减少所致
   C. 可见于肺内弥散性血管内凝血时
   D. 正常人肺没有死腔样通气
   E. 是因大量肺泡为死腔样通气，其余肺泡的血流多而通气少，因此 PaO_2↓

8. Ⅱ型肺泡上皮受损时可使
   A. 肺泡回缩力↓
   B. 肺泡表面张力↑
   C. 肺顺应性↑
   D. 肺泡膨胀稳定性增强
   E. 以上都不对

9. 阻塞性通气**不足**是由于
   A. 非弹性阻力↑
   B. 肺顺应性↓
   C. 肺泡扩张受限
   D. 肺泡通气血流比例失调
   E. 以上都不对

10. 肺泡膜病变发生呼吸衰竭的主要机制为
    A. 血液与肺泡接触时间过短
    B. 肺泡膜厚度增加
    C. 肺泡膜面积减少
    D. 肺泡通气血流比例失调
    E. 呼吸功能及耗能增加

11. CO_2 潴留对下列血管的作用为
    A. 皮肤血管收缩
    B. 脑血管收缩
    C. 眼结膜血管收缩
    D. 外周血管收缩
    E. 肺小动脉收缩

12. 呼吸衰竭伴发右心衰的机制是
    A. 外周血管阻力↓，回心血量↑
    B. 慢性缺氧使血量增多
    C. 血黏度↑
    D. 肺泡氧分压↓，引起肺血管收缩
    E. 肺小动脉壁增厚，管腔狭窄

13. 慢性阻塞性肺疾病发生呼吸衰竭中心环节是
    A. 肺顺应性下降
    B. 支气管黏膜水肿
    C. 有效肺泡通气量减少
    D. 小气道阻塞
    E. 肺组织弹性下降

14. Ⅱ型呼吸衰竭血气分析诊断标准为
    A. PaO_2<8.0 kPa（60mmHg）
    B. PaO_2<8.0 kPa（60mmHg）
    C. $PaCO_2$>6.7kPa（50mmHg）
    D. PaO_2>8.0 kPa，$PaCO_2$>6.7kPa
    E. PaO_2<8.0 kPa，$PaCO_2$>6.7kPa

15. 功能性分流是指
    A. 肺 A-V 短路开放
    B. 部分肺泡 V/Q 比率增高
    C. 死腔气量增多
    D. VD/VT 比值增大
    E. 部分肺泡 V/Q 比率降低

16. 死腔样通气是指
    A. 肺泡通气分布严重不均
    B. 部分肺泡 V/Q 比率增高
    C. 各部肺泡的 V/Q 比率自上而下

递减

D. 肺泡通气与血流比例低于 0.01

E. 肺 A-V 短路开放

17. 呼吸衰竭时，发生肾功能不全的最重要机制是

A. 缺氧直接损伤肾功能

B. 并发心功能不全

C. 并发 DIC

D. 反射性肾血管收缩

E. 并发休克

18. 某患者，既往健康，因急性肺水肿入院，血液检查：pH 7.02，$PaCO_2$ 8.0kPa（60mmHg），PaO_2 5.32kPa（40mmHg），$[HCO_3^-]$ 15mmol/L，属于哪一类酸碱平衡失调？

A. 急性呼吸性酸中毒

B. 代谢性酸中毒

C. 慢性呼吸性酸中毒

D. 低氧血症

E. 急性呼吸性酸中毒合并代谢性酸中毒

19. 某病人，因过量服用阿司匹林，血液检查：pH7.45，PaO_2 2.7kPa（20mmHg），$[HCO_3^-]$ 13mmol/L，提示

A. 呼吸性碱中毒

B. 呼吸性酸中毒

C. 代谢性酸中毒

D. 呼吸性碱中毒合并代谢性酸中毒

E. 代谢性碱中毒合并呼吸性酸中毒

20. 某患者的血浆 pH6.92，$[HCO_3^-]$ 8mmol/L，$PaCO_2$ 5.3kPa（40mmHg），提示可能是

A. 代谢性酸中毒

B. 代谢性酸中毒合并呼吸性酸中毒

C. 呼吸性酸中毒

D. 呼吸性碱中毒

E. 呼吸性碱中毒合并代谢性酸中毒

21. 某特发性肺间质纤维化患者，男，33 岁，因气短入院，体检：心率 104 次/分，呼吸急促，60 次/分，发绀，肺底有湿啰音，肺活量 1000ml。血气分析：PaO_2 58mmHg，$PaCO_2$ 32.5mmHg，pH 7.49。关于该患者下列说法错误的是

A. $PaCO_2$ 降低是因为过度通气

B. 存在低张性缺氧

C. 氧分压下降的原因是限制性通气不足

D. 存在呼吸性碱中毒

E. 气短是因为肺的顺应性降低

多项选择题

22. 呼吸衰竭发病的基本机制是

A. 组织利用氧障碍

B. 肺泡通气血流比例失调

C. 弥散障碍

D. 肺通气功能严重障碍

E. 解剖分流增加

23. 部分肺泡通气血流比例失调常引起 PaO_2 降低而 $PaCO_2$ 升高是因为

A. 此时体内 CO_2 生成↓

B. $PvCO_2$ 与 $PaCO_2$ 差小

C. 因氧解离曲线特点，通气增加的部分肺泡虽然可增高氧分压，但是血液氧饱和度和氧含量不能明显增加

D. 因 CO_2 解离曲线特点，通气增加的部分肺泡可增加 CO_2 排出量，所以可代偿而 $PaCO_2$ 不升高

E. 部分肺泡 V/Q<0.8 时，另一部分肺泡可代偿性通气增加而 V/Q >0.8

24. 呼吸衰竭本身可引起的酸碱平衡紊乱有

A. 呼吸性酸中毒

B. 呼吸性碱中毒

C. AG 正常型代谢性酸中毒

D. AG 升高型代谢性酸中毒

E. 代谢性碱中毒

25. 呼吸衰竭时各种代偿性机能变化和

机能障碍发生最基本的原因是
A. 中枢神经系统功能障碍
B. 低氧血症
C. 电解质代谢变化
D. 高碳酸血症
E. 右心衰竭

(四) 简答题

1. 简述呼吸衰竭的发病机制。
2. 为什么弥散障碍只有 PaO_2 降低而无 $PaCO_2$ 升高？
3. 何谓死腔样通气？
4. 何谓功能性分流？

参考答案

(一) 名词解释

1. 呼吸衰竭：外呼吸功能严重障碍，导致 PaO_2 降低或伴有 $PaCO_2$ 增高的病理过程。诊断标准为：PaO_2 低于 60mmHg，伴有或不伴有 $PaCO_2$ 高于 50mmHg。

2. 限制性通气不足：指吸气时肺泡扩张受限引起的肺泡通气不足。主要原因有呼吸肌活动障碍、胸廓和肺的顺应性降低、胸腔积液或气胸。

3. 阻塞性通气不足：由气道狭窄或阻塞所致的通气不足。常见原因有气道痉挛、炎症、水肿、肿瘤及异物等。

4. 弥散障碍：由于肺泡膜面积减少或肺泡膜厚度增加和弥散时间缩短引起的气体交换障碍。

5. 死腔样通气：肺动脉栓塞、弥散性血管内凝血、肺动脉炎、肺血管收缩等，可使部分肺泡血流减少，VA/Q 明显高于正常，患部肺泡血流少而通气多，肺泡通气不能充分利用。

6. 功能性分流：（静脉血掺杂）病变重的部分肺泡通气明显减少，而血流未相应减少，使 VA/Q 显著降低，以致流经这部分肺泡的静脉血未经充分动脉化便掺入动脉血内，类似于动-静脉短路，也叫静脉血掺杂。

(二) 填空题

1. 限制性通气不足、阻塞性通气不足
2. 中央性气道阻塞、外周性气道阻塞
3. 弥散障碍、通气/血流比例失调
4. 吸气、呼气
5. 肺泡膜面积减少、肺泡膜厚度增加
6. 升高、下降

(三) 选择题

单项选择题

1. B

解析：呼吸衰竭是因外呼吸功能严重障碍，导致 PaO_2 降低或伴有 $PaCO_2$ 增高的病理过程。诊断标准为：PaO_2 低于 60mmHg，伴有或不伴有 $PaCO_2$ 高于 50mmHg。

2. B

解析：在生理情况下，一部分血液经支气管静脉和极少的肺内动静脉交通支直接流入肺静脉，由于该部分血液完全未经气体交换过程，被称为真性分流

第八章 呼吸功能不全

3. C

解析：在吸气时肺泡扩张受限引起的肺泡通气不足称为限制性通气不足，而不是因呼吸道阻塞，气体进入肺泡受限制引起。

4. C

解析：弥散障碍主要是指肺泡膜弥散面积减少或肺泡膜厚度增加和弥散时间缩短而引起的气体交换障碍。因正常成人肺泡总面积约为 $80m^2$，静息呼吸时参与换气的肺泡表面积仅 $35\sim40m^2$，因为储备量大，不会引起明显的 $PaO_2\downarrow$。

5. E

解析：某些肺部疾患，如肺动脉压降低、肺动脉栓塞、肺血管受压扭曲等，患部肺泡血流少而通气多，VA/Q 比率增高，导致肺泡通气血流比例失调。

6. D

解析：在肺不张时，病变肺泡完全失去通气功能，但仍有血流，流经的血液完全未进行气体交换而掺入动脉血，类似解剖分流，而不是引起功能性分流。

7. D

解析：正常人的生理死腔量（VD）约占潮气量（VT）的 30%。

8. B

解析：Ⅱ型肺泡上皮受损致表面活性物质的合成与分泌不足，肺泡表面张力增加而降低肺顺应性，从而使肺泡不易扩张而发生限制性通气不足。

9. A

解析：阻塞性通气不足是由于气道狭窄或阻塞引起的肺泡通气不足，气道阻力增加所致，气道阻力是通气过程中主要的非弹性阻力。

10. D

解析：肺泡膜薄，与血液的接触面广，肺泡膜面积减少和厚度增加的病人，虽然肺毛细血管血液中氧分压上升较慢，但一般在静息时肺内气体交换仍可达到平衡，不致产生低氧血症，只在体力负荷增大时，血液和肺泡接触时间缩短而发生明显的弥散障碍，从而引起低氧血症。目前认为肺泡膜病变时发生呼吸衰竭，主要还是因为存在着肺泡通气血流比例失调的缘故。

11. E

解析：缺 O_2 和 CO_2 潴留均能引起肺动脉小血管收缩而增加肺循环阻力，导致肺动脉高压和增加右心负担。

12. D

解析：呼吸衰竭时肺泡气氧分压降低，引起肺血管收缩，肺动脉高压增加右心负担，导致右心衰竭。

13. C

解析：慢性阻塞性肺疾病主要侵犯小气道，管腔狭窄，气道阻力增加，引起的肺泡通气不足，发生呼吸衰竭。

14. E

解析：Ⅱ型呼吸衰竭血气分析诊断标准为 $PaO_2<8.0$ kPa，$PaCO_2>6.7$ kPa。

15. E

解析：肺泡通气明显降低而血流无相应减少，使 VA/Q 比率降低，导致流经这部分肺泡的静脉血未经充分氧合便掺入动脉血内。这种情况类似动-静脉短路，故称功能性分流。

16. B

解析：某些肺部疾患，使患部肺泡血流少而通气多，VA/Q 比率增高，此时肺泡通气不能被充分利用，形成死腔样通气。

17. D

解析：因缺氧与高碳酸血症反射性通过交感神经使肾血管收缩，肾血流量严重下降所致。

18. E

解析：因急性肺水肿导致急性呼吸性酸中毒和因缺氧发生代谢性酸中毒。此种混合型酸碱平衡障碍可使血浆 pH 显著下降，血浆 $[HCO_3^-]$ 可下降，$PaCO_2$ 可上升。

19. D

解析：阿司匹林（乙酰水杨酸）剂量过大可引起代谢性酸中毒，同时刺激呼吸中枢而导致过度通气。患者血浆 pH 可以正常、轻度上升或下降，但血浆 $[HCO_3^-]$ 和 $PaCO_2$ 均显著下降。$[HCO_3^-]$ 下降是代谢性酸中毒的特点，$PaCO_2$ 下降是呼吸性碱中毒的特点。

20. B

解析：此种混合型酸碱平衡障碍可使血浆 pH 显著下降，血浆 $[HCO_3^-]$ 可下降，$PaCO_2$ 可上升。

21. C

解析：肺间质纤维化导致肺泡膜厚度增加，气体弥散距离增宽使弥散速度减慢，引起的气体（主要是氧）交换障碍，导致呼吸衰竭。

多项选择题

22. BCDE

解析：肺通气和肺换气是外呼吸的两个基本环节。呼吸衰竭由肺通气功能障碍或（和）肺换气功能障碍所致。而肺换气功能障碍又包括弥散障碍、肺泡通气与血流比例失调和解剖分流增加。

23. CDE

解析：部分肺泡通气血流比例失调常引起 PaO_2 降低，而 $PaCO_2$ 升高是氧解离曲线特点，通气增加的部分肺泡虽然可增高氧分压，但是血液氧饱和度和氧含量不能明显升高；因 CO_2 解离曲线特点，通气增加的部分肺泡可增加 CO_2 排出量，所以可代偿而 $PaCO_2$ 不升高；部分肺泡 V/Q<0.8 时另一部分肺泡可代偿性通气增加而 V/Q>0.8。

24. ABD

解析：Ⅱ型呼吸衰竭时，因大量 CO_2 潴留，而出现呼吸性酸中毒。此时血液电解质主要有如下的变化；因缺氧严重，无氧代谢增强，酸性代谢产物增多，引起代谢性酸中毒；Ⅰ型呼吸衰竭时，PaO_2 下降明显，可因原发性碳酸过低而发生呼吸性碱中毒。

25. BD

解析：呼吸衰竭可引起机体各系统代谢和功能出现一系列改变，首先是引起一系列代偿适应性反应，若代偿失调，则引起各系统代谢和功能紊乱。主要由低氧血症和高碳酸血症以及由此引起的酸碱平衡紊乱所致。

(四) 简答题

1. 简述呼吸衰竭的发病机制。

(1) 通气功能障碍：①限制性通气不足；②阻塞性通气不足。

(2) 换气功能障碍：①弥散障碍；②通气血流比例失调；③解剖分流增加。

2. 为什么弥散障碍只有 PaO_2 降低而无 $PaCO_2$ 升高？

因为 CO_2 在水中的溶解度比 O_2 大，故弥散速度比 O_2 快，能较快地弥散入肺泡使 $PACO_2$ 与 $PaCO_2$ 取得平衡，故弥散功能障碍的血气改变是只有 PaO_2 降低而无 $PaCO_2$ 升高。

3. 何谓死腔样通气？

肺动脉栓塞、肺动脉炎、肺血管收缩等，使部分肺泡血流减少，(VA/Q 可显著大于正常)，肺泡血流少而通气多，肺泡通气不能充分被利用，称为死腔样通气。

4. 何谓功能性分流？

支气管哮喘、慢性支气管炎、阻塞性肺气肿等使部分肺泡通气明显减少，而血流未相应减少，(VA/Q 可显著小于正常)，以致流进这部分的静脉血未经充分动脉化便掺入动脉血内，称为功能性分流。

(张　薇)

第九章 心功能不全

一、重点与难点解析

（一）重点

心力衰竭的概念、病因、诱因；心功能不全的代偿机制；三种呼吸困难的概念及发生机制。

心力衰竭概念有三个要点：(1) 心力衰竭发病的基本机制是心肌收缩或/和舒张功能障碍；(2) 发病的关键环节是心输出量减少；(3) 心泵功能与代谢需要之间的平衡被破坏。心力衰竭是心功能不全的失代偿阶段。在临床上，能够引起原发性心肌舒缩功能障碍和心脏负荷过重的因素都可以成为心力衰竭的病因，但心力衰竭的发生，往往是在诱因的作用下发生的。诱因包括全身感染、酸碱平衡失调和电解质代谢紊乱、心律失常、妊娠与分娩、劳累等。

当心功能不全发生，心功能减弱时，机体立即启动代偿机制来防止心输出量减少。心功能不全的代偿反应包括迅速启动的功能代偿和缓慢持久的结构代偿。心脏代偿反应包括心率加快、心脏紧张源性扩张、心肌收缩性增强和心肌肥大。心外代偿包括血流量增多、全身血流重分布、红细胞增多、组织细胞利用氧的能力增加。机体的代偿反应在很大程度上决定了心力衰竭是否发生，以及发病的快慢和病情的轻重。

肺循环淤血是左心衰竭的结果，表现为：呼吸困难和肺水肿。呼吸困难有三种形式：劳力性呼吸困难、端坐呼吸、夜间阵发性呼吸困难。

（二）难点

低输出量性、高输出量性心力衰竭的定义；心力衰竭的发病机制。

高输出量性心力衰竭的患者心输出量的值仍属于正常水平，或高于正常水平，它的下降是相对于心力衰竭发生之前的心输出量而言。常见于甲状腺功能亢进、严重贫血、脚气病和动-静脉瘘等高动力循环状态患者。

心力衰竭的发病机制是心肌收缩或/和舒张功能障碍。前者由心肌细胞坏死和凋亡、心肌能量代谢紊乱、心肌兴奋-收缩耦联障碍导致。后者由心肌舒张功能降低、心室舒张势能减少、心室顺应性降低导致。

二、习题

（一）名词解释

1. 心力衰竭 2. 充血性心力衰竭 3. 向心性肥大 4. 离心性肥大 5. 劳力性呼吸困难 6. 端坐呼吸 7. 夜间阵发性呼吸困难

（二）填空题

1. 心衰时心率加快虽能起到一定的_____作用，但如心率每分钟超过_____次，则可促使心衰的发生和发展。

2. 甲状腺功能亢进、严重贫血患者发生心衰时，其心输出量较发生前_____，但心输出量绝对值_____正常人水平，称为_____心力衰竭。

3. 心力衰竭的诱因有：_____、_____、_____、_____。

4. 高血压性心脏病可引起_____心力衰竭，使_____循环淤血，可出现_____水肿。

5. 二尖瓣关闭不全可导致左心室_____负荷增加，使心肌肌节_____增生，最后引起_____心肌肥大。

6. 高血压可以导致左心室_____负荷增加，使心肌肌节_____增生，最终导致_____性心肌肥大。

7. 左心衰竭的患者，可引起不同程度的_____淤血，主要表现为_____和_____。

8. 心衰时，根据呼吸困难的进展程度，呼吸困难的临床表现分为_____、_____和_____。

9. 心功能不全时心脏本身的代偿方式有_____，_____，_____。

10. 酸中毒时，H^+可降低_____对_____敏感性，使Ca^{2+}内流受阻，并且H^+与_____的亲和力比Ca^{2+}大，使兴奋-收缩耦联受阻。

（三）选择题

单项选择题

1. 下述心力衰竭的定义，哪项是正确的?
    A. 心输出量低于正常
    B. 每博心输出量低于正常
    C. 心脏指数低于正常
    D. 由原发性心肌舒缩功能障碍引起的泵衰竭
    E. 心输出量绝对或相对减少，不足以满足全身组织代谢需要

2. 下述哪项原因不会导致心脏压力负荷增加?
    A. 主动脉狭窄
    B. 肺动脉狭窄
    C. 二尖瓣关闭不全
    D. 高血压
    E. 主动脉瓣狭窄

3. 下述哪项原因不会导致心脏容量负荷增加?
    A. 二尖瓣关闭不全
    B. 主动脉关闭不全
    C. 室间隔缺损
    D. 肺动脉高压
    E. 动-静脉瘘

4. 下述哪项原因不会引起高输出量性心力衰竭?
    A. 甲状腺功能亢进
    B. 贫血
    C. 维生素B_1缺乏
    D. 动-静脉瘘
    E. 二尖瓣狭窄

5. 下列何种疾病可能出现低输出量性心力衰竭?
    A. 贫血
    B. 维生素B_1缺乏
    C. 甲状腺功能亢进
    D. 高血压性心脏病
    E. A-V瘘

6. 下列疾病中最易发生向心性心肌肥大的疾病是
    A. 甲状腺功能亢进
    B. 严重贫血
    C. 维生素B_1缺乏症
    D. 高血压病
    E. 主动脉瓣关闭不全

7. 下列疾病中最易发生离心性心肌肥大的疾病是
    A. 高血压病
    B. 主动脉瓣关闭不全

C. 主动脉瓣狭窄
D. 肺动脉高压
E. 以上都不对

8. 心衰时，血液灌流量减少最明显的器官是
    A. 皮肤
    B. 肝
    C. 骨骼肌
    D. 脑
    E. 肾

9. 心力衰竭时，机体不可能出现哪项变化
    A. 通过紧张源性扩张加强心肌收缩力
    B. 交感神经兴奋使心率加快
    C. 肾素-血管紧张素-醛固酮系统激活，增加血容量
    D. 组织摄氧和利用氧能力增强
    E. 动脉压和静脉压可保持正常

10. 心力衰竭时有关心率加快的叙述，哪项是**不正确**的？
    A. 无论急性或慢性心力衰竭，心率都加快
    B. 心率加快是最容易被迅速动员起来的一种代偿活动
    C. 心率越快其代偿效果越好
    D. 心率加快可能与交感神经兴奋有关
    E. 代偿作用有限

11. 左心功能不全时发生呼吸困难的主要机制是
    A. 肺动脉高压
    B. 肺淤血、肺水肿
    C. 深睡眠时迷走神经紧张性增高
    D. 平卧位使静脉回流加速
    E. 平卧位使胸腔容积减小

12. 夜间阵发性呼吸困难发生的主要机制是
    A. 平卧位时回心血量增多
    B. 平卧位时水肿液不易入血
    C. 迷走神经紧张性降低
    D. 神经反射敏感性增高
    E. 夜间周围血管紧张性增高

13. 慢性心衰时，机体最有效的代偿方式是
    A. 心率加快
    B. 心肌肥大
    C. 心室扩张，增强心收缩力
    D. 血液红细胞增多
    E. 水钠潴留使血容量增多

14. 下述哪项原因会导致心脏容量负荷增加？
    A. 主动脉狭窄
    B. 肺动脉狭窄
    C. 二尖瓣关闭不全
    D. 高血压
    E. 主动脉瓣狭窄

15. 下述哪项**不是**心力衰竭的原因？
    A. 心脏负荷增加
    B. 感染
    C. 弥漫性心肌病变
    D. 心肌缺血缺氧
    E. 严重的心律失常

16. 哪项关于心肌肥大的叙述是**不正确**的？
    A. 心肌肥大主要是指心肌细胞体积增大，重量增加
    B. 心肌肥大是一种较经济和持久的代偿方式
    C. 向心性肥大和离心性肥大都有重要代偿意义
    D. 单位重量的肥大心肌收缩力增加
    E. 心肌肥大的代偿功能也有一定限度

17. Frank-Starling 定律是指在一定范围内
    A. 心室舒张末期容积与心肌初长度呈正比
    B. 心室舒张末期压力与心肌初长度呈正比
    C. 心室收缩末期容积与心肌初长度呈正比
    D. 心肌收缩力与心肌初长度呈正比

E. 心肌收缩力与心室收缩末期容积呈正比
18. 下述高输出量性心衰的描述，哪项是**错误**的？
    A. 造成此类心衰的原因是高动力循环状态
    B. 此类心衰发生时心输出量较发病前有所增高
    C. 发病时心输出量属正常或高于正常
    D. 可见于严重贫血、甲状腺功能亢进
    E. 主要由血容量扩大引起

多项选择题

19. 引起心力衰竭的原因包括
    A. 心脏前负荷过重
    B. 心肌能量代谢障碍
    C. 弥漫性心肌炎
    D. 严重心律失常
    E. 心脏后负荷过重
20. 感染容易诱发心力衰竭是由于
    A. 发热时交感神经兴奋，代谢率增高
    B. 心率加快，心肌耗氧增加
    C. 感染毒素损伤心肌
    D. 血容量过多
    E. 呼吸道感染加重右心负荷
21. 心衰常见的诱因是
    A. 心律失常
    B. 妊娠与分娩
    C. 酸碱平衡紊乱
    D. 全身感染
    E. 高血压
22. 妊娠诱发心衰的原因是
    A. 心率加快
    B. 心搏出量增加
    C. 血液浓稠
    D. 血容量相对减少
    E. 心肌耗氧量增加
23. 与心室舒张功能障碍有关的因素包括
    A. 钙离子复位加速
    B. 肌球-肌动蛋白复合体解离障碍
    C. 心肌能量缺乏
    D. 心室舒张势能减少
    E. 心室顺应性下降
24. 临床上引起心肌能量生成障碍常见的原因包括
    A. 严重贫血
    B. 维生素 B_1 缺乏
    C. 过度心肌肥大
    D. 缺血、缺氧
    E. 二尖瓣关闭不全
25. 左心衰竭患者会出现
    A. 左室舒张末期压力升高
    B. 肺静脉压升高
    C. 肺毛细血管压升高
    D. 肝肿大、压痛
    E. 肺水肿
26. 端坐呼吸发生的机制是
    A. 平卧时静脉回心血量增加
    B. 平卧时水肿液吸收入血增多
    C. 平卧时胸腔容积变小
    D. 肺通气量增加
    E. 端坐时肺淤血加重

（四）简答题

1. 试述心肌梗塞引起心力衰竭的发病机制。
2. 试述长期高血压引起心力衰竭的发病机制。
3. 试述心力衰竭时心脏的代偿反应。
4. 试述 Ca^{2+} 转运结合，分布异常对心肌兴奋-收缩耦联的影响。
5. 左心衰竭时最早出现的症状是什么？简述其机制。
6. 试述左心衰竭患者为什么会出现端坐呼吸？

参考答案

(一) 名词解释

1. 心力衰竭：在各种致病因素的作用下心脏的收缩和（或）舒张功能发生障碍，即心泵功能减弱，使心输出量绝对或相对下降，以至不能满足机体代谢需要的病理生理过程或综合征称为心力衰竭。

2. 充血性心力衰竭：心力衰竭呈慢性经过时，往往伴有显著的静脉系统淤血、水肿，故名。

3. 向心性肥大：指心脏在长期过度的压力负荷作用下，收缩期室壁张力持续增加，导致心肌肌节并联性增生，心肌纤维增粗，室壁增厚，此时心腔无明显扩大。

4. 离心性肥大：指心脏在长期过度的容量负荷作用下，舒张期室壁张力持续增加，导致心肌肌节串联性增生，心肌纤维增粗，室壁厚度正常或略厚，心腔明显扩大。

5. 劳力性呼吸困难：左心衰竭病人随体力活动发生的呼吸困难，休息后可减轻或消失。

6. 端坐呼吸：心衰病人平卧可加重呼吸困难而被迫采取端坐或半卧体位以减轻呼吸困难的状态称为端坐呼吸。

7. 夜间阵发性呼吸困难：患者夜间入睡后因突感憋气被惊醒，在端坐咳喘后缓解，称为夜间阵发呼吸困难，这是左心衰竭的典型表现。

(二) 填空题

1. 代偿作用、180

2. 减少、高于、高输出量

3. 全身感染、酸碱平衡与电解质紊乱、心律失常、妊娠与分娩

4. 左心、肺、肺

5. 前、串联性、离心性

6. 后、并联性、向心性

7. 肺、肺水肿、呼吸困难

8. 劳力性呼吸困难、端坐呼吸、夜间阵发性呼吸困难

9. 心率加快、紧张源性扩张、心肌肥大

10. β受体、去甲肾上腺素、肌钙蛋白

(三) 选择题

单项选择题

1. E

解析：根据心力衰竭的定义选 E。

2. C

解析：二尖瓣关闭不全、二尖瓣反流导致左室舒张末期容量负荷过重。

3. D

解析：肺动脉高压导致右心后负荷（阻力负荷）增加。

4. E

解析：高输出量性心力衰竭见于甲状腺功能亢进、严重贫血、脚气病和动-静脉瘘等高动力循环状态患者。

5. D

解析：同上。

6. D

解析：向心性肥大多由心脏长期压力负荷过度引起，临床常见于高血压病。

7. B

解析：离心性肥大多由心脏长期容量负荷过度导致，而主动脉瓣关闭不全会导致左心室容量负荷增加。

8. E

解析：心功能不全时，交感-肾上腺髓质系统兴奋可通过外周血管选择性收缩而导致血流重新分布，其中肾、皮肤和内脏器官血管收缩明显，血流量显著减少，而心、脑血管不收缩。

9. E

解析：心力衰竭时，心输出量下降，早期血压由于代偿可正常，但晚期失代偿时血压下降。心力衰竭时，尤其是右心衰竭时，静脉血液回流受阻，静脉压升高。

10. C

解析：在一定的范围内，心率加快可提高心输出量，但当心率过快时（成年人＞180次/分），因心肌耗氧量增加、舒张期缩短及心脏充盈不足，心输出量反而减少。

11. B

解析：肺循环淤血主要见于左心衰竭患者，严重者可出现肺水肿。肺淤血和肺水肿的主要表现为呼吸困难。

12. A

解析：平卧位时下半身静脉血回流增多，且下肢水肿液吸收入血液循环，使肺淤血、水肿加重；入睡后迷走神经兴奋性相对增高，支气管痉挛，气道阻力增大；入睡后中枢神经系统敏感性降低，病人被憋醒后而出现咳嗽、气促等症状。

13. B

解析：心肌肥大是慢性心功能不全时的重要代偿方式。一定程度的心肌肥大可增强心肌收缩力，提高心输出量。

14. C

解析：二尖瓣关闭不全、二尖瓣反流导致左室舒张末期容量负荷过重。

15. B

解析：感染为心力衰竭的诱因。

16. D

解析：单位重量的肥大心肌，其心肌收缩力是减弱的。但代偿初期，因心肌的重量增加而使肥大心肌的整体心肌收缩力增加，代偿晚期，心肌重量的增加不足以弥补单位重量肥大心肌所带来的心肌收缩力降低而导致整个肥大心肌的收缩力减弱。

17. D

解析：根据Frank-Starling定律的内容。

18. B

解析：高输出量性心衰患者的心输出量可能属于正常或高于正常，但与发病前相比是明显下降的。

多项选择题

19. ABCDE

解析：心律失常既是心力衰竭的原因，也是心力衰竭的诱因。

20. ABCE

解析：感染不会导致血容量过多。

21. ABCD

解析：高血压为心衰的病因。

22. ABE

解析：妊娠期血容量增多，使心脏负荷加重，而正常孕妇的血液黏稠度比正常人是降低的。

23. BCDE

解析：钙离子复位延缓可导致心室舒张功能障碍。

24. ABCD

解析：二尖瓣关闭不全可导致左心室容量负荷过重，从而导致心衰。

25. ABCE

解析：肝肿大、压痛为右心衰患者的表现。

26. ABC

解析：端坐位时静脉回心血量减少，肺淤血减轻；端坐位时胸腔容积变大，肺通气量增加。

（四）简答题

1. 试述心肌梗塞引起心力衰竭的发病机制。

（1）心肌细胞坏死、凋亡。

（2）心肌能量代谢障碍（包括能量生成障碍和利用障碍）。

（3）兴奋-收缩耦联障碍（包括肌浆网对 Ca^{2+} 摄取、储存、释放障碍，胞外 Ca^{2+} 内流障碍和肌钙蛋白与 Ca^{2+} 结合障碍）。

（4）心室舒张功能下降（包括心室舒张势能减少，心室顺应性下降）。

2. 试述长期高血压引起心力衰竭的发病机制。

（1）压力负荷过重→心肌肥大。

（2）心肌肥大的不平衡生长：①心肌交感神经分布密度下降，心肌去甲肾上腺素含量下降；②心肌线粒体数目增加不足，心肌线粒体氧化磷酸化水平下降；③心肌毛细血管数增加不足，微循环灌流不良；④心肌肌球蛋白 ATP 酶活性下降；⑤胞外 Ca^{2+} 内流和肌浆网 Ca^{2+} 释放异常。

3. 试述心力衰竭时心脏的代偿反应。

（1）心率加快；（2）心脏紧张源性扩张；（3）心肌收缩性增强；（4）心肌肥大（向心性肥大、离心性肥大）。

4. 试述 Ca^{2+} 转运结合，分布异常对心肌兴奋-收缩耦联的影响。

（1）肌浆网 Ca^{2+} 处理功能障碍（含 Ca^{2+} 摄取、储存、释放障碍）。

（2）胞外 Ca^{2+} 内流障碍（Ca^{2+} 内流的途径，心肌肥大酸中毒、高血钾对 Ca^{2+} 内流的影响）。

（3）肌钙蛋白与Ca^{2+}结合障碍（从肌钙蛋白活性和Ca^{2+}的"收缩阈值"两方面论述）。

5. 左心衰竭时最早出现的症状是什么？简述其机制。

左心衰竭时最早出现的症状是呼吸困难，其病理生理学基础是左心衰竭引起的肺淤血和肺水肿。

机制：肺淤血、肺水肿时：①肺的顺应性降低，患者为保证正常通气量而使呼吸肌做功增加，因而感到呼吸费力；②常伴有支气管黏膜淤血、水肿，呼吸道阻力增大，患者感到呼吸费力；③肺的顺应性降低，患者需用力吸气，过度牵拉牵张感受器，引起肺扩张反射，使呼吸变浅变快。④刺激肺J感受器，反射性引起浅快呼吸。

6. 试述左心衰竭患者为什么会出现端坐呼吸？

端坐呼吸指患者在安静情况下也感到呼吸困难，平卧位时尤为明显，故需被迫采取端坐位或半卧位以减轻呼吸困难的程度。

其机制是：端坐位时，①下肢血液回流减少，减轻肺淤血和肺水肿；②膈肌下移，使胸腔容积变大，肺容积扩张；③下肢水肿吸收入血减少，使血容量降低，减轻肺淤血。

（张丽艳）

第十章 肝性脑病

一、重点与难点解析

（一）肝性脑病

继发于急性肝功能衰竭或严重慢性实质性肝病的神经精神综合征。

（二）氨中毒学说中心内容

严重肝功能障碍→NH_3生成增多或清除不足→血NH_3浓度增高→干扰脑能量代谢、递质代谢、神经细胞膜作用→CNS机能紊乱（肝性脑病）

（三）血NH_3增高引起肝性脑病的机制

1. 干扰脑的能量代谢

（1）消耗α-酮戊二酸，干扰三羧酸循环；（2）消耗NADH，使呼吸链生成ATP减少；（3）谷氨酰胺合成↑，消耗ATP↑；（4）丙酮酸、α-酮戊二酸脱氢酶系受抑制，影响三羧酸循环。

2. 使脑内神经递质发生改变

兴奋性递质——谷氨酸、乙酰胆碱；

抑制性递质——γ-氨基丁酸。

3. 对神经细胞膜的抑制作用

（四）假性神经递质学说

肝功受损时，假性神经递质产生增多，取代脑内正常神经递质，使神经传导功能障碍。假性神经递质：苯乙醇胺、羟苯乙醇胺。

二、习题

（一）名词解释

1. 肝功能不全　2. 假性神经递质

（二）填空题

1. 与肝性脑病发病有关的假性神经递质主要是_____和_____。
2. 肝性脑病是继发于_____的_____综合征。
3. 肝性脑病患者血浆氨基酸发生失衡表现为_____减少，而_____增加。

（三）选择题

单项选择题

1. 肝性脑病是指
   A. 肝疾病并发脑部疾病
   B. 肝功能衰竭并发脑水肿
   C. 肝功能衰竭所致昏迷
   D. 肝功能衰竭所致的精神紊乱性疾病
   E. 肝功能衰竭所致的精神神经综合征

2. 内源性肝性脑病常见于
   A. 门脉性肝硬化
   B. 晚期血吸虫病
   C. 肝细胞广泛性坏死
   D. 肝胆疾病
   E. 以上都不是

3. 正常人体内血氨的主要来源是

A. 血内尿素进入肠腔分解产氨
B. 肾小管上皮细胞产生氨
C. 蛋白质食物在肠道内分解产生氨
D. 人体组织蛋白分解产氨
E. 肌肉活动产氨

4. 肝性脑病时芳香族氨基酸入脑的机制是
   A. 血氨浓度增加
   B. 血短链脂肪酸增加
   C. 血脑屏障破坏
   D. 血硫醇含量增加
   E. 血支链氨基酸减少

5. 肝功能严重损害时血浆芳香族氨基酸含量增加的机制是
   A. 芳香族氨基酸合成加速
   B. 芳香族氨基酸异生增多
   C. 芳香族氨基酸排出减少
   D. 芳香族氨基酸分解减少
   E. 芳香族氨基酸利用减少

6. 肝性脑病患者血中支链氨基酸浓度降低的机制是
   A. 支链氨基酸合成蛋白质
   B. 支链氨基酸经肠道排出
   C. 支链氨基酸经肾排出
   D. 肌肉等组织摄取、分解、利用支链氨基酸增加
   E. 支链氨基酸进入中枢组织

7. 假性神经递质羟苯乙醇胺与下列哪种神经递质化学结构相似
   A. 5-羟色胺
   B. 乙酰胆碱
   C. 去甲肾上腺素
   D. γ-氨基丁酸
   E. 谷氨酰胺

8. 假性神经递质的毒性作用是
   A. 对抗乙酰胆碱
   B. 干扰去甲肾上腺素和多巴胺的功能
   C. 阻碍三羧酸循环
   D. 抑制糖酵解
   E. 引起碱中毒

9. 假性神经递质的作用部位在
   A. 大脑皮质
   B. 小脑
   C. 丘脑
   D. 间脑
   E. 脑干网状结构

10. 5-羟色胺在肝性脑病发病中的作用是
    A. 对抗乙酰胆碱
    B. 对抗多巴胺
    C. 对抗去甲肾上腺素
    D. 替代多巴胺
    E. 替代去甲肾上腺素

11. 正常人血浆中支链氨基酸与芳香族氨基酸之比值接近
    A. 1～1.5
    B. 2～2.5
    C. 3～3.5
    D. 4～4.5
    E. 5～5.5

多项选择题

12. 下列治疗肝性脑病的措施中**不妥**的是
    A. 补充大量蛋白质饮食
    B. 大剂量利尿药
    C. 口服抑制肠菌的抗生素
    D. 碱性液灌肠
    E. 快速放腹水

13. 关于肝性脑病的发病机制，目前比较公认的学说有
    A. 氨中毒学说
    B. 矫枉失衡学说
    C. 假性神经递质学说
    D. GABA 学说
    E. 血浆氨基酸失衡学说

（四）简答题

1. 肝性脑病时，血氨升高的原因是什么。
2. 肝性脑病时，假性神经递质的产生及导致昏迷的机制是怎样的。

3. 降低血氨的常用措施有哪些。

参考答案

（一）名词解释

1. 肝功能不全：各种致肝损伤因素导致肝细胞发生严重损害，使其代谢、分泌、合成、解毒与免疫功能发生严重障碍，机体往往出现黄疸、出血、继发性感染、肾功能障碍、脑病等一系列综合征，此种综合征称为肝功能不全。

2. 假性神经递质：苯乙醇胺和羟苯乙醇胺的化学结构与真性神经递质去甲肾上腺素和多巴胺的化学结构相似，但传递信息的生理功能却远较真递质为弱，故称假性神经递质。

（二）填空题

1. 苯乙醇胺、羟苯乙醇胺
2. 严重肝病、一种神经精神
3. 支链氨基酸、芳香族氨基酸

（三）选择题

单项选择题

1. E

解析：肝性脑病是继发于严重肝病的，以代谢紊乱为基础的中枢神经系统功能失调综合征，其主要临床表现是意识障碍、行为失常和昏迷。

2. C

解析：内源性肝性脑病常由病毒性急性暴发性肝炎或严重急性中毒性肝炎引起。

3. A

解析：正常人体内血氨的主要来源是血内尿素进入肠腔分解产氨。

4. E

解析：当血浆 AAA 显著增高或 BCAA 降低时，使得 AAA 大量入脑。

5. D

解析：芳香族氨基酸则因肝功能障碍致分解代谢速度减慢，在循环中不断堆积，造成血浆 AAA 浓度升高，从而使 BCAA/AAA 的比值变小。

6. D

解析：肝性脑病时，高浓度的胰岛素可增加骨骼肌对支链氨基酸的摄取和分解。

7. C

解析：苯乙醇胺和羟苯乙醇胺这两种物质的化学结构与正常神经递质去甲肾上腺素和多巴胺相似。

8. B

解析：突触在传递信息时所需要的生理性神经递质主要有去甲肾上腺素和多巴胺。这两种正常兴奋性递质可被积蓄于网状结构神经突触部位的 FNT 取代。

9. E

解析：脑干网状结构上行激动系统冲动对维持大脑皮质细胞兴奋性具有决定性的意义。上行激动系统在脑干网状结构中多次更换神经元，所经过的突触很多。突触在传递信息时所需要的生理性神经递质主要有去甲肾上腺素和多巴胺。这两种正常兴奋性递质可被积蓄于网状结构神经突触部位的 FNT 取代，使上行激动系统的神经冲动传递发生障碍。

10. E

解析：5-羟色胺是重要的抑制性神经递质，同时 5-羟色胺又是一种假性神经递质，可被肾上腺素能神经元摄取而取代去甲肾上腺素。

11. C

解析：正常人血浆 BCAA/AAA 的比值接近 3~3.5，而肝性脑病患者可明显降低，为 0.6~1.2。

多项选择题

12. ABDE

解析：肝性脑病要减少蛋白质类食物的摄取，控制感染，慎用止痛、镇静、麻醉等药物，慎重利尿、放腹水、导泻或灌肠，清除肠道内积食或积血，口服乳果糖等药物，降低肠道 pH，口服抗生素，抑制肠内细菌繁殖，进而抑制毒素的形成。

13. ACDE

解析：目前关于肝性脑病发生的机制主要有以下几种学说：氨中毒学说、假性神经递质学说、GABA 学说、血浆氨基酸失衡学说。

（四）简答题

1. 肝性脑病时，血氨升高的原因是什么。

血氨升高的原因有：

（1）尿素合成减少，氨清除不足：肝性脑病时血氨增高的主要原因是由于肝鸟氨酸循环障碍。

（2）氨的产生增多：血氨主要来源于肠道产氨，肝功能严重障碍时，门脉血流受阻，肠黏膜淤血、水肿，肠蠕动减弱以及胆汁分泌减少等，均可使消化吸收功能降低，导致肠道细菌活跃。如果合并上消化道出血，肠道内血液蛋白质增多，产氨增多。此外，肝性脑病患者昏迷前，可出现明显的躁动不安、震颤等肌肉活动增强的症状，肌肉中的腺苷酸分解代谢增强，使肌肉产氨增多；如果患者由于通气过度，造成呼吸性碱中毒或应用了碳酸酐酶抑制剂利尿，则由于肾小管腔中 H^+ 减少，生成 NH_4^+ 减少，而 NH_3 弥散入血增加。也可使血氨增高。

2. 肝性脑病时，假性神经递质的产生及导致昏迷的机制是怎样的。

食物中蛋白质在消化道中经水解产生氨基酸，其中芳香族氨基酸——苯丙氨酸和酪氨酸，经肠道细菌释放的脱羧酶的作用，分别被分解为苯乙胺和酪胺，当肝功能严重障碍时，由于肝的解毒功能低下，或经侧支循环绕过肝直接进入体循环，血中苯乙胺和酪胺浓度增高。血中苯乙胺、酪胺增多使其进入脑内增多，在脑干网状结构的神经细胞内，苯乙胺和酪胺分别在 β-羟化酶作用下，生成苯乙醇胺和羟苯乙醇胺，这两种物质在化学结构上与正常神经递质去甲肾上腺素和多巴胺相似。因此，当其增多时，可取代去甲肾上腺素和多巴胺被肾上腺素能神经元所摄取，并贮存在突触小体的囊泡中。但其被释放后的生理效应则远较去甲肾上腺素和多巴胺弱，因而脑干网状结构上行激动系统的唤醒功能不能维持，从而发生昏迷。

3. 降低血氨的常用措施有哪些。

降低血氨的常用措施有：

（1）降低肠道 pH，口服乳果糖等使肠道 pH 降低，减少肠道生成 NH_3 并促进 NH_3 转变为 NH_4^+ 排出。

（2）由于谷氨酸可结合 NH_3 生成谷氨酰胺以减少 NH_3 的毒性，所以临床上应用谷氨酸或精氨酸以降血氨。

（3）纠正水、电解质和酸碱平衡紊乱，特别是要注意纠正碱中毒。

（徐万宇）

第十一章 肾功能不全

一、重点与难点解析

（一）肾衰竭、急性肾衰竭、慢性肾衰竭的概念

肾衰竭是指在病因作用下导致肾的各项功能不能维持，出现一系列临床表现的整个病理过程。急性肾衰竭强调短期内，主要是泌尿功能障碍的一系列表现的病理过程。慢性肾衰竭强调肾单位的破坏是进行性的，健存肾单位越来越少，泌尿功能和内分泌功能都不能维持，出现一系列临床表现的病理过程。

（二）急性肾衰竭的分类、发病机制及机体功能代谢变化

急性肾衰竭分类（肾前性、肾性、肾后性），肾接纳肾血管的血液，如休克时血流减少和血管收缩最终影响到了肾功能，则休克属于肾前性病因；血液在肾小球滤过，在肾小管重吸收和分泌，如肾毒物造成肾小管坏死影响了肾功能，则肾毒物属于肾性病因。肾形成的尿液经过肾盂、输尿管、膀胱和尿道排出，如双侧尿路结石使尿路梗阻发生尿液排出障碍，双侧尿路结石则属于肾后性病因。

发病机制（肾小球血流量减少和病变、肾小管阻塞和原尿返漏），病因除了可以直接导致少尿外，主要通过影响肾小球的滤过和肾小管的重吸收以及分泌，最终导致 GFR 下降，出现少尿或无尿，即发生了急性肾衰竭，如休克时有效循环血量减少，肾血流量也减少，肾小球毛细血管网血流减少，GFR 减少，发生少尿或无尿。休克时肾缺血也可刺激肾素分泌，RAAS 系统激活，血管紧张素Ⅱ使血管收缩，肾血流更加减少；休克时还可能并发 DIC，肾血流更为减少；休克时肾缺血，局部能量产生不足，血管内皮细胞钠水内流发生肿胀，肾血流更加减少；进一步使得 GFR 更为减少，发生少尿或无尿。

（三）慢性肾衰竭时机体功能代谢变化

肾通过泌尿维持内环境稳定；另外分泌肾素、促红细胞生成素、$1,25-(OH)_2-D_3$、前列腺素和激肽等活性物质，在心血管活动的调节、造血和骨代谢中起重要作用。慢性肾衰时肾的泌尿功能和内分泌功能均障碍。表现为尿量的改变（早期多尿、夜尿，晚期少尿），尿液性质的改变（比重降低，尿蛋白，红、白细胞，管型）；水、电解质代谢紊乱；代谢性酸中毒；氮质血症；肾性高血压；肾性骨营养不良；肾性出血；肾性贫血。

二、习题

（一）名词解释

1. 肾功能不全/肾衰竭 2. 急性肾衰竭（ARF） 3. 少尿 4. 无尿 5. 慢性肾衰竭（CRF） 6. 夜尿 7. 多尿 8. 肾性骨营养不良 9. 尿毒症（uremia）

（二）填空题

1. 少尿型 ARF 分为_____、_____、_____三期。

2. ARF 按病因分为_____、_____、_____三类。

3. CRF 的发病机制有_____、_____、_____等学说。

(三)选择题
单项选择题
1. 引起肾前性肾衰竭的因素是
   A. 汞中毒
   B. 急性肾小球肾炎
   C. 肾血栓形成
   D. 大出血、休克
   E. 前列腺肥大
2. 无尿是指尿量
   A. <1500ml/d
   B. <750ml/d
   C. <400ml/d
   D. <200ml/d
   E. <100ml/d
3. 肾小球过度滤过最终将导致
   A. GFR 增加
   B. 肾小球纤维化与硬化
   C. 渗透性利尿
   D. 肾小管重吸收增加
   E. 以上都对
4. 急性肾功能不全发病的中心环节是
   A. 肾小管原尿反流
   B. 肾小管阻塞
   C. 肾毛细血管内凝血
   D. GFR 降低
   E. 肾小管上皮细胞坏死
5. 急性肾功能不全多尿期，多尿的发生机制是
   A. 肾小球滤过功能障碍
   B. 新生肾小管功能尚不完善
   C. 近曲小管功能障碍
   D. 远曲小管功能障碍
   E. 原尿回漏
6. CRF 时，尿比重在 1.008～1.012 是由于
   A. 肾浓缩功能障碍
   B. 肾稀释功能障碍
   C. 肾浓缩稀释功能障碍
   D. 渗透性利尿
   E. 肾髓质高渗区形成障碍

7. ARF 时，引起 GFR 降低的原因**不是**
   A. 肾动脉灌注压下降
   B. 内皮细胞肿胀
   C. 肾小管内皮细胞变小、减少
   D. 内皮细胞释放扩血管物质减少
   E. 内皮细胞受损，导致肾毛细血管内凝血
8. 下列哪项**不是**肾小球滤过率的影响因素
   A. 肾小管重吸收
   B. 肾动脉灌注压下降
   C. 有效滤过压改变
   D. 肾小球滤过面积
   E. 肾血流量
9. 慢性肾功能不全时，最能反映肾功能的指标是
   A. 血浆尿素氮
   B. 血浆尿素氨
   C. 血浆肌酐
   D. 尿肌酐
   E. 内生肌酐清除率
10. ARF 初期的主要发病机制是
    A. 肾小管原尿返漏
    B. 肾小管阻塞
    C. 肾缺血
    D. 毛细血管内凝血
    E. 肾小管上皮细胞坏死
11. 在我国 CRF 最常见的病因是
    A. 肾小动脉硬化症
    B. 慢性肾盂肾炎
    C. 尿路慢性梗塞
    D. 慢性肾小球肾炎
    E. 肾结核
12. CRF 时出血倾向主要是由于
    A. 红细胞脆性增加
    B. 血小板数量减少
    C. 血小板功能受抑制
    D. 促红素生成减少
    E. 铁的再利用障碍

13. 急性肾功能不全少尿期，病人发生最严重的电解质紊乱是
    A. 高钠血症
    B. 高钾血症
    C. 低钙血症
    D. 高磷血症
    E. 高镁血症

14. 休克病人留置导尿最主要的目的是
    A. 保持床单位清洁干燥
    B. 引流尿液，促进有毒物质的排泄
    C. 避免尿潴留
    D. 收集尿标本，作细菌培养
    E. 测尿量及比重，了解肾血流灌注情况

15. 下列检查最可能是 CRF 肾功能不全期的是
    A. 内生肌酐清除率在正常值的 75%
    B. 内生肌酐清除率在正常值的 50%
    C. 内生肌酐清除率在正常值的 35%
    D. 内生肌酐清除率在正常值的 27%
    E. 内生肌酐清除率在正常值的 20%

16. 有肾一个脏器功能衰竭的病人其监护级别为
    A. 特级监护
    B. Ⅰ级监护
    C. Ⅱ级监护
    D. Ⅲ级监护
    E. 普通监护

17. 引起慢性肾衰竭患者贫血最重要的原因是
    A. 食物的摄入减少
    B. 血液透析失血及频繁抽血化验导致失血
    C. 红细胞生存周期缩短
    D. 叶酸缺乏
    E. 肾产生促红细胞生成素减少

18. 慢性肾衰竭临床表现中最早、最常见的症状是
    A. 贫血
    B. 尿毒症性心肌病
    C. 代谢性酸中毒
    D. 胃肠道症状如食欲缺乏、恶心、呕吐等
    E. 高血压

19. 慢性肾衰竭临床表现中最早出现的尿的变化是
    A. 少尿
    B. 蛋白尿
    C. 血尿
    D. 管型尿
    E. 多尿、夜尿

多项选择题

20. 引起急性肾衰竭的肾前性原因有
    A. 休克
    B. 心力衰竭
    C. 肾小球肾炎
    D. 双侧输尿管结石
    E. 前列腺增生

21. 引起急性肾衰竭的肾后性原因有
    A. 休克
    B. 心力衰竭
    C. 肾小球肾炎
    D. 双侧输尿管结石
    E. 前列腺增生

22. 急性肾衰竭少尿期可出现
    A. 代谢性酸中毒
    B. 高钾血症
    C. 高钙血症
    D. 水中毒
    E. 氮质血症

23. 急性肾衰竭引起水中毒的原因有
    A. 体内分解代谢增强，内生水增多
    B. 摄入水分过多
    C. 输入水分过多
    D. 肾排水减少
    E. 高钠血症

24. 急性肾衰竭少尿期引起高钾血症的原因有
    A. 排钾减少
    B. 组织分解代谢增强

C. 酸中毒

D. 输入库存血

E. 醛固酮分泌过多

25. 少尿型急性肾衰竭出现多尿的机制是

　　A. 肾小球滤过率开始恢复

　　B. 肾小管重吸收功能较低

　　C. 肾小管阻塞解除

　　D. 渗透性利尿

　　E. 肾小球滤过率增加

26. 慢性肾衰竭时多尿的机制是

　　A. 健存肾单位过度代偿

　　B. 原尿流速快

　　C. 溶质的渗透性利尿

　　D. 尿液浓缩障碍

　　E. 尿液稀释障碍

27. 慢性肾衰竭时引起低钙血症的原因有

　　A. 血磷升高

　　B. $1,25-(OH)_2-D_3$ 减少

　　C. 肠黏膜受损，钙吸收减少

　　D. 酸中毒

E. 血磷降低

28. 肾性高血压的发病机制是

　　A. 钠水潴留

　　B. 肾素分泌增多

　　C. 肾降压物质生成减少

　　D. 高钾血症

　　E. 酸中毒

29. 肾性骨营养不良的发病机制有

　　A. PTH 继发性升高

　　B. 血磷降低

　　C. 血钙升高

　　D. $1,25-(OH)_2-D_3$ 生成减少

　　E. 酸中毒，骨盐溶解

30. 肾性贫血的发生机制有

　　A. 促红细胞生成素生成减少

　　B. 红细胞破坏增多

　　C. 出血

　　D. 血液中毒性物质抑制造血

　　E. 造血原料吸收减少

(四) 简答题

1. 试述急性肾衰竭少尿的发病机制。
2. 试述休克引起急性肾衰竭的发病机制。
3. 试述少尿型急性肾衰竭少尿期的功能代谢变化。
4. 少尿型急性肾衰竭多尿期多尿的机制。
5. 以 CRF 时钙磷代谢障碍为例说明矫枉失衡学说。
6. 试述肾性高血压的发病机制。
7. 试述肾性贫血的发病机制。
8. 简述肾性骨营养不良的发生机制。
9. 急性和慢性肾功能不全在尿量改变方面有何不同，并阐述其机理。

10. 某烧伤面积达 14％ 的女性患者，24h 尿量为 280ml，尿比重为 1.030，尿钠为 10mmol/L，此患者是否有急性肾功能不全？如果有，是功能性还是器质性 ARF。为什么？

参考答案

(一) 名词解释

1. 肾功能不全/肾衰竭：当各种致病因素损害到肾的功能，就会出现一系列肾泌尿及内分泌功能障碍的表现：多种代谢产物、废物、药物和毒物在体内蓄积，水、电解质和酸碱平衡紊乱，以及高血压、贫血、肾性骨营养不良、出血等临床表现，这一病理过程称为肾功能不全或肾衰竭。

第十一章 肾功能不全

2. 急性肾衰竭：指各种原因引起肾泌尿功能急剧障碍，从而机体内环境出现严重紊乱的病理过程。

3. 少尿：成人 24 小时尿量<400ml。

4. 无尿：成人 24 小时尿量<100ml。

5. 慢性肾衰竭：指各种慢性肾疾病引起肾单位进行性破坏，健存肾单位逐渐减少，进而发生泌尿功能障碍和内分泌功能障碍，出现以各种代谢产物、废物和毒物的潴留，水、电解质和酸碱平衡紊乱，以及如肾性骨营养不良等某些内分泌功能异常为主要表现的病理过程。

6. 夜尿：夜间尿量增多，与白天尿量接近，甚至超过白天尿量，称为夜尿。

7. 多尿：成人 24 小时尿量超过 2000ml。

8. 肾性骨营养不良：由慢性肾衰竭导致的骨代谢病。在儿童表现为肾性佝偻病，成人表现为骨质软化、纤维性骨炎、骨质疏松等。

9. 尿毒症：尿毒症是急、慢性肾衰竭的终末期。除水、电解质、酸碱平衡紊乱和肾内分泌功能失调外，还出现内源性毒性物质蓄积而引起的一系列自身中毒症状。

（二）填空题

1. 少尿期、多尿期、恢复期
2. 肾前性 ARF、肾性 ARF、肾后性 ARF
3. 健存肾单位假说、肾小球过度滤过假说、矫枉失衡假说

（三）选择题

单项选择题

1. D

解析：大出血、休克可以使肾血流量减少，导致肾功能损害；肾中毒、肾疾患造成肾本身实质性病变，属于肾性病因；双侧输尿管结石、前列腺增生、盆腔肿瘤压迫输尿管均使排尿受阻引起肾功能损害，属于肾后性病因。

2. E

解析：成人 24 小时尿量<100ml 为无尿。

3. B

解析：慢性肾疾病使肾单位不断遭受损害而丧失功能，肾功能只能由健存肾单位来承担，导致健存肾单位发生代偿性肥大，肾小球滤过功能和肾小管重吸收功能都增强，进行代偿。

4. D

解析：无论少尿型或非少尿型，GFR 均显著降低，故 GFR 降低被认为是发生 ARF 的中心环节。

5. B

解析：出现多尿的机制是：①肾血流量和肾小球滤过功能渐恢复正常；②新生肾小管上皮细胞功能尚不完善，钠、水重吸收功能仍低下；③肾间质水肿消退以及肾小管内管型被冲走，阻塞解除；④少尿期中潴留在血中的尿素等代谢产物经肾小球大量滤出，原尿溶质浓度增高，产生渗透性利尿。

6. C

解析：CRF 早期肾浓缩功能降低而稀释功能正常，尿比重最高只能达到 1.020，称为低

165

比重尿或低渗尿。随病情加重,肾稀释功能障碍,使终尿渗透压接近于血浆,尿比重常固定在 1.008～1.012 之间,因接近血浆晶体渗透压,故称为等渗尿。

7. C

解析:ARF 时肾动脉灌注压下降,肾血管收缩,肾血管内皮细胞肿胀,肾血管内凝血均可使肾血流量出现下降,GFR 降低。

8. A

解析:有效滤过压、肾小球血浆流量、滤过膜通透性和滤过面积的改变会使得肾小球滤过率下降。如:剧烈运动和交感神经兴奋可引起入球小动脉强烈收缩,导致肾小球毛细血管血压下降(使有效滤过压降低),肾血流量和肾血浆流量下降而使超滤液生成量减少;肾盂或输尿管结石引起尿路阻塞时,肾小囊内压升高,使有效滤过压降低,也可引起超滤液生成量减少。

9. E

解析:血肌酐和尿素氮浓度的变化在早期均不明显,晚期 GFR 下降明显时才出现显著变化,所以这两个指标都不是反映肾功能改变的敏感指标。临床上常采用内生肌酐清除率(尿中肌酐浓度×每分钟尿量/血浆肌酐含量)来判断病情的严重程度,因为它与 GFR 的变化正相关。

10. C

解析:肾前性病因最常见,病死率也高。并且肾缺血也是肾性 ARF 最常见病因,占 50%。

11. D

解析:在中国慢性肾小球肾炎是慢性肾衰竭最常见的原因,在美国糖尿病和高血压是慢性肾衰竭的首要原因。

12. C

解析:CRF 病人常伴有出血倾向,表现为皮下瘀斑、黏膜出血(如鼻衄)等。这主要是由于体内蓄积的毒性物质(如尿素、胍类、酚类化合物等)抑制血小板的功能所致。

13. B

解析:高钾血症是 ARF 患者的最危险变化,常为少尿期致死原因。

14. E

解析:肾衰竭患者在护理时应密切监测液体出入量、体重、尿量、血压等指标。

15. D

解析:肾功能不全期,肾实质进一步受损,肾单位减少 50%～70%,内生肌酐清除率降至正常的 25%～30%。

16. C

解析:ICU 病人的监护分为三个级别:Ⅰ级监护:指病人病情危重,一般有两个以上脏器功能衰竭;Ⅱ级监护:病人病情重,一般有一个以上脏器功能衰竭;Ⅲ级监护:病人病情相对稳定,但仍需监护。

17. E

解析:贫血是慢性肾衰竭患者常见的临床表现,导致贫血最主要的原因是肾产生的促红细胞生成素减少,其次为代谢产物抑制骨髓造血,使红细胞寿命缩短,铁、叶酸缺乏均可引起贫血。

18. D

解析：贫血和高血压在慢性肾炎时病人就可存在，而且病人多无主观感觉；发展到慢性肾衰竭后最早、最常见的临床表现就是胃肠道症状，主要是由于体内毒素刺激胃肠黏膜等造成的；心肌病和代谢性酸中毒多在晚期出现。

19. E

解析：CRF 尿的变化，早期患者常出现多尿、夜尿的表现。

多项选择题

20. AB

解析：各种原因引起的有效循环血量减少和肾血管强烈收缩，导致肾血流量显著降低所致的 ARF 称为肾前性 ARF。常见于失血、失液、烧伤、创伤、感染等引起的休克早期，错用血管收缩药以及急性心力衰竭等原因。

21. DE

解析：肾后性急性肾衰竭指下泌尿道（从肾盂到尿道口）的梗阻引起的 ARF。常见于双侧尿路结石、盆腔肿瘤、前列腺肥大、前列腺癌、尿路损伤后炎症及水肿等引起的尿路梗阻。

22. ABDE

解析：急性肾衰竭少尿期尿量显著减少，内环境严重紊乱。可出现尿量减少、尿质改变、水中毒、高钾血症、代谢性酸中毒、氮质血症的表现。

23. ABCD

解析：ARF 少尿期因泌尿功能障碍，体内分解代谢所致内生水增多，摄入或输入水分过多等原因，导致体内水潴留，可表现为水中毒。

24. ABCD

解析：高钾血症主要发生原因：①尿量减少致钾排出减少；②组织损伤和激素水平变化等导致分解代谢增强，使细胞钾外逸；③酸中毒时，由于 H^+-K^+ 交换，细胞内钾离子向细胞外转移；④输入库存血或食入含钾量高的食物或药物等。

25. ABCDE

解析：ARF 多尿期多尿的机制是：①肾血流量和肾小球滤过功能逐渐恢复正常；②新生肾小管上皮细胞功能尚不完善，钠、水重吸收功能仍低下；③肾间质水肿消退以及肾小管内管型被冲走，阻塞解除；④少尿期中潴留在血中的尿素等代谢产物经肾小球大量滤出，原尿溶质浓度增高，产生渗透性利尿。

26. ABCD

解析：CRF 多尿的机制：①原尿流速快：肾血流集中在健存肾单位及其代偿性肥大，使其 GFR 增高，原尿生成增多，流经肾小管时流速增快，肾小管来不及充分重吸收。②渗透性利尿：健存肾单位滤出的原尿中溶质含量代偿性增高，产生渗透性利尿。③尿浓缩功能降低：肾髓质病变使髓质高渗环境形成受阻，尿液浓缩障碍。

27. ABC

解析：低钙血症的原因有：①血液中钙磷浓度的乘积为一常数，血磷浓度升高，血钙浓度必然降低；②由于肾实质破坏，$1,25-(OH)_2-D_3$ 生成不足，影响肠钙吸收；③血磷升高时，肠道磷酸根分泌增多，磷酸根在肠内与食物中的钙结合形成难溶解的磷酸钙，从而妨碍肠钙的吸收；④肾毒物损伤小肠黏膜，影响肠道钙吸收。

28. ABC

解析：CRF伴发高血压的机制有：钠水潴留、肾素分泌增多、肾降压物质生成减少。

29. ADE

解析：肾性骨营养不良发病机制：①PTH继发性升高，溶骨作用明显；②$1,25-(OH)_2-D_3$生成减少，影响钙吸收和骨盐沉积；③酸中毒，骨盐溶解，释放骨钙。

30. ABCDE

解析：肾性贫血的发生机制：①主要是由于肾产生的促红细胞生成素生成减少；②体内蓄积的毒性物质对骨髓造血功能的抑制；③毒性物质使红细胞脆性增加，易于溶血；④肾毒物可引起肠道对铁和蛋白质等造血原料的消化吸收障碍；⑤出血使贫血加重。

（四）简答题

1. 试述急性肾衰竭少尿的发病机制。

（1）肾血流减少，肾动脉灌注压下降；肾血管收缩；肾血管内皮细胞肿胀；肾血管内凝血；（2）肾小球病变；（3）肾小管阻塞；（4）原尿返漏。

2. 试述休克引起急性肾衰竭的发病机制。

（1）休克早期有效循环血量减少导致肾血流减少；（2）休克中、晚期，由于长时间的缺血会导致肾小管上皮细胞坏死、脱落，造成肾小管阻塞和原尿返漏。

3. 试述少尿型急性肾衰竭少尿期的功能代谢的变化。

（1）尿变化：少尿或无尿、低比重尿、尿钠高、血尿、蛋白尿、管型尿；（2）水中毒；（3）高钾血症；（4）代谢性酸中毒；（5）氮质血症。

4. 少尿型急性肾衰竭多尿期多尿的机制。

多尿的机制是：（1）肾血流量和肾小球滤过功能逐渐恢复正常；（2）新生肾小管上皮细胞功能尚不完善，钠、水重吸收功能仍低下；（3）肾间质水肿消退以及肾小管内管型被冲走，阻塞解除；（4）少尿期中潴留在血中的尿素等代谢产物经肾小球大量滤出，原尿溶质浓度增高，产生渗透性利尿。

5. 以CRF时钙磷代谢障碍为例说明矫枉失衡学说。

慢性肾衰竭时肾排磷减少，血磷增高而血钙降低，机体适应性发生甲状旁腺功能亢进。血液甲状旁腺激素（PTH）升高，早期通过抑制健存肾单位对磷的重吸收，增加磷的排泄，患者在很长一段时间内血磷是正常的，起"矫正"（代偿）的作用；晚期健存肾单位可因过度滤过、硬化而丧失功能，不能维持磷的充分排出，使血磷浓度升高。这时血液PTH继发持续性分泌增多，对机体其他生理功能可产生不良影响，如溶骨作用：造成骨钙、骨磷释放，以及骨质疏松、骨软化等肾性骨营养不良的表现，出现"失衡"（失代偿）。

6. 试述肾性高血压的发病机制。

肾性高血压的发病机制有：（1）钠、水潴留：CRF时肾排钠功能降低，钠、水潴留，引起血容量和心排出量增多，导致血压升高。（2）肾素分泌增多：慢性肾小球肾炎、肾动脉硬化症等引起的CRF，因肾缺血常有肾素-血管紧张素系统（RAAS）激活。血管紧张素Ⅱ可收缩小动脉，使外周阻力升高；醛固酮增多又可导致钠、水潴留，因而引起血压升高。（3）肾降压物质生成减少：肾单位大量破坏，其合成的PGE_2、PGA_2、激肽等降压物质减少，也是引起肾性高血压的原因之一。

7. 试述肾性贫血的发病机制。

肾性贫血的发生机制：①主要是由于肾产生的促红细胞生成素生成减少；②体内蓄积的毒性物质对骨髓造血功能的抑制；③毒性物质使红细胞脆性增加，易于溶血；④肾毒物可引起肠道对铁和蛋白等造血原料的消化吸收障碍；⑤出血使贫血加重。

8. 简述肾性骨营养不良的发生机制。

①PTH 继发性升高，溶骨作用明显；②$1,25-(OH)_2-D_3$ 生成减少，影响钙吸收和骨盐沉积；③酸中毒，骨盐溶解，释放骨钙。

9. 急性和慢性肾功能不全在尿量改变方面有何不同，并阐述其机理。

急性肾功能不全由于泌尿功能障碍，首先出现尿量减少，随后进入多尿期。多尿机制为：①肾血流量和肾小球滤过功能逐渐恢复正常；②新生肾小管上皮细胞功能尚不完善，钠、水重吸收功能仍低下；③肾间质水肿消退以及肾小管内管型被冲走，阻塞解除；④少尿期中潴留在血中的尿素等代谢产物经肾小球大量滤出，原尿溶质浓度增高，产生渗透性利尿。

慢性肾功能不全首先表现为多尿、夜尿多，其多尿机制为：①原尿流速快：肾血流集中在健存肾单位及其代偿性肥大，使其 GFR 增高，原尿生成增多，流经肾小管时流速增快，肾小管来不及充分重吸收。②渗透性利尿：健存肾单位滤出的原尿中溶质（如尿素）含量代偿性增加，产生渗透性利尿。③尿浓缩功能降低：肾髓质病变使髓质高渗环境形成受阻，尿液浓缩障碍。慢性肾功能不全晚期由于肾单位极度减少，表现为少尿。

10. 某烧伤面积达 14% 的女性患者，24h 尿量为 280ml，尿比重为 1.030，尿钠为 10mmol/L，此患者是否有急性肾功能不全？如果有，是功能性还是器质性 ARF。为什么？

是功能性的急性肾功能不全。尿量少于 400ml 为少尿，该患者短期内泌尿功能障碍，结合大面积烧伤，从皮肤丢失大量血浆的病史，属于急性肾衰竭。从尿质可以看出，虽然肾由于丢失大量血浆，滤过功能明显下降，表现为少尿。但是没有发生器质性病变，重吸收功能尚好，因而尿比重较高，尿钠含量也较低。

（师 婷）

实训指导
病理学部分

实验一　组织细胞的损伤与修复

【实验目的】
1. 掌握萎缩、变性、坏死的类型与形态变化。
2. 掌握肉芽组织的组成及形态特点。
3. 熟悉组织、细胞适应性反应的常见类型及特点。

【大体标本】
1. 肝水样变性（肝混浊肿胀）　肝体积增大，重量增加，被膜紧张。切开时切面隆起，边缘外翻，失去正常光泽，灰白混浊。
2. 肝脂肪变性　肝边缘较钝，切面略隆起，边缘外翻，间质相对下陷，肝小叶结构不清，呈弥漫的微黄色，有油腻感。
3. 脾梗死（凝固性坏死）　新鲜梗死时脾表面坏死处略膨隆，周边有暗红色充血、出血带。陈旧性梗死时则坏死处凹陷，出血带为棕黄色（为什么变成棕黄色？）。切面坏死区呈楔形或三角形，底位于被膜下，尖端指向脾门，颜色灰白。
4. 干酪样坏死（淋巴结）　标本为淋巴结（有包膜，结节状），体积增大，切面正常结构消失。新鲜干酪样坏死为淡黄色，均质状，有油腻感（固定后及陈旧性干酪样坏死呈灰白色），状如干酪。
5. 干性坏疽（足）　干性坏疽通常发生于肢体末端（手指或足趾）。坏死的组织呈黑色、干燥、收缩状态，与健康组织分界清楚。
6. 肝脓肿（液化性坏死）　肝切面可见黄白色脓肿腔，其腔大小不等、多少不一，有的地方可见小脓腔互相穿通呈蜂窝状，脓肿壁较厚，由灰白色的纤维结缔组织构成，周围肝组织因充血颜色变暗红。
7. 心脏肥大　心脏肥大常见于高血压、心瓣膜病等疾患，病变的心脏外观体积增大，重量增加。特别在心室切面上，可见心室壁明显增厚，心腔变小，乳头肌、肉柱粗大。
8. 肾盂积水（肾压迫性萎缩）　肾外表的体积增大，切面肾盂及肾盏明显扩张，肾实质萎缩变薄，皮髓质分界不清，多数标本可见肾盂出口处有结石形成，试根据具体标本存在之病变分析肾实质萎缩的机理。

【病理切片】
1. 细胞水肿（肾）　病变主要存在于近曲小管之上皮细胞，细胞明显肿大，凸入肾小管腔内，以致管腔狭小，胞质中充满粉染颗粒，有的细胞核模糊，有的细胞质部分破碎并脱落于管腔中。
2. 肉芽组织　切片为取自伤口之肉芽组织。镜下见其由纤维母细胞（成纤维细胞）及新生毛细血管构成，其中可见较多炎细胞浸润，新生的毛细血管及纤维母细胞有向表面垂直生长的形态。

3. 肝脂肪变性　肝细胞质中见大小不等、边界清晰的空泡，此空泡系脂质存在的部位（脂质在制片过程中被脂溶剂如乙醇溶解），较大的空泡可将肝细胞核推挤于一侧，肝细胞索排列紊乱。

4. 结缔组织透明变性　切片为纤维瘢痕组织，发生透明变的区域内纤维细胞明显减少，胶原纤维变粗，彼此融合而失去纤维性结构，形成均质的梁状或片状的粉染物质，后者即为透明变性物质。

5. 干酪样坏死（淋巴结）　淋巴结中央大部分已变成一片红染颗粒状之坏死物质。原组织结构已消失，坏死区之外围可见细胞的坏死过程，其中有的细胞核变小、浓缩，染色质结构不清，此即核浓缩；有的胞核碎裂，形成大小不等颗粒（蓝染），此即核碎裂；有的胞核溶解消失或不清，此即核溶解。

6. 心肌褐色萎缩　镜下可见萎缩的心肌纤维瘦小细长，于核之两端有黄褐色色素堆积，此即脂褐素，有脂褐素存在之部位肌原纤维及横纹消失。

（岳联苹）

实验二　局部血液循环障碍

【实习目的】
1. 掌握慢性肝淤血、慢性肺淤血的病变特点。
2. 掌握混合血栓的组织学特点。

【大体标本】
1. 慢性肝淤血（槟榔肝）　肝组织一块，已切开。切面可见红黄相间的斑纹（酷似中药槟榔，与之对照）。暗红色示淤血区，灰黄色示肝细胞脂肪变性。
2. 慢性肺淤血（肺褐色硬变）　近肺门肺组织，呈褐色，质坚实，见针尖大小的棕色小点（系含铁血黄素沉积肺间质所致）。
3. 脑出血　大脑组织切面见右侧内囊出血。黑色部分为出血灶，脑组织水肿，中线偏移，侧脑室受压。
4. 蛛网膜下隙出血　大脑顶、枕叶及大脑纵裂内侧面的蛛网膜下隙广泛出血，沿着血管周围呈黑色及不规则状。脑膜血管扩张充血。
5. 脾梗死　脾切面可见灰白色、边界清楚、呈三角形的梗死区，尖端指向脾门，底部位于脏器的边缘，梗死区边缘可见充血出血带。
6. 肠出血性梗死　肠壁组织呈暗红色为梗死区，因淤血、水肿，肠壁增厚。灰白色部分为正常肠组织。

【病理切片】
1. 慢性肺淤血
(1) 低倍镜观察：肺泡壁增厚，肺泡壁毛细血管扩张充血，纤维组织增生呈红染条索状，肺泡腔内有淡红色水肿液、红细胞及散在成堆的心力衰竭细胞。
(2) 高倍镜观察：心力衰竭细胞的特点：胞体较大，圆形或椭圆形，胞质内充满棕黄色含铁血黄素颗粒。
2. 慢性肝淤血
(1) 低倍镜观察：肝小叶中央静脉及肝窦扩张淤血，相邻的肝细胞萎缩消失，小叶周边肝细胞脂肪变性。
(2) 高倍镜观察：主要观察小叶中央静脉及肝窦内淤血充满红细胞，小叶周边肝细胞脂肪变性出现空泡。
3. 脾梗死
(1) 低倍镜观察：①正常区域可见红髓、白髓和小梁。②坏死区脾组织轮廓隐约可见，但大部分细胞核消失，胞质呈红染颗粒状。③坏死组织与正常组织交界处，充满大量红细胞，即充血出血带。
(2) 高倍镜重点观察坏死区的细胞变化。①核浓缩：部分细胞核浓缩成很深的紫蓝色团块。②核碎裂：红染颗粒的细胞质内散在少数不规则的深紫蓝色碎片。③核溶解：绝大部分细胞核消失。

4. 混合血栓

（1）低倍镜观察：见血管腔内有染成淡红色之小梁，呈不规则分枝状，与血管壁紧密相连，小梁周边可见细胞成分。

（2）高倍镜观察：淡红色小梁即血小板小梁，小梁之间有少量纤维素呈红染细丝状，交织成网，其中网罗有大量红细胞和少许白细胞。

（徐万宇）

实验三 炎　症

【目的要求】

1. 掌握炎症的基本病变，通过各种炎症典型的大体标本和组织切片，掌握不同类型炎症的病理变化，特别是渗出性炎症的病变特点。

2. 掌握各种炎细胞的形态特征和功能，熟悉其临床意义。

【大体标本】

1. 纤维素性心包炎（绒毛心）　心脏标本，心包已切开，心外膜表面粗糙，大量黄色纤维素性渗出物附着，使心脏表面呈绒毛状，故称绒毛心。

2. 气管、支气管白喉　标本为舌、喉、气管、支气管与肺。可见黏膜表面被覆一层灰白色膜样渗出物，即有假膜形成。

3. 脓肿

（1）肺脓肿：肺的切面，肺上叶和肺下叶可见圆形脓肿（脓液排出后在切面上显示为空洞）。

（2）脑脓肿：脑的切面可见右上脑边缘处有一空腔（脓液已经排出）腔内较光滑，有一层白色纤维组织膜（脓肿膜）。

（3）肝脓肿：标本为肝的切面，见肝左下广泛渗出性病变及一大脓肿形成，腔内充满黄白色渗出物，脓肿周围纤维组织包绕，形成厚壁脓肿膜。

4. 急性蜂窝织性阑尾炎　阑尾显著肿胀，浆膜高度充血，表面附着黄白色的脓性渗出物，切开有脓腔。

5. 急性化脓性胆囊炎　为切开的胆囊，见慢性胆囊炎的急性发作改变：胆囊体积增大，壁增厚，胆囊内黏膜层大小不等的溃疡，表面有黄白色脓性渗出物。

6. 化脓性脑膜炎　脑膜下可见化脓性渗出物。渗出物使脑沟变浅。

7. 炎性息肉　宫颈外口有一息肉，颜色鲜红、柔软、脆弱。

8. 肺炎性假瘤　部分肺组织，切面见一灰白色圆形结节，境界清楚。

9. 大叶性肺炎（灰色肝样变期）　为部分肺，肺叶肿胀，质实如肝，切面干燥粗糙，实变区呈灰白色。

【组织切片】

1. 各种炎细胞

（1）中性粒细胞：呈球形，直径10~12微米，具有分叶状细胞核，胞质淡红色，内含中性颗粒，在急性炎症早期和化脓性炎症时，以中性粒细胞渗出为主。

（2）单核巨噬细胞：圆形或椭圆形，直径达30微米以上，大小不一，胞质丰富，有空泡，常含有吞噬物。单核细胞升高常见于急性炎症后期、非化脓性炎症、病毒及寄生虫感染等。

（3）淋巴细胞：呈圆形，直径7微米，核圆，直径4~5微米，染色质浓密成块状，着色很深，胞质极少，光镜下几乎看不到。

（4）嗜酸性粒细胞：比中性粒细胞大，核一般也呈分叶状，胞质内含粗大嗜酸性颗粒，其升高时一般见于过敏性疾病或寄生虫感染。

(5) 嗜碱性粒细胞：比中性粒细胞大，核一般也呈分叶状，胞质内含粗大嗜碱性颗粒，其升高时一般见于超敏反应性疾病。

2. 浆液性炎　皮肤Ⅱ度烧伤之水泡，表皮内和表皮下出现大小不等的不规则空隙（水泡），内充满大量均质粉红色的浆液，其中混杂一些淋巴细胞、单核细胞、中性粒细胞、嗜酸性粒细胞、红细胞和纤维素。

3. 急性蜂窝织性阑尾炎

(1) 低倍镜观察：阑尾各层有弥漫的炎细胞浸润，腔内有炎性渗出及坏死脱落的黏膜上皮，浆膜面附有炎性渗出物，血管显著扩张充血。

(2) 高倍镜观察：各层弥漫浸润的炎细胞是中性粒细胞；浆膜面渗出物由纤维素和中性粒细胞组成。

4. 炎性息肉

(1) 低倍镜观察：鼻黏膜表面鳞状上皮和假复层纤毛柱状上皮，或者二者兼有。可见增生的毛细血管、腺体、纤维组织及多量炎细胞。

(2) 高倍镜观察：浸润的炎细胞有淋巴细胞、浆细胞和少量嗜酸性粒细胞。

5. 肝脓肿

(1) 低倍镜观察：肝组织内有一个或多个圆形或椭圆形脓肿灶，脓肿灶与周围组织境界分明。

(2) 高倍镜观察：脓肿灶内聚集大量中性粒细胞、脓细胞以及溶解、液化的坏死组织。

6. 支气管白喉

(1) 低倍镜观察：支气管上皮坏死脱落，表面附有假膜。

(2) 高倍镜观察：假膜由纤维素、坏死组织及炎细胞构成。

7. 细菌性痢疾

(1) 低倍镜观察：肠黏膜为红色假膜覆盖，黏膜上皮及腺体大片消失。

(2) 高倍镜观察：假膜为无结构的坏死物及大量纤维素组成，在黏膜下层、肌层、浆膜层有大量炎细胞浸润。

8. 异物性肉芽肿

(1) 低倍镜观察：主要由多核巨细胞、单核巨噬细胞等成分构成，为结节性病变。

(2) 高倍镜观察：病灶主要由单核巨噬细胞构成，散在分布较多的异物多核巨细胞（体积巨大，多个细胞核散在于细胞内，部分细胞内吞噬有异物），并可见多少不等的淋巴细胞及嗜酸性粒细胞，边缘区域可见纤维组织增生。

（王　红）

实验四 肿 瘤

【目的要求】
1. 通过观察肉眼标本掌握各种肿瘤的形态学特点。
2. 通过观察镜下标本熟悉各种肿瘤的组织学特点。

【大体标本】
1. 皮肤乳头状瘤 肿瘤呈乳头状，乳头大小不等。
2. 卵巢浆液性囊腺瘤 肿瘤囊性，包膜完整，切面有许多大小不等的囊腔，内含液体，囊壁薄而光滑。
3. 乳腺纤维腺瘤 肿瘤结节状，切面灰白色，可见纵横交错的编织状的胶原纤维。
4. 脂肪瘤 肿瘤呈黄色，分叶状，有完整包膜，质软。
5. 子宫平滑肌瘤 子宫增大，切面见多个大小不一，呈球形的结节，质地坚硬，切面灰红色，并可见编织状排列的纹理，它与周围组织分界清楚。
6. 卵巢畸胎瘤 肿物约拳头大，表面光滑，有包膜，切面原有卵巢结构已破坏，内含皮脂和毛发。
7. 食管鳞状上皮细胞癌 肿瘤组织表面呈溃疡状。切面见肿瘤组织灰白色，干燥而粗糙，浸润性生长，与正常组织无明显的分界。
8. 乳腺癌（浸润性导管癌） 乳房切面见浅灰黄色约鸡蛋大小之肿瘤组织，肿瘤组织无包膜，向周围脂肪组织浸润生长。
9. 结肠癌 结肠黏膜面见一约鸡蛋大的溃疡病灶，溃疡边缘隆起，底部高低不平，由于癌组织浸润周围肠壁，故溃疡周围肠壁增厚。
10. 肝癌 肝表面凹凸不平，有多个大小不等的癌结节，部分癌结节已发生坏死，切面多个结节，灰白色。
11. 肺癌 右肺肺门处大块肺组织被肿瘤组织浸润呈灰黄色，与正常肺组织分界不清，肺内支气管多数已被压迫变扁，管腔变窄。
12. 骨肉瘤 肿物切面呈灰白色，肿瘤组织已浸润破坏了骨皮质。

【病理切片】
1. 皮肤乳头状瘤 肿瘤呈乳头状，乳头大小不等，表面被覆鳞状上皮，细胞异型性小。
2. 卵巢浆液性囊腺瘤 纤维性囊壁内衬单层立方上皮。
3. 乳腺纤维腺瘤 肿瘤组织内有增生的腺体，腺体与乳腺腺体相似，腺体周围见增生的纤维组织，增生的腺体与增生的纤维组织共同构成肿瘤实质。
4. 脂肪瘤 肿瘤细胞异型性小，和正常脂肪细胞相似，可见肿瘤包膜。
5. 子宫平滑肌瘤 肿瘤细胞异型性小，类似正常平滑肌细胞。
6. 食管鳞状上皮细胞癌 为高分化鳞癌，肿瘤细胞巢状排列，形成明显的角化珠，细胞间桥明显，病理性核分裂像少，肿瘤实质与间质分界清楚。
7. 乳腺癌（浸润性导管癌） 乳腺正常结构破坏，肿瘤细胞巢片状或条索状排列，细胞异型性大，核深染，核浆比例增大。

8. 肝癌　肝索及肝窦正常结构破坏，肝细胞大小形态不一，核大深染，核仁清晰，核浆比例失调。

9. 肺癌　肺乳头状腺癌，肿瘤细胞排列成腺样及乳头状结构，可见瘤巨细胞。

10. 骨肉瘤　肿瘤细胞异型性明显，核大深染，肿瘤细胞周围可见均质红染的骨样基质。

（李慧平　杨桂玲）

实验五　心血管系统疾病

【实验目的】
1. 掌握风湿病、动脉粥样硬化的病变特点。
2. 掌握高血压病主要脏器的大体病变特点。
3. 掌握感染性心内膜炎心瓣膜上赘生物的特点。

【大体标本】
1. **冠状动脉粥样硬化**　冠状动脉粥样硬化最多见于左前降支，其次为右冠状动脉。在冠状动脉横切面上见粥样斑块呈半月形隆起，病变往往在靠近心肌的一侧较重，使血管腔偏心性狭窄；有时，在硬化的冠状动脉腔内可见血栓形成，使管腔完全阻塞。

2. **主动脉粥样硬化**　主动脉的内膜面可见散在的浅黄色斑点（脂斑）或条纹（脂纹），微微隆起于内膜表面；另有形状、大小不等的灰白色或淡黄块状突起，呈蜡滴样半透明，此即"纤维斑块"或"粥样斑块"。有的斑块破溃后形成"粥样溃疡"，并于溃疡处继发了血栓形成。

3. **心肌梗死合并心脏破裂**　梗死发生在左室前壁、心尖处及室间隔的前 2/3。梗死区心壁明显变薄，梗死灶形状不规则，质软，灰黄色无光泽，前壁近心尖部心脏破裂，破裂口不规则。

4. **风湿性心内膜炎**　在二尖瓣的闭锁缘上可见单行排列的疣状赘生物，如粟粒大小，灰白色半透明状，与瓣膜紧密相连，不易脱落。赘生物附着处瓣膜轻度增厚。

5. **风湿性心脏病二尖瓣狭窄**　二尖瓣瓣膜纤维化增厚，变形、变硬，无光泽，无弹性；瓣膜彼此粘连，致二尖瓣口径变小（高度狭窄的二尖瓣呈鱼口状）；腱索短粗，乳头肌也增粗；左心房高度扩张，肌壁增厚；右心室和右心房肌壁也增厚，心腔扩张；左心室肌壁无明显增厚，心腔无扩张，甚至缩小。心脏的外形呈"梨形心"。

6. **高血压性心脏病**　心脏体积增大，重量增加，左心室肌层明显增厚（达 1.5~2cm），乳头肌及肉柱增粗，但心腔不扩张（向心性肥大）。

7. **高血压肾**　肾体积明显缩小，重量减轻，表面呈均匀一致的细颗粒状；切面皮质变薄，皮、髓质分界不清，小动脉由于硬化而管口呈哆开状。

8. **高血压脑出血**　在大脑的冠状切面可见一个出血灶，出血区域的脑组织被完全破坏，形成囊腔，其内充满坏死的脑组织和凝血块，呈暗红色。有时出血范围甚大，可破入侧脑室内。

【病理切片】
1. **主动脉粥样硬化**　主动脉内膜可见粥样斑块。斑块表面被覆一层纤维帽（常发生玻璃样变性）；深层为粥样坏死灶，可见颗粒性坏死物及针状或近菱形的胆固醇结晶空隙（制作 HE 切片时胆固醇已被二甲苯溶解）；斑块底部和边缘可见肉芽组织、少量泡沫细胞和淋巴细胞。

2. **冠状动脉粥样硬化**　冠状动脉管腔狭窄，内膜不平，部分向管腔内呈半月形突起。其余同主动脉粥样硬化。

3. 心肌梗死　新鲜梗死的心肌细胞肿胀、断裂，肌浆呈嗜酸性变，肌原纤维纵纹及其横纹结构均消失，胞核浓缩或消失，间质显著水肿、出血并有一些中性粒细胞浸润。心肌间质内纤维增生。残存的心肌细胞多较大，核深染。

4. 高血压肾细动脉硬化　肾小球入球小动脉管壁增厚、染成均质状红色。部分肾小球纤维化、玻璃样变，相应的肾小管萎缩、消失；另一部分肾小球代偿肥大，肾小管扩张；间质纤维组织增生和淋巴细胞浸润。

5. 风湿性心肌炎　于心肌间质内，特别是在小血管周围有椭圆形、梭形的阿少夫小体形成。高倍镜下，阿少夫小体中央为红染无结构的纤维素样坏死，周围可见较多增生的阿少夫细胞（胞浆丰富略嗜碱性，核大、卵圆形，核染色质集中于核中央，横切面似枭眼，纵切面似毛虫），外围可见纤维母细胞、淋巴细胞。

（卢化爱）

实验六　呼吸系统疾病

【目的要求】
1. 掌握大叶性肺炎、小叶性肺炎、肺气肿、肺心病和肺癌的病理形态学改变。
2. 结合病理所见，进一步理解临床表现。

【大体标本】
1. 大叶性肺炎红色肝样变期　肺体积增大饱满，部分肺叶变实，表面及切面为红褐色，略呈颗粒状，病变均匀一致，质实如肝。

问题：病变区域为何变实成红褐色？

2. 大叶性肺炎灰色肝样变期　肺大叶呈弥漫性变实，切面呈灰白色，略呈颗粒状。胸膜表面有纤维素渗出。

3. 小叶性肺炎　肺的切面上，双肺各叶有多数散在的小片状变实病灶，呈灰白或灰黄色、边界不清，尤以下叶明显。

4. 融合性小叶性肺炎　可见小叶性肺炎的病灶互相融合成较大的灰白片状，甚至累及整个肺大叶，支气管黏膜显著充血，腔内可见脓性痰液。

5. 肺泡性肺气肿　肺组织膨隆，体积增大，边缘变钝，颜色苍白，切面呈海绵状。这是因为肺泡腔内充满气体，肺泡扩张所致。有的肺泡扩张破裂，融合成肺大泡。

6. 间质性肺气肿　从胸膜表面观察，相当于小叶间隔处，有网线条样结构。仔细观察，由多数串珠样小气泡构成。另外，纵隔处结缔组织中有多数大气泡。

7. 肺源性心脏病　心脏体积明显增大，肺动脉圆锥膨隆，右心室壁明显肥厚，右心房、右心室扩张，肉柱及乳头肌增粗，心尖由锐变钝（右心室扩张的重要标志）。左心房、左心室及心外膜未见明显改变。

8. 肺脓肿　肺组织内有一个圆形脓肿灶，与周围组织分界清，腔内壁光滑。

9. 中心型肺癌　肿瘤位于近肺门处较大支气管，呈灰白色，与正常组织界限不清，呈树根样浸润性生长。有的支气管因肿瘤长入而致管腔狭窄。肺门淋巴结明显增大，伴有淋巴结转移。

10. 周围型肺癌　请学生自己描述，注意肿瘤的位置、大小、形状、与周围界限如何？与支气管的关系如何？肺门淋巴结有无肿大？

【病理切片】
1. 大叶性肺炎红色肝样变期　病变均匀一致，肺泡腔内充满大量的纤维素，交织成网，网眼中有较多的红细胞和一定数量的中性粒细胞及少量的肺泡巨噬细胞，肺泡间孔可见纤维素通过。肺泡壁增厚，毛细血管扩张充血。胸膜表面也可见纤维素渗出。

2. 大叶性肺炎灰色肝样变期　病变均匀一致，肺泡腔内充满大量的纤维素和中性粒细胞，肺泡间孔可见纤维素通过。有的肺泡腔内粒细胞已变性坏死，纤维素减少。

3. 小叶性肺炎　肉眼可见肺组织有几处小的实变区，呈蓝色。镜下可见实变区内细支气管上皮局部坏死脱落，管腔内有炎性渗出物，主要是中性粒细胞。支气管壁内血管扩张、充血，有中性粒细胞浸润。支气管周围的肺泡腔内也有较多中性粒细胞渗出。炎症灶周围的肺泡腔变圆，轻度扩张，呈代偿性肺气肿改变。

4. 间质性肺炎　主要累及肺间质。肺泡壁明显增厚，有大量淋巴细胞和浆细胞浸润。肺泡腔内可见脱落的上皮细胞或巨噬细胞。有时尚可见到肺泡腔内表面有透明膜形成。支气管壁充血、水肿，有巨噬细胞和淋巴细胞浸润，黏膜上皮多坏死脱落，腔内可见巨噬细胞和中性粒细胞。

5. 肺气肿　肺泡呈弥漫性扩张，肺泡壁变窄，毛细血管数目减少，部分肺泡壁断裂，相邻两个或数个肺泡融合形成大泡。

6. 肺小细胞癌　大部分肺组织消失，为癌组织代替。癌细胞较小、大小不甚一致，呈圆形、椭圆形、燕麦形，胞浆少，核染色深，几乎呈裸核状，可见病理性核分裂象。癌细胞排列呈不规则的巢状，间质有较多胶原纤维。与相邻肺组织之间无明显界限，且肺组织中可见少数小巢状的癌细胞，为癌组织浸润性生长之表现。

（贺岭风）

实验七　消化系统疾病

【目的要求】
1. 掌握胃和十二指肠溃疡的大体特点和镜下特征。
2. 掌握假小叶的结构和消化道常见肿瘤的病变特点。

【大体标本】
1. **慢性胃溃疡**　标本为切除的部分胃，沿胃大弯纵行切开，溃疡所在位置为胃小弯幽门侧，椭圆形，边缘整齐，如刀切一般，底部平坦。溃疡近贲门侧较深，呈潜掘状，近幽门侧则较浅，呈斜坡状，切面斜漏斗形。表面常覆盖灰白或灰黄色分泌物，周围黏膜皱襞向溃疡处呈放射状排列。

2. **门脉性肝硬化**　肝体积明显缩小，重量减轻，质地变硬，表面凸凹不平，为弥漫分布的小结节，较均匀。切面可见分布均匀的小结节，呈圆形或椭圆形，边界清楚，周围绕以灰白色较窄的结缔组织。

3. **食管静脉曲张**　可见食管下段黏膜纵行皱襞部分消失，黏膜下段静脉曲张。因患者死后静脉扩张，呈迂曲的走行已不明显，但有的地方尚可见迂曲的静脉向黏膜突起。

4. **食管癌**　肿瘤位于食管下段，可见食管壁已经被癌组织侵蚀破坏，癌组织表面有坏死物脱落后形成的溃疡，并有出血。

5. **结肠癌**　肿物向肠腔内突出，中央可有不规则形的较深溃疡，边缘呈围堤状隆起，边缘可有褐色出血坏死带。肿物可向肠壁深部浸润，并能波及浆膜。

6. **革囊胃**　癌组织在胃壁内弥漫性浸润，与周围正常组织界限不清。此时胃壁增厚、变硬，胃腔缩小，黏膜皱襞大多消失，形状如同皮革制成的囊袋。

7. **肝癌**　肝体积增大，表面凸凹不平，表面及切面均可见大小不等、形状不规则的癌结节，由数毫米至数厘米，颜色灰白，与周围界限尚清楚。

【病理切片】
1. **胃溃疡**　溃疡处黏膜已经完全被破坏，溃疡底部由内向外分为四层：
（1）渗出层：为最表面的一薄层炎性渗出物，主要成分为纤维素和中性粒细胞。
（2）坏死层：由坏死的细胞、组织碎片和纤维素样物质构成，嗜伊红色。
（3）肉芽组织层：由新生的毛细血管和成纤维细胞构成。
（4）瘢痕层：其内可见增殖性动脉内膜炎的改变，小动脉的管壁增厚、管腔狭窄，并有血栓形成。

2. **门脉性肝硬化**　正常的肝小叶结构均已被破坏，代之以许多大小不等的肝细胞团，并由致密的纤维组织呈轮状包绕，将肝细胞团围成岛屿状，称之为假小叶。假小叶内肝细胞排列紊乱，失去正常的放射状排列。中央静脉缺如、偏位或两条以上。并可见脂肪变性和坏死的肝细胞。纤维间隔内可见淋巴细胞浸润、新生的小胆管及无管腔的假胆管。

3. **肝细胞癌**　癌细胞胞浆丰富，核大深染，大小不等，可见有病理性核分裂象。癌细胞呈小梁状或巢状排列，其间有血窦。小梁形状很象肝细胞索。有的癌细胞间的毛细胆管充满了胆汁形成的胆栓。

实验八　泌尿系统疾病

【目的要求】

1. 通过实物标本的确切观察及 CAI 等辅助观察，掌握泌尿系统疾病的主要病理变化。
2. 通过主要病变特征的学习，进一步联系和深刻理解急、慢性肾炎主要临床表现发生的机理。
3. 掌握急、慢性肾盂肾炎的病变特点及临床病理联系。
4. 熟悉肾癌、膀胱癌的病变特点。

【大体标本】

1. 急性弥漫性增生性肾小球肾炎　肾体积增大、充血、被膜紧张易剥离，表面光滑，红褐色，故称"大红肾"，如果肾表面及切面散在小出血点，称"蚤咬肾"。切面皮质增宽，纹理模糊，但与髓质分界清楚。

2. 新月体性肾小球肾炎　肾体积增大，颜色苍白，表面略粗糙不平，包膜与肾皮质有轻度粘连。皮质区可见点状出血。

3. 硬化性肾小球肾炎　此标本为成人肾，体积明显缩小，重量减轻（正常成人肾重量为 120~140g），质地变硬，颜色苍白，表面呈弥漫性细颗粒状。被膜不易剥离（强行剥离，皮质将被撕破）。切面见肾皮质明显变薄，纹理模糊不清。肾盂周围脂肪组织增多，小动脉壁增厚、变硬。

4. 急性肾盂肾炎　肾体积增大、表面可见散在大小不等的黄白色脓肿。脓肿周围可见充血带。切面肾盂黏膜充血、出血及水肿，其表面可见脓性渗出物附着。肾髓质内可见黄色条纹，并向皮质伸展，有处融合成小脓肿。此标本为下行感染之急性肾盂肾炎。

5. 慢性肾盂肾炎　肾体积缩小，重量减轻，质地变硬。肾表面不光滑，有多个粗大不规则凹陷性瘢痕。切面瘢痕处肾组织变薄，皮髓质界限不清。肾乳头萎缩，肾盂、肾盏变形，肾盂黏膜增厚、粗糙。

6. 肾癌　标本为部分肾组织及肿瘤。切面灰黄、灰白色，由于瘤细胞的坏死，结缔组织间质呈破棉絮状自切面向外突出。肿瘤的边界较清楚。肿瘤相对的肾实质的切面上，可见椭圆形粗糙的结节。

【切片标本】

1. 急性弥漫性毛细血管内增生性肾小球肾炎　肾小球肿大，肾小球内细胞明显增生，表现为细胞核数目显著增多。其中主要为毛细血管内皮细胞及血管系膜细胞增生，并有少量中性粒细胞浸润。肾小囊内可见血浆蛋白渗出。肾近曲小管上皮细胞肿胀，肾小管管腔内可见各种管型（透明管型、细胞管型、颗粒管型）。肾间质中可见充血，水肿及淋巴细胞、中性粒细胞浸润。

2. 新月体性肾小球肾炎　重点观察肾皮质，大部分肾小球内有新月体或环形体形成。

（1）肾小囊壁层上皮细胞明显增生，与渗出的单核细胞一起形成新月体或环状体，这种新月体称细胞性新月体。另外切片中亦可见到细胞纤维性和纤维性新月体。

（2）有些肾小球毛细血管发生纤维蛋白样坏死和出血。

（3）肾小管上皮细胞肿胀，管腔内可见透明管型及颗粒管型。

（4）间质有较多的淋巴细胞、单核细胞等炎性细胞浸润。

3. 硬化性肾小球肾炎

（1）肾皮质中大部分肾小球萎缩、纤维化及透明变性。由于胶原纤维的收缩作用，使萎缩、纤维化的肾小球有明显聚集靠拢的现象。这主要见于完全纤维化及其透明变性的肾小球。而部分纤维化的肾小球（保持有细胞核者）及仅见有肾小球囊纤维组织增生而增厚者，一般不见有靠拢集中现象。部分肾小管萎缩，间质纤维组织明显增生，并见多数淋巴细胞和浆细胞浸润。

（2）部分肾小球增生、肥大。肾小管扩张，内含透明管型。

4. 急性肾盂肾炎（上行性感染）　肾盂黏膜充血、水肿，并有大量中性粒细胞浸润。肾组织内病灶呈带状，肾间质轻度充血，可见大小不等的脓肿形成；肾皮质内亦可见灶状坏死及脓肿形成；少数肾小管内充满中性粒细胞、脓细胞。

5. 慢性肾盂肾炎

（1）病灶呈明显的区域性分布，病灶区肾组织的结构已破坏，肾实质破坏严重区呈明显纤维化。

（2）肾小球及肾小球周围纤维化使肾小球萎缩、纤维化及透明变性。有的肾小球呈代偿性肥大。病灶周围肾组织相对正常。

（3）病变区肾小管萎缩、纤维化。间质纤维组织增生，其中见大量淋巴细胞、少数单核细胞、浆细胞及中性粒细胞浸润。

（4）残存的肾小管多呈扩张状态，腔内充满均匀红染的蜡样管型，形态似甲状腺滤泡。

（5）肾盂黏膜增厚，其中见大量纤维组织增生及大量淋巴细胞、单核细胞、浆细胞及少数中性粒细胞浸润。

（韩丽华）

实验九　传染病与寄生虫病

【目的要求】

1. 掌握原发综合征、结核球、干酪样坏死的病理变化。
2. 掌握流行性脑脊髓膜炎、流行性乙型脑炎、伤寒细胞、细菌性痢疾的病变特征。

【大体标本】

1. 肾结核干酪样坏死　肾切面有多个圆形结节状病灶，病灶内可见细腻、淡黄色形似奶酪的干酪样坏死灶。

2. 肾结核空洞　肾切面可见多个圆形空洞，空洞壁上仍有少量淡黄色的干酪样坏死。

3. 肺、脾粟粒性结核　肺或脾表面，切面可见大量灰白色、粟粒大小、分布均匀的结节。

4. 结核球　标本为部分肺切除标本，肺尖部可见一境界清楚的结节，切面：周围为灰白色结缔组织包绕，中央为干酪样坏死。

5. 肝阿米巴脓肿　肝切面可见一不规则脓肿，脓肿壁界限清楚，由灰白色结缔组织包裹而成，脓肿内组织坏死严重呈破棉絮样。

6. 肠阿米巴病　肠黏膜表面可见多个大小不等圆形或不规则的溃疡，溃疡口小底宽，溃疡内有絮状的坏死组织，溃疡之间的肠黏膜正常。

【切片标本】

1. 肺结核病

(1) 低倍镜观察：肺组织中多个片状红染、无结构、颗粒状的物质，为干酪样坏死；并可见成团分布的界限清楚的结核结节。

(2) 高倍镜观察：典型结核结节中央为干酪样坏死，周围有上皮样细胞、朗罕斯巨细胞、淋巴细胞和成纤维细胞。上皮样细胞胞质丰富、界限不清，核膜清楚、染色质淡染、核仁清楚呈空泡状核。

2. 流行性乙型脑炎

(1) 低倍镜观察：筛网状软化灶染色明显淡染。

(2) 高倍镜观察：软化灶内神经细胞坏死，并可见血管套现象，噬神经细胞现象和卫星现象及胶质细胞结节形成。

3. 流行性脑脊髓膜炎

蛛网膜下腔增宽，血管扩张充血，大量中性粒细胞浸润。

4. 肠伤寒

(1) 低倍镜观察：回肠肠壁黏膜层和黏膜下层的淋巴小结中可见大量巨噬细胞和伤寒细胞。

(2) 高倍镜观察：伤寒细胞为吞噬淋巴细胞和红细胞的巨噬细胞。

5. 细菌性痢疾

(1) 低倍镜观察：大肠黏膜表面红染膜状物附着。

(2) 高倍镜观察：膜状物主要为渗出的纤维素、坏死组织、中性粒细胞、少量红细胞等构成。

(徐义荣)

病理生理学部分

实验一　实验性肺水肿

【实验目的】
1. 复制急性实验性肺水肿动物模型。
2. 观察肺水肿的表现，分析肺水肿的发病机理。

【药品与器材】
生理盐水，25％乌拉坦，肾上腺素，5％肝素，电脑及压力、张力生物信号软件一套，打印机一台，气管插管，颈总动脉插管，动脉夹，静脉输液装置一套，颈部手术器械一套，粗剪刀，注射器及针头，天平及砝码，听诊器，纱布、棉线、烧杯、滤纸等。

【实验动物】家兔

【实验方法】
（一）取家兔一只，称重后用25％乌拉坦按4ml/Kg体重，耳缘静脉注射麻醉，然后将动物仰卧固定台上，调好记录装置。

（二）剪去颈部被毛，切开颈部正中皮肤，分离气管、一侧颈总动脉和对侧颈外静脉，以及双侧迷走神经，各在其下穿两条线备用；将已充满5％肝素的动脉插管插入颈总动脉，结扎固定后连接于相应的血压记录装置，将静脉插管（静脉输液器细管端切去针头成斜面）插在颈外静脉（插管前应排气），结扎固定，最后插入气管，连接于相应的呼吸描记装置。

（三）描记一段正常呼吸和血压曲线，并用听诊器听肺呼吸音，然后由静脉输入生理盐水，输入总量按100ml/Kg体重输液，将近一半时，切断双侧迷走神经，并立即从小壶中加入肾上腺素（0.45mg/Kg）。

（四）在输液过程中应注意观察呼吸的变化，不断用听诊器听肺部，并注意有无湿性啰音出现（右肺底部最早出现）及气管插管内有无淡红色泡沫液体流出，当证明有肺水肿时，则夹住气管，处死动物，打开胸腔，用线在气管分叉处结扎，以防止水肿液流出，在结扎上方切断气管，提起结扎的棉线，小心分离肺以外的组织，最后把肺取出，用滤纸吸取肺表面的液体，称重，计算肺系数，观察肺大体的改变，然后切开肺，注意切面的改变，有无粉红色泡沫液体流出。

肺系数＝肺重（克）/体重（公斤），正常兔肺系数为4～5。

【注意事项】
1. 实验组输液速度应控制在180～200滴/分，不要过快或过慢。
2. 加入肾上腺素后，应减慢输液速度，以防止动物突然死亡。
3. 开胸取肺时，注意不要损伤肺和挤压肺组织，以防止水肿液流出影响肺系数。

【思考题】
1. 本实验肺水肿的发病机理是什么？
2. 结合本实验肺水肿形成过程，分析呼吸、血压有些什么变化？

（宋维芳）

实验二　失血性休克

【实验目的】
1. 复制失血性休克的动物模型。
2. 观察失血性休克时动物呼吸、血压等变化，分析其变化的机制。
3. 探讨失血性休克的发病机制。

【药品与器材】

生理盐水，25％乌拉坦，0.5％肝素，1：10000去甲肾上腺素，生物信号分析系统，压力、张力换能器，气管插管，动、静脉插管，小烧杯，手术器械一套，50、10、5ml注射器各一个，兔解剖台，婴儿秤，纱布，棉线。

【实验动物】家兔

【实验步骤】

1. 取家兔一只称重，用25％乌拉坦（4mg/Kg体重）耳缘静脉注射麻醉，将兔仰卧固定于兔台上，剪去颈部被毛，取正中切口，分离气管、双侧颈总动脉和一侧颈外动脉，分别于气管、颈外动脉及一侧颈总动脉插管固定，并与描记装置连接，静脉插管处注入2～3ml 0.5％肝素。

2. 剪去腹股沟区被毛，在动脉搏动明显处作一切口，分离出股动脉，插管固定（注：股动脉插管前需将插管内注入2～3ml 0.5％肝素）。

3. 描记一段正常呼吸、血压曲线，记录呼吸、血压、心率正常值，检查减压反射。

4. 将0.5％肝素1ml放入小烧杯内，打开股动脉插管出口把血放入小烧杯内，待血压降至40mmHg左右，观察呼吸、血压、心率变化，查减压反射。

5. 维持血压40mmHg 20分钟后，从颈外动脉快速输入放出的血，而后视血压回升情况，可再输入适当的生理盐水，观察呼吸频率和幅度、血压、心率等指标。

6. 重复实验步骤4，维持血压40mmHg 20分钟后，静脉注射1：10000去甲肾上腺素0.1ml/Kg，观察呼吸频率和幅度、血压、心率等指标。

7. 将实验步骤5和6的实验结果进行比较，有何不同，分析为什么？

【注意事项】
1. 分离股动脉时要细致，以免损伤血管。
2. 维持血压不得低于40mmHg，如果血压有持续下降的趋势，则需适量补液。

【思考讨论】
1. 失血性休克时动物有哪些表现？为什么？
2. 探讨失血性休克的治疗方案。

（宋维芳）

实验三 呼吸功能障碍

一、急性窒息

【实验目的】
观察急性窒息时呼吸、血压的变化及机体的代偿现象。

【药品与器材】
25%乌拉坦，生理盐水，0.5%肝素，410生物信号分析系统，压力换能器，张力换能器，婴儿秤，手术器械一套，粗剪刀，气管插管，动脉插管，动脉夹，5、10ml注射器各一个，纱布，棉线。

【实验动物】家兔

【实验步骤】
1. 麻醉动物：取家兔一只，称体重，用25%乌拉坦按4ml/Kg体重，耳缘静脉注射麻醉，将兔仰卧固定于兔台上，剪去颈部被毛，取正中切口，分离气管及颈总动脉。
2. 插入连接换能器的动脉插管、气管插管。
3. 描记正常的呼吸、血压曲线，观察呼吸、血压的改变，而后打开止血钳，待其呼吸、血压恢复正常后，再全夹闭气管30秒，观察呼吸、血压变化。

【注意事项】全夹闭时间不宜过长，一般不超过1分钟。

二、人工气胸

【实验目的】
观察气胸时引起机体呼吸功能不全的一般表现、发生机制及其后果。

【药品与器材】
100ml注射器一个，胸腔插管一个，水检压计一个，其余同上。

【实验步骤】
急性窒息实验做完后，待动物呼吸、血压恢复正常，继续做以下的实验。
1. 用橡皮管连接水检压计和胸腔插管，在右侧第4、第5肋间锁骨中线处，沿肋骨上缘作一1.5cm切口，将胸腔插管垂直插入胸膜腔，以测定胸腔负压，如果水检压计水柱出现与呼吸运动相应的升降，则表示插管已进入胸膜腔。
2. 用注射器经胸腔插管，向胸膜腔注入空气，使胸内压为0mmH$_2$O（需注30~40ml空气），观察呼吸、血压有何变化。然后用注射器抽出气体，使胸内压恢复5~10分钟后，再向胸膜腔注入空气，使胸内压为+20~40mmH$_2$O（需注50~70ml空气）。观察呼吸、血压有何变化，再向胸膜腔注入空气，使胸内压为+60~80mmH$_2$O（需注80~100ml空气），继续观察上述项目。

三、开放性气胸

【实验目的】

观察肺萎缩、纵隔摆动,以及呼吸、血压的变化。

【实验步骤】

在原胸腔插管孔处切开皮肤,分离肌肉,用止血钳刺破壁层胸膜,将第3、4、5肋骨一并剪断,造成大伤口的开放性气胸。观察肺萎缩、纵隔摆动,以及呼吸、血压的变化,并分析其产生的机制。

【注意事项】

1. 胸腔插管时,插管应与胸壁垂直,沿着肋骨上缘插入,以免损伤肋间动脉,另外插管不宜过深,以免穿破胸膜脏层。

2. 抽胸腔气体时应以动脉血压、呼吸、胸内压恢复正常为准,也就是说不一定原来注入多少毫升空气,现在就要抽出多少毫升空气。

【思考讨论】

通气障碍所引起的呼吸功能不全有哪些代偿表现?各自产生的机制如何?

(宋维芳)